W0056268

Zusätzliche digitale Inhalte für Sie!

Zu diesem Buch stehen Ihnen kostenlos folgende digitale Inhalte zur Verfügung:

- @ Online-Version ✓
- Online-Training
- Aktualisierung im Internet
- Zusatz-Downloads
- App
- Digitale Lernkarten
- WissensCheck

Schalten Sie sich das Buch inklusive Mehrwert direkt frei.

Scannen Sie den QR-Code **oder** rufen Sie die Seite **www.nwb.de** auf. Geben Sie den Freischaltcode ein und folgen Sie dem Anmeldedialog. Fertig!

Ihr Freischaltcode

WBID-XVAZ-YMBJ-DIJF-OJHE-T

Der PKW im Steuerrecht

- ► Überlassung von Dienstwagen an Arbeitnehmer/-innen
- ► Private Nutzung im Unternehmen
- ► Ertragsteuerliche und umsatzsteuerliche Behandlung
- ► Förderung der Elektromobilität bei Elektro- und Hybridfahrzeugen
- ► Privatnutzung betrieblicher (Elektro-)Fahrräder

Von

Daniela Karbe-Geßler

3., aktualisierte Auflage

ISBN 978-3-482-**67373**-3

3., aktualisierte Auflage 2021

© NWB Verlag GmbH & Co. KG, Herne 2019
www.nwb.de

Satz: Reemers Publishing Services GmbH, Krefeld
Druck: Elanders GmbH, Waiblingen

Vorwort

Der PKW hat im Steuerrecht gleich mehrere Anknüpfungspunkte. Zum einen ist wichtig, ob der PKW im Rahmen einer unternehmerischen Nutzung dem Privatvermögen oder dem Betriebsvermögen eines Unternehmers zuzuordnen ist. Gerade bei Einzelunternehmen oder Selbständigen spielt diese Frage eine entscheidende Rolle. Von der Einordnung ist abhängig, ob Betriebsausgaben geltend gemacht werden dürfen und ob im Gegenzug bei einer privaten Nutzung durch den Unternehmer eine Entnahme versteuert werden muss. Zudem stellen sich Fragen wie: Müssen Kosten aufgeteilt werden? Müssen besondere Dokumentationen eingehalten werden?

Aber nicht nur im Ertragsteuerrecht spielt der PKW eine Rolle, auch in der Umsatzsteuer gibt es vielfältige Regelungen, die zu beachten sind. Ist der Vorsteuerabzug möglich? Liegt bei der privaten Nutzung eines betrieblichen Fahrzeuges ein umsatzsteuerlicher Vorgang vor?

Werden Fahrzeuge Arbeitnehmern überlassen, liegt zwar immer Betriebsvermögen vor, aber die private Nutzung des Arbeitnehmers stellt steuerpflichtigen Arbeitslohn dar, welcher bewertet und versteuert werden muss. Auch hier sind zahlreiche Regelungen und Unterscheidungen zu beachten.

Die Regelungen und Abgrenzungen in den jeweiligen Steuerarten sind zum Teil nicht einheitlich. Daher ist es wichtig, in der jeweiligen Steuerart die Abgrenzungen und Zuordnungen korrekt vorzunehmen.

Hinzu kommen zahlreiche Regelungen des Gesetzgebers für Elektro- und Hybridfahrzeuge und auch für Überlassung oder Nutzung von Fahrrädern.

Aufgrund der Vielzahl der Regelungen gibt es immer mehr Rechtsprechung, Verwaltungsanweisungen, Schreiben des Bundesministeriums der Finanzen und zahlreiche Ausführungen in der Literatur.

Das Buch gibt einen Überblick über die vielfältigen Regelungen und Abgrenzungen sowohl im Ertrag- als auch im Umsatzsteuerrecht. Beispiele und Hinweise runden die Erörterung ab. Die aktuellen Neuregelungen aus dem Jahr 2020 sowie aktuelle BMF-Schreiben und Rechtsprechung sind bereits in den Erörterungen berücksichtigt.

Herne, im November 2020   Daniela Karbe-Geßler

INHALTSÜBERSICHT

INHALTSVERZEICHNIS

ABKÜRZUNGSVERZEICHNIS

A

a. A.	anderer Ansicht
a. a. O.	am angegebenen Ort
ABl.	Amtsblatt
Abs.	Absatz
Abschn.	Abschnitt
abzgl.	abzüglich
AfA	Absetzung(en) für Abnutzung
Anm.	Anmerkung
AO	Abgabenordnung
Az.	Aktenzeichen

B

BFH	Bundesfinanzhof
BFH/NV	Sammlung amtlich nicht veröffentlichter Entscheidungen des Bundesfinanzhofs
BMF	Bundesminister(ium) der Finanzen
BR-Drucks.	Bundesrats-Drucksache
bspw.	beispielsweise
BStBl I (II)	Bundessteuerblatt Teil I (II)
BT-Drucks.	Bundestags-Drucksache
Buchst.	Buchstabe
BVerfG	Bundesverfassungsgericht
BZSt	Bundeszentralamt für Steuern
bzw.	beziehungsweise

D

d. h.	das heißt
DStR	Deutsches Steuerrecht (Zs.)

E

EFG	Entscheidungen der Finanzgerichte (Zs.)
EStG	Einkommensteuergesetz
EStR	Einkommensteuer-Richtlinien
EuGH	Europäischer Gerichtshof

F

FA	Finanzamt
FG	Finanzgericht
FinVerw	Finanzverwaltung

G

ggf.	gegebenenfalls
gl. A.	gleicher Ansicht
grds.	grundsätzlich

H

h. M.	herrschende Meinung

I

i. e. S.	Im engeren Sinne
i. H. von	in Höhe von
i. S. des/der	im Sinne des/der
i. V. mit	in Verbindung mit

K

KFR	Kommentierte Finanzrechtsprechung (Zs.)
Kfz	Kraftfahrzeug
KStG	Körperschaftsteuergesetz
kWh	Kilowattstunde

L

LStR	Lohnsteuer-Richtlinien
lt.	laut

M

Mio.	Million
m. w. N.	mit weiteren Nachweisen

N

n. F.	neue Fassung
nrkr.	nicht rechtskräftig
NWB	Neue Wirtschafts-Briefe (Zs.)
NWB DokID	NWB Dokumenten-Identifikationsnummer

O

o. g.	oben genannte(r, s)

P

PKW	Personenkraftwagen

R

R	Richtlinie
Rev.	Revision
rkr.	rechtskräftig
Rspr.	Rechtsprechung
Rz.	Randziffer

S

s.	siehe
S.	Seite
sog.	so genannt(e/n)
st. Rspr.	ständige Rechtsprechung

T

Tz.	Textziffer

U

u. a.	unter anderem
u. U.	unter Umständen
USt	Umsatzsteuer
UStAE	Umsatzsteueranwendungserlass
UStG	Umsatzsteuergesetz

V

v.	vom
Vfg.	Verfügung
VZ	Veranlagungszeitraum

W

WG	Wirtschaftsgut

Z

z. B.	zum Beispiel
Zs.	Zeitschrift
zzgl.	zuzüglich

A. Ertragsteuerliche Einordnung des PKW zum Privat- und Betriebsvermögen

Ein PKW, welcher im Unternehmen genutzt wird, kann sowohl dem Privat- als auch dem Betriebsvermögen zugeordnet werden. Je nachdem, wie der PKW einzuordnen ist, sind die Kosten entweder Betriebsausgaben oder nicht abzugsfähig. Ebenfalls von der Einordnung ist abhängig, ob eine private Nutzung zusätzlich als Entnahme nach § 6 Abs. 1 Nr. 4 EStG zu bewerten ist. Der Einordnung des PKW kommt somit elementare Bedeutung im Ertragsteuerrecht zu. Die Unterscheidung zwischen Privat- und Betriebsvermögen ist vor allem bei Einzelunternehmen und Freiberuflern sowie Personengesellschaften relevant. Der PKW, der von einem Unternehmen in Form einer juristischen Person angeschafft wird, zählt grundsätzlich zum Betriebsvermögen.

Wird ein betrieblicher PKW auch für private Zwecke des Unternehmers verwendet, unterliegt diese private Nutzung der Besteuerung. Jedes Fahrzeug ist daher zunächst darauf zu prüfen, ob es zum Betriebsvermögen oder Privatvermögen zählt. Wird ein Fahrzeug allein dem Privatvermögen zugeordnet, stellen die Kosten grundsätzlich keine Betriebsausgaben dar.

Für die ertragsteuerliche Behandlung von Kraftfahrzeugen ist somit immer zu unterscheiden, welchem Vermögen das Fahrzeug zuzuordnen ist. Die Einordnung im Kraftfahrzeugsteuerrecht ist hierbei ohne Bedeutung.

Steuerlich wird bei Einzelunternehmen unterschieden zwischen:

► notwendigem Betriebsvermögen,

► gewillkürtem Betriebsvermögen,

► notwendigem Privatvermögen.

Bei Kapitalgesellschaften gibt es diese Unterscheidung nicht. Ein Wirtschaftsgut gehört zum Betriebsvermögen, wenn es der wirtschaftlichen Tätigkeit der Kapitalgesellschaft dient.

Die Frage der Zuordnung zu einem Vermögen ist entscheidend, weil damit zusammenhängt, ob für das Fahrzeug z. B. bei einem Einzelunternehmen oder Selbständigen Betriebsausgaben gelten gemacht werden können und eine Versteuerung beim Nutzer (z. B. Unternehmer, Arbeitnehmer) für private Fahrten stattfinden muss.

6   Für die Zuordnung zu einem Vermögen des Unternehmers kommt es auf die Nutzung und den Nutzungszweck des Fahrzeuges an. Es gibt im Steuerrecht eine sog. Dreiteilung der Vermögenssphären.

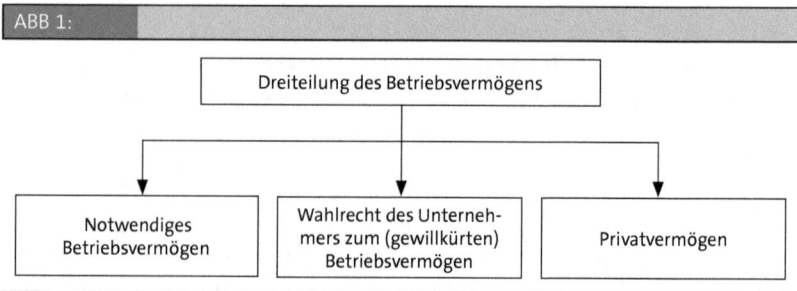

7   Wann Privat- oder Betriebsvermögen vorliegt, kann nicht pauschal beantwortet werden. Auch die Rechtsprechung stellt immer wieder klar, dass es sich bei der Zuordnung eines Wirtschaftsguts zum Privat- oder Betriebsvermögen um eine Tatsachenfrage handelt und in Zweifelsfällen sogar die Umstände für und gegen das Betriebsvermögen abzuwägen sind. Die Zugehörigkeit eines Wirtschaftsguts zum Betriebsvermögen setzt eine objektive und subjektive Widmung zu diesem seitens des Steuerpflichtigen voraus.[1]

8   Die objektive Widmung/der objektive Tatbestand zum Betriebsvermögen erfordert, dass das Wirtschaftsgut geeignet sein muss, den Betrieb zu fördern. Es muss dem Betrieb „dienen" und sich in gewisser Weise auf den Betriebsablauf beziehen.[2] Eine Erforderlichkeit des Wirtschaftsguts für den Betrieb ist aber nicht Voraussetzung dafür, dass dieser Tatbestand als verwirklicht gilt. Die Finanzverwaltung darf somit nicht beurteilen, ob das Wirtschaftsgut überhaupt notwendig für den Betrieb ist und ggf. eine Zuordnung zum Betriebsvermögen versagen. Bei der Frage der objektiven Eignung des Wirtschaftsguts für den Betrieb, geht es nicht darum, ob das vom Steuerpflichtigen angeschaffte Objekt nicht durch ein günstigeres/besser geeignetes Wirtschaftsgut ersetzt werden könnte.

9   Eine wichtigere Bedeutung hat der subjektive Tatbestand des Betriebsvermögens. Das Wirtschaftsgut soll dem Betriebsvermögen „gewidmet" werden. Dies gilt sowohl für das notwendige als auch für das gewillkürte Betriebsvermögen. Beim gewillkürten Vermögen muss diese Widmung so deutlich gemacht werden, dass dieses jedem sachverständigen Dritten unmissverständ-

---

1 BFH, Urteil v. 17.7.2003 – X B 1/03, BFH/NV 2003 S. 1424 NWB TAAAA-69459.
2 BFH, Urteil v. 6.3.1991 – X R 57/88, BStBl 1981 II S. 829.

lich und ohne ergänzende Erläuterungen durch den Steuerpflichtigen deutlich wird.[1] Die Zuordnung hat zeitnah zu erfolgen und ist durch den Steuerpflichtigen nachzuweisen (beispielsweise Aufnahme in einem Bestandsverzeichnis, in der Buchführung oder Bilanz, durch Erfassung der mit dem Wirtschaftsgut im Zusammenhang stehenden Aufwendungen und Erträge). Der Steuerpflichtige hat zeitnah eine Willensentscheidung zu treffen und dadurch die Zuordnung bzw. Nichtzuordnung zum Betriebsvermögen darzulegen.

(Einstweilen frei)   10–14

I. Definition: Betriebsvermögen und Folgen der Zurechnung

Betriebsvermögen ist nicht gesetzlich definiert. Man versteht darunter die   15
Menge aller Vermögensgegenstände bzw. Wirtschaftsgüter, die nach ihrer Art und nach ihrer Funktion in einem betrieblichen Zusammenhang stehen und dem Unternehmen zuzurechnen sind. Beim Betriebsvermögen wird notwendiges und gewillkürtes Betriebsvermögen unterschieden.

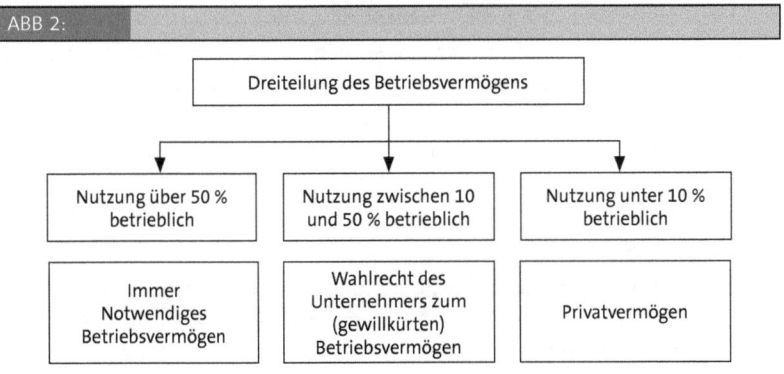

ABB 2:

Dreiteilung des Betriebsvermögens

Nutzung über 50 % betrieblich	Nutzung zwischen 10 und 50 % betrieblich	Nutzung unter 10 % betrieblich
Immer Notwendiges Betriebsvermögen	Wahlrecht des Unternehmers zum (gewillkürten) Betriebsvermögen	Privatvermögen

Bei Aktivierung im Betriebsvermögen sind alle mit dem Fahrzeug verbundenen   16
Aufwendungen grundsätzlich als Betriebsausgaben gewinnmindernd zu berücksichtigen. Hingegen dürfen die Aufwendungen für den privaten Nutzungsanteil den steuerlichen Gewinn nicht mindern. Aus diesem Grund wird die private Nutzung als Entnahme nach § 6 Abs. 1 Nr. 4 EStG bewertet, die als Einnahme bzw. Ertrag zu behandeln ist, weil der Gewinn dadurch nicht gemindert wird. Entnahmen müssen nach § 4 Abs. 1 Satz 1 EStG dem Gewinn hin-

---

1 BFH, Urteil v. 22.9.1993 – X R 37/91, BStBl 1994 II S. 127.

zugerechnet werden (siehe unter Rz. 66). Bei der privaten Nutzung eines PKWs liegt nach § 4 Abs. 1 Satz 2 EStG eine sog. Nutzungsentnahme vor.

17 Das unternehmerisch genutzte Fahrzeug ist somit für die richtige steuerliche Behandlung einem Vermögen zuzuordnen.

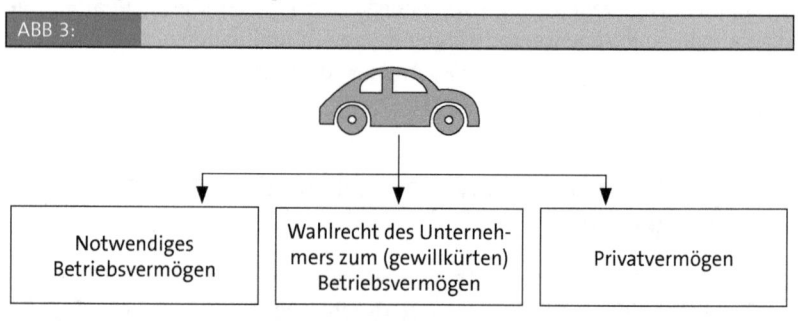

| Notwendiges Betriebsvermögen | Wahlrecht des Unternehmers zum (gewillkürten) Betriebsvermögen | Privatvermögen |

1. Notwendiges Betriebsvermögen

18 Ein Fahrzeug ist, notwendiges Betriebsvermögen, wenn die Anschaffung, Herstellung oder Einlage betrieblich veranlasst war. Ausreichend ist auch, wenn ein objektiver, wirtschaftlicher und tatsächlicher Zusammenhang zum Betrieb besteht. Nicht ausschlaggebend ist die tatsächliche ausschließliche betriebliche Nutzung. Ausreichend ist die Bestimmung des Steuerpflichtigen für einen eigenbetrieblichen Zweck und ob der PKW für den betrieblichen Zweck des Steuerpflichtigen/Unternehmens bestimmt ist.[1]

19 Die Zweckbestimmung und die Zuordnung zum notwendigen Betriebsvermögen bei beweglichen Wirtschaftsgütern und damit auch bei Fahrzeugen wird angenommen, wenn eine betriebliche Nutzung von mehr als 50 % vorliegt.[2] Liegt die betriebliche Nutzung unter 50 % aber ab 10 % kann der Unternehmer eine Zuordnungsentscheidung treffen. Es liegt sog. gewillkürtes Betriebsvermögen vor. Liegt die betriebliche Nutzung des Wirtschaftsgutes unter 10 % liegt grundsätzlich Privatvermögen vor.

---

1 KKB/*Hallerbach*, § 4 EStG Rz. 160.
2 KKB/*Hallerbach*, § 4 EStG Rz. 162; BFH, Urteil v. 13.5.2014 – III B 152/13 NWB SAAAE-68633.

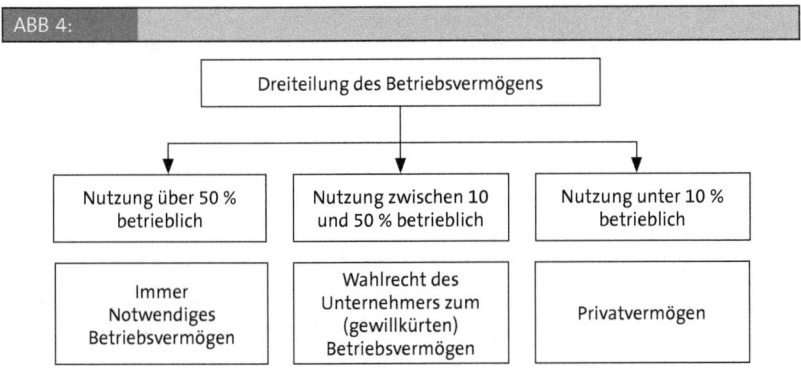

Bei der Ermittlung des betrieblichen Nutzungsanteils eines Fahrzeuges werden 20 die Privatfahrten im Verhältnis zur Gesamtfahrleistung eines Jahres gerechnet.

BEISPIEL: ▶ Ein Steuerberater schafft sich einen PKW an, mit denen er Mandanten aufsuchen will. Er nutzt den PKW zu mehr als 50 % für Fahrten zu Mandanten und Finanzämtern, Fortbildungen und sonstigen betrieblichen Fahrten. Der PKW ist dem notwendigen Betriebsvermögen zuzuordnen.

Es können grundsätzliche mehrere Fahrzeuge zum notwendigen Betriebsver- 21 mögen zählen. Dies ist z. B. der Fall, wenn ein Einzelunternehmer Arbeitnehmer beschäftigt und diese einen Dienstwagen überlassen bekommen haben.

BEISPIEL: ▶ H betreibt ein Handwerksunternehmen in Form eines Einzelunternehmens. Er beschäftigt fünf Mitarbeiter, die jeweils einen PKW zur Verfügung gestellt bekommen, mit dem sie die Kunden aufsuchen, aber auch private Fahrten durchführen dürfen. Die Überlassung der PKW zur Nutzung durch die Arbeitnehmer führt zu notwendigem Betriebsvermögen.

Gehört ein Fahrzeug zum Betriebsvermögen und wird der Gewinn nach einer 22 Bilanz ermittelt, ist das Fahrzeug in der Bilanz zu aktivieren. Die Aktivierung des Fahrzeuges durch Aufnahme im Anlagevermögen der Bilanz ist aber für die Einordnung als notwendiges Betriebsvermögen unerheblich. Die Aktivierung ist kein Indiz für Betriebsvermögen. Das Fahrzeug gehört auch dann zum notwendigen Betriebsvermögen, wenn irrtümlicherweise eine Aufnahme in die Bilanz ausbleibt (siehe Rz. 182).

BEISPIEL: ▶ Ein Unternehmer kauft sich ein gebrauchtes Fahrzeug i. H. von 30.000 € (ohne Umsatzsteuerausweis). Der PKW ist im Zeitpunkt des Erwerbs zwei Jahre alt (unstrittige Restnutzungsdauer vier Jahre). Eine Aktivierung des PKW in der Bilanz des Unternehmens ist nicht erfolgt. Das Fahrzeug wird seit dem Erwerb unstrittig in jedem Veranlagungszeitraum mehr als 50 % betrieblich genutzt.

LÖSUNG: ▶ Auch wenn eine Bilanzierung bisher unterblieben ist, handelt es sich bei dem Fahrzeug um notwendiges Betriebsvermögen, da es zu mehr als 50 % betrieblich genutzt wird. Die nachträgliche Erfassung des PKW in dem Anlagevermögen ist eine fehlerberichtigende Einbuchung des Fahrzeugs. Dabei wird der Wert zugrunde gelegt, der sich ergeben hätte, wenn das Wirtschaftsgut von Anfang an richtig bilanziert worden wäre.

23   Ist das Fahrzeug als notwendiges Betriebsvermögen einzuordnen, so ist es im Falle der Bilanzierung im Anlagevermögen zu aktivieren. Sämtliche Aufwendungen, die im Zusammenhang mit dem Kraftfahrzeug stehen – Abschreibung, Reparaturen, Inspektionen, Benzin, Kfz-Versicherung, Kfz-Steuer, sind grundsätzlich als Betriebsausgaben nach § 4 Abs. 4 EStG abzuziehen (siehe unter Rz. 130).

24   Der private Nutzungsanteil an einem im Betriebsvermögen befindlichen PKW ist gesondert zu berechnen. Steuerrechtlich handelt es sich um eine Entnahme. Diese ist nach § 6 Abs. 1 Nr. 4 EStG zu bewerten (siehe Rz. 6 ff.).

25   Die Kosten, die auf den privaten Nutzungsanteil entfallen, dürfen den steuerlichen Gewinn nicht mindern. Sind Aufwendungen eindeutig privat veranlasst und abgrenzbar, ist ein Betriebsausgabenabzug von vornherein nach der Rechtsprechung ausgeschlossen. Dies sind z. B. Kosten für Maut- oder Straßengebühren auf einer Urlaubsfahrt. Fahrten zwischen Wohnung und Betrieb und für Heimfahrten von einer am Beschäftigungsort eingerichteten Zweitwohnung können den Gewinn i. H. der Entfernungspauschale von 0,30 € je km/0,35 € ab dem 21. km mindern. Übersteigende Aufwendungen sind nicht abziehbare Betriebsausgaben (siehe unter Rz. 101 ff.).

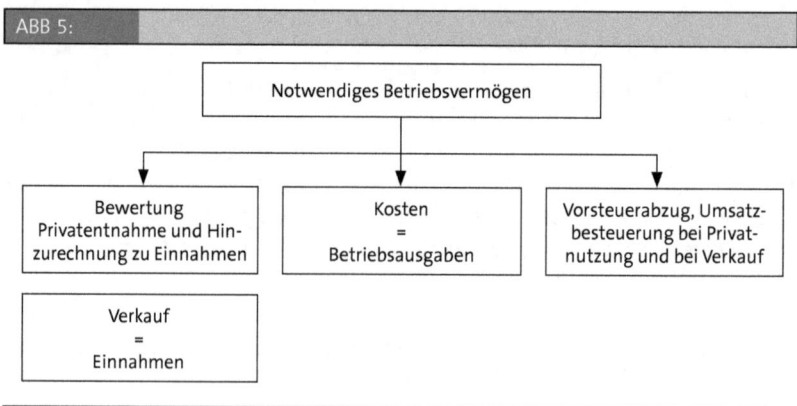

ABB 5:

26–30   (*Einstweilen frei*)

2. Gewillkürtes Betriebsvermögen

Zum gewillkürten Betriebsvermögen zählen Fahrzeuge, die objektiv dazu geeig- 31
net sind, dem betrieblichen Zweck zu nutzen. Beträgt die betriebliche Nutzung
eines PKWs zwischen 10 % und 50 %, kann dieser durch den Unternehmer dem
gewillkürten Betriebsvermögen zugeordnet werden. Beträgt der unternehmerische Nutzungsumfang des PKWs nicht mehr als 50 % aber zumindest 10 %,
steht dem Unternehmer somit das Wahlrecht zu, den PKW dem gewillkürten
Betriebsvermögen oder dem Privatvermögen zuzuordnen.

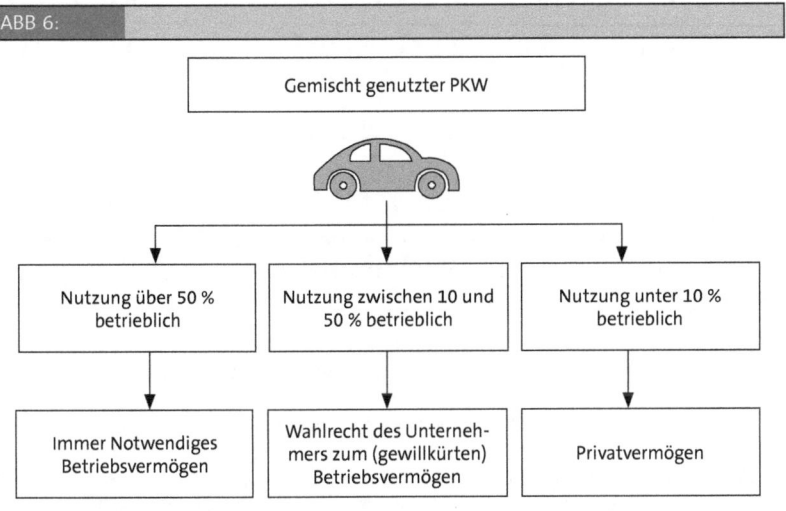

ABB 6:

Wenn der Unternehmer den PKW in seiner Buchführung als Betriebsvermögen 32
ausweist, ist dieser sog. gewillkürtes Betriebsvermögen. Ob ein Wirtschaftsgut
gewillkürtes Betriebsvermögen darstellt oder nicht, hängt somit von der Entscheidung des Unternehmers ab.[1]

---

1 KKB/*Hallerbach*, § 4 EStG Rz. 165.

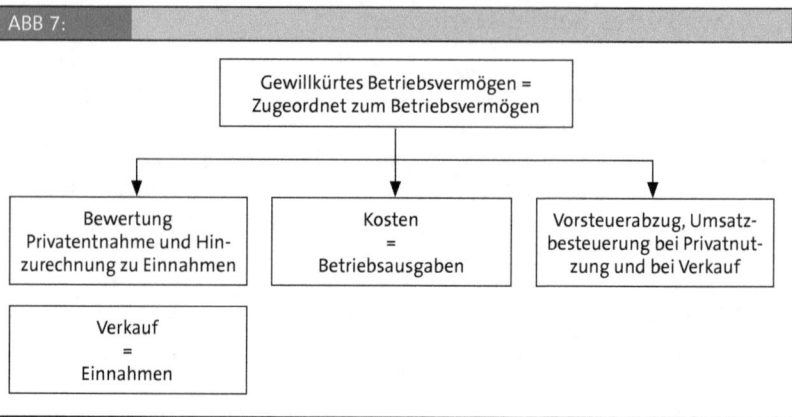

ABB 7:

Gewillkürtes Betriebsvermögen =
Zugeordnet zum Betriebsvermögen

| Bewertung Privatentnahme und Hinzurechnung zu Einnahmen | Kosten = Betriebsausgaben | Vorsteuerabzug, Umsatzbesteuerung bei Privatnutzung und bei Verkauf |

Verkauf = Einnahmen

33 Ordnet der Unternehmer das Fahrzeug dem gewillkürten Betriebsvermögen zu, kann er das Fahrzeug zu 100 % als Betriebsvermögen im Bereich des Anlagevermögens in der Bilanz aktivieren.

BEISPIEL: ► Das Fahrzeug eines bilanzpflichtigen Einzelunternehmers wird zu 30 % betrieblich genutzt. Da die betriebliche Nutzung weniger als 50 % und mehr als 10 % beträgt, kann der Unternehmer das Fahrzeug als gewillkürtes Betriebsvermögen ansetzen. Ordnet er den PKW dem Betriebsvermögen zu, ist der PKW in der Bilanz zu aktivieren. Das Fahrzeug ist bei einer Aktivierung im Anlagevermögen zu 100 % in der Bilanz auszuweisen. Ein anteiliger Ausweis ist nicht möglich. Durch die Aktivierung sind grundsätzlich sämtliche Aufwendungen, die im Zusammenhang mit dem Fahrzeug stehen, als Betriebsausgaben anzusetzen. Hierunter fallen z. B. Aufwendungen für Benzin, Kfz-Versicherung, Kfz-Steuer, Kfz-Reparaturen, Inspektion etc. Privatfahrten sind Privatentnahmen nach § 4 Abs. 1 Satz 3 EStG und steuerlich so zu behandeln (siehe Rz. 66).

34 Alternativ kann das Kraftfahrzeug vom Unternehmer dem Privatvermögen zugeordnet werden. Die Kosten des Fahrzeugs mindern dann den Gewinn nur, wenn sie direkt zugeordnet werden können den Gewinn (Betriebsausgaben). Eine zusätzliche Privatentnahme muss nicht versteuert werden.

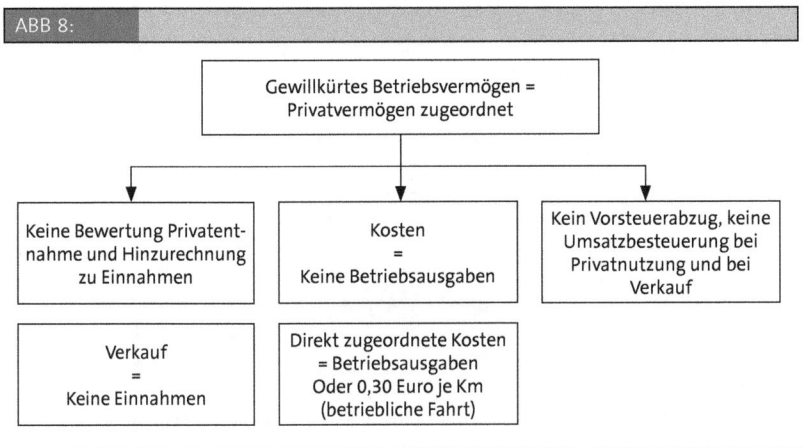

(*Einstweilen frei*)   35–37

3. Zuordnung zum Betriebsvermögen

Welche Art das Fahrzeug ist (z. B. LKW oder PKW, SUV, Campingfahrzeuge,   38
usw.), ist für die Zuordnung zum Betriebsvermögen gleichgültig.

Eine Erforderlichkeit des Wirtschaftsguts für den Betrieb ist nicht Vorausset-   39
zung dafür, dass das Fahrzeug als Betriebsvermögen oder als Privatvermögen
beurteilt wird. Die Finanzverwaltung darf somit nicht beurteilen, ob das Wirtschaftsgut überhaupt notwendig für den Betrieb ist und ggf. eine Zuordnung
zum Betriebsvermögen versagen. Es ist also nicht danach zu gehen, ob das
vom Steuerpflichtigen angeschaffte Fahrzeug nicht durch ein günstigeres/bes-
ser geeignetes Fahrzeug ersetzt werden könnte. Es kann jedoch zur Versagung
von unangemessen hohen Betriebsausgaben kommen.[1]

> **BEISPIEL:** Der Erwerb eines Luxussportwagens, dessen Kosten in einem unausgewo-
> genen Verhältnis zum Umfang der tatsächlichen betrieblichen Nutzung steht, kann
> privat veranlasst sein. Das Finanzgericht Nürnberg hat den betrieblichen Ferrari eines
> Tierarztes mangels Bezug zur freiberuflichen Tätigkeit dem notwendigen Privatver-
> mögen zugeordnet und die „nur" aufgrund des ordnungsgemäß geführten Fahrten-
> buchs ermittelten angemessenen Betriebskosten als Betriebsausgaben anerkannt.[2]
> Dies sehen Finanzgerichte oft bei Oldtimern ähnlich.

---

1 BFH v. 29.4.2014 – VIII R 20/12, BStBl 2014 II S. 679.
2 FG Nürnberg, Urteil v. 27.1.2012 – 7 K 966/2009 NWB PAAAE-06506; bestätigt durch BFH, Urteil
   v. 29.4.2014 – VIII R 20/12, BStBl 2014 II S. 679.

40 Das Wahlrecht zur Zuordnung im Betriebsvermögen besteht auch im Rahmen der Gewinnermittlung durch Einnahmenüberschussrechnung nach § 4 Abs. 3 EStG. Hierbei ist eine eindeutige Dokumentation zum Betriebsvermögen in den Unterlagen vorzunehmen.

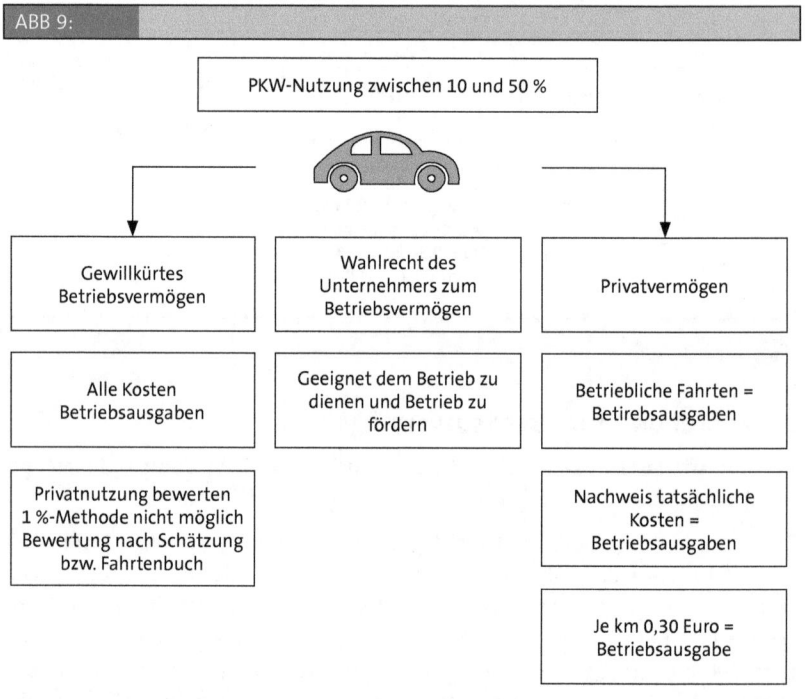

ABB 9:

| PKW-Nutzung zwischen 10 und 50 % |

Gewillkürtes Betriebsvermögen	Wahlrecht des Unternehmers zum Betriebsvermögen	Privatvermögen
Alle Kosten Betriebsausgaben	Geeignet dem Betrieb zu dienen und Betrieb zu fördern	Betriebliche Fahrten = Betirebsausgaben
Privatnutzung bewerten 1 %-Methode nicht möglich Bewertung nach Schätzung bzw. Fahrtenbuch		Nachweis tatsächliche Kosten = Betriebsausgaben
		Je km 0,30 Euro = Betriebsausgabe

41–45   (*Einstweilen frei*)

II. Privates Vermögen

46 Ein Wirtschaftsgut stellt dann notwendiges Privatvermögen dar, wenn es zu mehr als 90 % privat genutzt wird.[1] Das Fahrzeug ist in diesen Fällen weder dazu geeignet, noch ist es dazu bestimmt, betrieblichen Zwecken zu dienen.

BEISPIEL: ▶ Ein Unternehmer nutzt ein Fahrzeug, welches er privat gekauft hat nur zu 8 % für betriebliche Fahrten. Das Fahrzeug zählt zum Privatvermögen.

---

1 R 4.2. Abs. 1 Satz 5 EStR.

Als Folge der Zuordnung zum Privatvermögen scheidet eine Aktivierung im Betriebsvermögen als Anlagevermögen aus. Sämtliche Aufwendungen im Zusammenhang mit dem Fahrzeug gelten insoweit als privat veranlasst und unterliegen einem Abzugsverbot bei den Betriebsausgaben. 47

Die betrieblich veranlassten Aufwendungen des Unternehmers können hingegen als Betriebsausgaben, entweder pauschal mit 0,30 € je gefahrenen Kilometer oder durch einen individuellen Kostensatz, den der Unternehmer individuell ermittelt, gewinnmindernd als Betriebsausgabe erfasst werden. 48

Das gleiche gilt, wenn der Unternehmer das Fahrzeug bei einer Nutzung zwischen 10 % und 50 % nicht als gewillkürtes Betriebsvermögen aktiviert, sondern alternativ dem Privatvermögen zuordnet. 49

ABB 10:

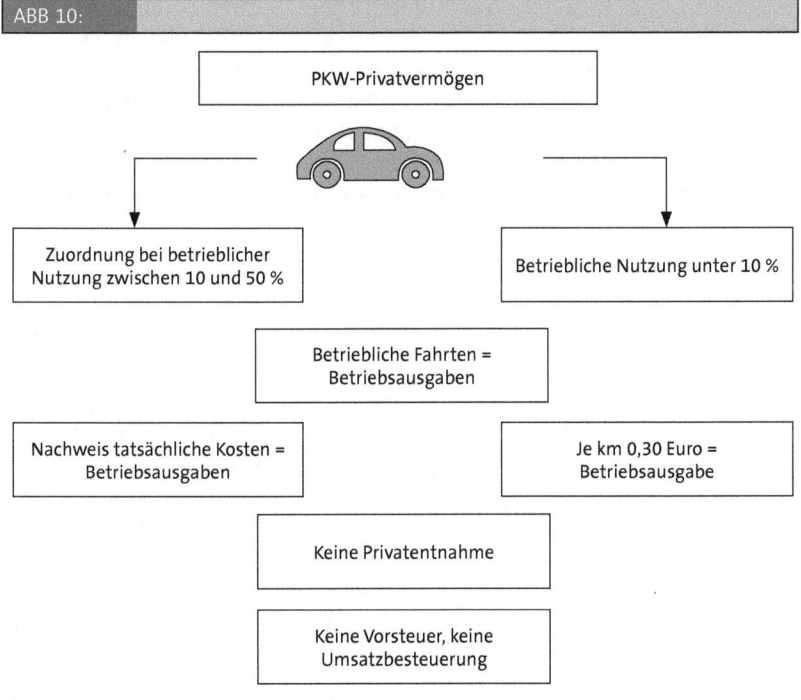

PKW-Privatvermögen

Zuordnung bei betrieblicher Nutzung zwischen 10 und 50 %

Betriebliche Nutzung unter 10 %

Betriebliche Fahrten = Betriebsausgaben

Nachweis tatsächliche Kosten = Betriebsausgaben

Je km 0,30 Euro = Betriebsausgabe

Keine Privatentnahme

Keine Vorsteuer, keine Umsatzbesteuerung

(Einstweilen frei) 50–55

III. Nachweis der betrieblichen Fahrten

56 Um den betrieblichen Nutzungsanteil eines PKW zu ermitteln, müssen alle betrieblichen Fahrten ermittelt und ins Verhältnis zu den Gesamtfahrten gesetzt werden. Das Führen eines Fahrtenbuches für den Nachweis ist nicht erforderlich. Betrieblich sind alle Fahrten, die betrieblich veranlasst sind und die in einem wirtschaftlichen Zusammenhang mit dem Betrieb stehen.

57 Zu den betrieblichen Fahrten zählen z. B. die Fahrten zu Geschäftsfreunden, Kunden, Lieferanten, freien Mitarbeitern, Fahrten zu betrieblichen Fortbildungsmaßnahmen, Fahrten des Arbeitnehmers aus betrieblichem Anlass, Fahrten zu verschiedenen Betriebsstätten, Fahrten zwischen Wohnung und erster Betriebsstätte, Familienheimfahrten bei doppelter Haushaltsführung.

58 In bestimmten Fällen ist ein Nachweis der betrieblichen Nutzung nicht notwendig. In diesen Fällen ergibt sich aus dem Einzelfall, dass es sich um eine betriebliche Nutzung beim Fahrzeug handelt. Darunter fallen nach der Finanzverwaltung z. B. Taxiunternehmen, Handelsvertreter, Handwerker und Landtierärzte.[1] So sieht das die Finanzverwaltung auch, wenn bereits die Fahrten zwischen Wohnung und erster Betriebsstätte und evtl. Familienheimfahrten mehr als 50 % der Jahresfahrleistung ausmachen.[2]

59 Als Nachweis des betrieblichen Nutzungsanteils ist das Führen eines Fahrtenbuches nicht gesetzlich vorgeschrieben. Der Unternehmer muss aber den betrieblichen Nutzungsanteil darlegen und glaubhaft machen. Hierfür ist jede Form möglich, die geeignet ist, diesen Nachweis zu erbringen. Daher können auch Eintragungen im Terminkalender oder Reisekostenaufstellungen genügen.[3] Eine bestimmte Form für die Aufzeichnungen der betrieblichen Fahrten ist nicht vorgesehen. Erkennbar müssen aber Anlass der Fahrt mit der zurückgelegten Strecke und die Kilometerstände zu Beginn und Ende des Aufzeichnungszeitraums sein. Sind entsprechende Unterlagen nicht vorhanden, kann die überwiegende betriebliche Nutzung durch formlose Aufzeichnungen über einen repräsentativen zusammenhängenden Zeitraum glaubhaft gemacht werden. Dabei reichen Angaben über die betrieblich veranlassten Fahrten (jeweiliger Anlass und die jeweils zurückgelegte Strecke) und die Kilometerstände zu Beginn und Ende des Aufzeichnungszeitraumes aus. Die Finanzverwaltung akzeptiert hier einen repräsentativen Zeitraum von drei Monaten. Ohne wesentliche Änderungen in der Art und dem Umfang der betrieblichen Nutzung

---

1 BMF, Schreiben v. 18.11.2009, BStBl 2009 I S. 1326, Rz. 5.
2 BMF, Schreiben v. 18.11.2009, BStBl 2009 I S. 1326, Rz. 6.
3 BMF, Schreiben v. 18.11.2009, BStBl 2009 I S. 1326, Rz. 4.

ist auch in den Folgeperioden von dem dargelegten Nutzungsanteil auszugehen.[1]

(Einstweilen frei) 60–65

IV. Ermittlung des privaten Anteils (Entnahme) und steuerliche Behandlung

1. Methodenwahl für Privatfahrten

Sowohl bei der Zuordnung des Fahrzeuges zum notwendigen als auch gewillkürten Betriebsvermögen muss der Wert der privaten Nutzung als Entnahme nach § 4 Abs. 1 Satz 2 i. V. mit § 6 Abs. 1 Nr. 4 EStG ermittelt werden. Dieser Wert muss dem Gewinn nach § 4 Abs. 1 Satz 1 EStG hinzugerechnet werden. 66

ABB 11:

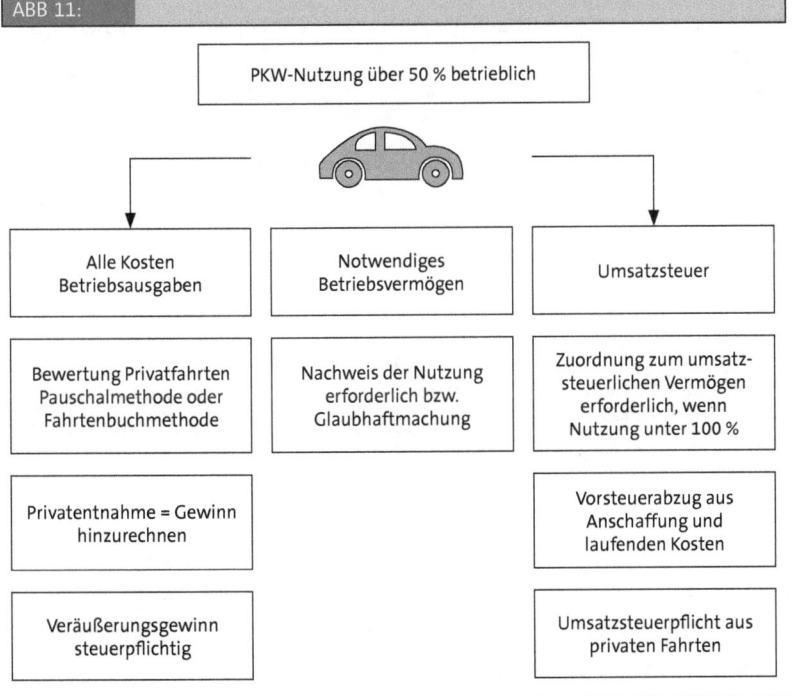

---

1 BMF, Schreiben v. 18.11.2009, BStBl 2009 I S. 1326, Rz. 4.

13

67   Hierfür stellt der Gesetzgeber in § 6 Abs. 1 Nr. 4 Satz 1 bis 3 EStG für die Bewertung der privaten Nutzung von PKWs verschiedene Methoden zur Wahl. Danach kennt das Gesetz:

► Teilwert (Schätzung) (Satz 1),

► Pauschalmethode (Satz 2),

► Fahrtenbuch (Satz 3).

68   Die Wahl der Bewertungsmethode erfolgt durch die Angaben in der Steuererklärung. Die Wahl muss für das Wirtschaftsjahr einheitlich getroffen werden. Ein unterjähriger Wechsel ist nicht möglich. Ein Methodenwechsel ist von Jahr zu Jahr möglich. Die Bewertungsmethode ist für jedes Fahrzeug im Unternehmen zu wählen. Bei mehreren Fahrzeugen im Jahr müssen nicht für alle Fahrzeuge die gleiche Methode angewandt werden.

69   Die Bewertungsmethode ist abhängig vom Grad der betrieblichen Nutzung des Fahrzeuges.

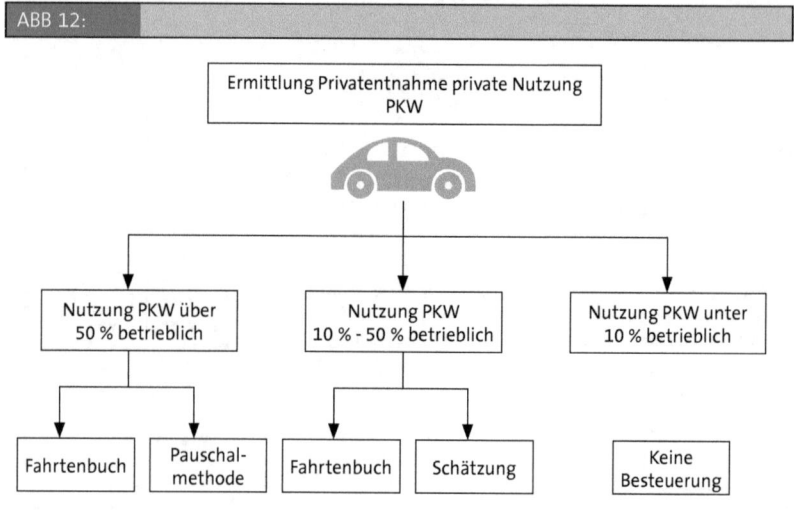

ABB 12:

HINWEIS:

Wird während des Wirtschaftsjahres das Fahrzeug gewechselt, z. B. durch Neuanschaffung, kann zu einer anderen Ermittlungsmethode gewechselt werden.

70   Ist das Fahrzeug dem notwendigen Betriebsvermögen zugeordnet (Nutzung von mehr als 50 % betrieblich), kann der Unternehmer nach § 6 Abs. 2 Nr. 4 Satz 2 und 3 EStG bei der Bewertung der Entnahme durch die private Nutzung

zwischen der genauen Berechnung mit Hilfe eines Fahrtenbuchs und der pauschalen Methode in Form der 1 %-Regelung wählen.

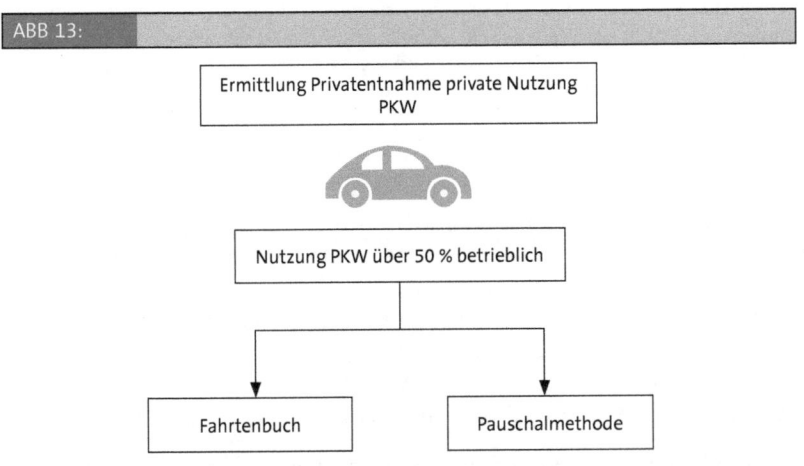

Ist das Fahrzeug dem gewillkürten Betriebsvermögen bei einem betrieblichen   71
Nutzungsanteil von 10 % bis 50 % zugeordnet, kann der Wert der privaten
Nutzung auch nach § 6 Abs. 1 Nr. 4 Satz 1 EStG durch Schätzung, d. h. mit
anteiligem Aufwand (sog. Schätzungsmethode), berechnet werden. Die Pauschalmethode ist nicht möglich.

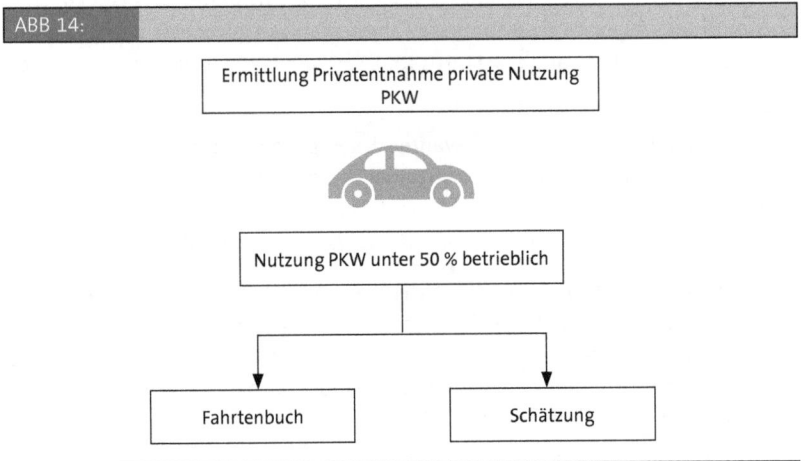

Wird das Fahrzeug auch z. B. für Fahrten zwischen Wohnung und erster Betriebsstätte/ Tätigkeitsstätte bzw. für Heimfahrten im Rahmen der doppelten Haushaltsführung genutzt wird, erhöht der Wert, der die Entfernungspauschale übersteigt, das steuerpflichtige Einkommen. Das heißt die Kosten sind nach § 4 Abs. 5 Nr. 6 EStG nicht vollständig als Betriebsausgabe abzuziehen (siehe Rz. 101).

a) Bewertung nach Fahrtenbuch

72 Eine häufige, aber auch arbeitsintensive Form der Ermittlung des privaten Eigenverbrauchs bei im Betriebsvermögen gehaltenen Fahrzeugen ist die Fahrtenbuchmethode nach § 6 Abs. 1 Nr. 4 Satz 3 EStG. In aller Regel werden diese Fahrtenbücher, zwecks Überprüfung im Rahmen der Bearbeitung der Steuererklärungen oder bei Betriebsprüfungen, durch die Finanzverwaltung angefordert. Die Fahrtenbuchmethode ist möglich, wenn es sich beim PKW um notwendiges Betriebsvermögen handelt, also die betriebliche Nutzung über 50 % liegt.

73 Durch Belege und ein ordnungsgemäßes Fahrtenbuch erfolgt die genaue Berechnung des Privatanteils im Rahmen der privaten Nutzung des betrieblichen PKWs. Die private Nutzung wird mit den auf die Privatfahrten entfallenden Aufwendungen angesetzt. Mithilfe des Fahrtenbuchs nach § 6 Abs. 1 Nr. 4 Satz 3 EStG wird das Verhältnis der privaten zu den übrigen Fahrten nachgewiesen. Anhand dieses Verhältnisses wird ein Kostenbetrag je gefahrenen Kilometer berechnet, der auf die Privatfahrten anzuwenden ist. Die Fahrtenbuchmethode ist einheitlich für Privatfahren, Fahrten zwischen Wohnung und erster Betriebsstätte/Tätigkeitsstätte und für Familienheimfahrten zu berücksichtigen.

74 Ein Fahrtenbuch, welches nicht während des ganzen Kalenderjahres geführt ist, ist als nicht ordnungsgemäß anzusehen.[1] Die Führung nur für einen „repräsentativen" Zeitraum von ein paar Monaten ist nicht ausreichend. Details zum Fahrtenbuch finden Sie unter Rz. 459 ff., da dies auch bei Arbeitnehmern gilt.[2]

75 Neben dem Fahrtenbuch sind auch die Gesamtkosten des Fahrzeuges zu ermitteln. Die Gesamtkosten werden durch die gefahrenen Kilometer geteilt und so der entsprechende Kilometersatz ermittelt. Dieser Satz wird auf die gefahrenen privaten Kilometer angewendet und so die Entnahme ermittelt. Bei Vorsteuerabzugsberechtigung sind die Kosten inkl. Umsatzsteuer zu berücksichti-

---

1 BFH, Urteil v. 20.3.2014 – VI R 35/12, BStBl 2014 II S. 643.
2 NWB-Arbeitshilfe März 2016, Mandanten-Merkblatt: Fahrtenbücher richtig führen, NWB WAAAE-37243.

gen. Zu den Gesamtkosten folgen Ausführungen unter Rz. 494 ff. Wird ein Elektro- oder Hybridfahrzeug genutzt, gelten bei der Ermittlung Sonderregelungen, die unter Abschnitt C erörtert werden.

BEISPIEL: Ein Unternehmer hat einen PKW im notwendigen Betriebsvermögen. Die Privatnutzung soll anhand eines Fahrtenbuchs nachgewiesen werden. Der Unternehmer ist vorsteuerabzugsberechtigt. Gemäß Buchhaltung entstanden für das Kalenderjahr Gesamtaufwendungen von 13.200 € brutto und 1.500 € nicht umsatzsteuerbelastete Kosten. Insgesamt ist der Unternehmer 18.700 km in diesem Jahr gefahren, davon 2.300 km privat.

LÖSUNG: Anhand des Fahrtenbuches ergibt sich ein km-Satz von 0,79 €. Dieser Satz ist auf die privat gefahrenen km anzusetzen. Es ergibt sich ein Anteil von 1.817 €.

Das Fahrtenbuch ist zu empfehlen, wenn der Anteil der privaten Fahrten im Verhältnis zu der Gesamtnutzung gering ist, das Fahrzeug einen hohen Listenpreis hat, wodurch nach der 1 %-Regelung ein unverhältnismäßig hoher Privatanteil berechnet würde, oder in den Fällen, bei denen die Finanzverwaltung z. B. für bestimmte Berufsgruppen üblicherweise nur einen geringen Privatanteil akzeptiert. Grundsätzlich ist das Führen eines Fahrtenbuches aber aufwändig und erfordert Disziplin.[1] Da für ein und dasselbe Fahrzeug in einem Wirtschaftsjahr nur eine der Ermittlungsmethoden gewählt werden kann, führt die Nichtanerkennung eines Fahrtenbuches ganzjährig zum Ansatz der ungünstigeren pauschalen 1 %-Methode, wenn das Fahrtenbuch von der Betriebsprüfung verworfen wird.[2]

76

WEITERES BEISPIEL: Der Unternehmer nutzt den betrieblichen PKW (notwendiges Betriebsvermögen) auch privat. Die Anschaffungskosten des Fahrzeugs betragen 60.000 € zzgl. 11.400 € Umsatzsteuer. Die Gesamtkosten für das Fahrzeug betragen nach der Buchhaltung 8.000 € ohne Umsatzsteuer. Davon sind 2.000 € nicht mit Vorsteuer belastete Kosten (z. B. Kfz-Versicherung, Kfz-Steuer).

Gemäß Fahrtenbuch betragen die gefahrenen Kilometer 29.633 km. Davon betreffen 9.354 km Privatfahrten und 4.255 km für 200 Fahrten zwischen Wohnung und Betrieb (aufgerundete Km einfache Entfernung 11 Km).

LÖSUNG: Ermittlung der jährlichen Kfz-Kosten nach Fahrtenbuch:

Abschreibung (1/6 von 60.000 €) 10.000 €		
+	Kosten mit Vorsteuer	6.000 €
=	Zwischensumme	16.000 €
+	Kosten ohne Vorsteuer	2.000 €
=	Gesamtkosten	18.000 €

Kilometersatz: 18.000 €/29.633 km = 0,61 €/km

---

1 NWB Kfz-Rechner: 1 %-Methode vs. Fahrtenbuch, NWB ZAAAD-37232.
2 BMF, Schreiben v. 18.11.2009, BStBl 2009 I S. 1326, Rz. 31.

Der Hinzurechnungsbetrag zu den Einnahmen ermittelte sich wie folgt:

Privatanteil: 9.354 km × 0,61 €/km =   5.706 €

Dieser Anteil ist als Entnahme den Einnahmen hinzuzurechnen
(§ 4 Abs. 1 Satz 1 EStG).

Kosten für Fahrten zum Betrieb: 4.255 km × 0,61 €/km =   2.596 €

./. Entfernungspauschale: (200 Tage × 11 km × 0,30 €/Tag) ./. 660 €
als Betriebsausgabe

Summe nicht abzugsfähige Betriebsausgaben   1.936 €

77–79   *(Einstweilen frei)*

b) 1 %-Regelung

80 Der private Nutzungsanteil kann auch anhand der 1 %-Regelung nach § 6 Abs. 1 Nr. 4 Satz 2 EStG nur ermittelt werden, wenn eine betriebliche Nutzung des Fahrzeugs nachweislich mehr als 50 % beträgt, das Fahrzeug also notwendiges Betriebsvermögen darstellt. Die pauschale Regelung gilt auch für gemietete oder geleaste Fahrzeuge. Für die Anwendung der 1 %-Regelung ist es unerheblich, wem das Fahrzeug zivilrechtlich oder steuerrechtlich zuzuordnen ist.

81 Für den Nachweis der Nutzung gilt Rz. 56 ff.

82 Die Ermittlung des privaten Nutzungswerts des zum notwendigen Betriebsvermögen zugehörigen Fahrzeuges erfolgt nach der pauschalen 1 %-Regelung mit monatlich 1 % vom Bruttolistenpreis nach § 6 Abs. 1 Nr. 4 Satz 2 EStG. Maßgeblich ist der inländische Listenpreis im Zeitpunkt der Erstzulassung zuzüglich der Kosten für Sonderausstattung einschließlich der Umsatzsteuer. Dies gilt auch für reimportierte Fahrzeuge. Vom Händler beim Kauf gewährte Rabatte mindern nicht den Bruttolistenpreis. Nicht mit einzubeziehen sind die Anschaffungsnebenkosten (Überführungs- und Zulassungskosten etc.). Diese Kosten sind zwar ertragsteuerlich gemeinsam mit dem eigentlichen Wirtschaftsgut zu aktivieren, jedoch werden diese Aufwendungen bei der Berechnung nach der 1 %-Methode außer Acht gelassen. Der Bruttolistenpreis ist nunmehr auf volle 100 € abzurunden. Details zum Bruttolistenpreis auch unter Rz. 286 ff., da dieser auch beim Arbeitnehmer gilt. Für die Nutzung von Elektro- oder Hybridfahrzeugen gelten bei der Ermittlung des Bruttolistenpreises Sonderregelungen, die unter Abschnitt C erörtert werden.

BEISPIEL: W ist Gewerbetreibender. In seinem Betriebsvermögen befindet sich ein Pkw. Dieser Wagen wird unstrittig über 50 % betrieblich genutzt. Der Bruttolistenpreis zum Zeitpunkt der Erstzulassung belief sich auf 52.459 €. Daneben sind noch Zulassungskosten i. H. von 125 € und Überführungskosten von 790 € angefallen. Zur Ermittlung der privaten Nutzungsentnahme möchte W gerne die 1 %-Methode anwenden. Der Steuerpflichtige wohnt am Betriebssitz.

LÖSUNG: Die Ermittlung der Nutzungsentnahme anhand der 1 %-Methode ist nach § 6 Abs. 1 Nr. 4 Satz 2 EStG möglich, da der PKW zu mehr als 50 % betrieblich genutzt wird. Als Bemessungsgrundlage ist der auf volle 100 € abgerundete Listenpreis von 52.400 € anzusetzen. Die angefallenen Nebenkosten beeinflussen die Bemessungsgrundlage nicht. Es ergeben sich folgende ertragsteuerlichen Konsequenzen für das Jahr.

1 % x 52.400 € x 12 Monate = 6.288 € sind als Entnahme den Einnahmen (nach § 4 Abs. 1 Satz 1 EStG) hinzuzurechnen.

Zeitpunkt der Erstzulassung ist der Tag, an dem das Kraftfahrzeug das erste   83
Mal zum Straßenverkehr zugelassen worden ist. Das gilt auch für gebraucht erworbene Kraftfahrzeuge. Zeitpunkt der Erstzulassung des Kraftfahrzeugs ist nicht der Zeitpunkt der Erstzulassung des Kraftfahrzeugtyps, sondern des jeweiligen individuellen Kraftfahrzeugs. Bei inländischen Kraftfahrzeugen ergibt sich das Datum aus den Zulassungspapieren.

BEISPIEL: U ist als Wirtschaftsprüfer tätig und kauft einen gebrauchten PKW für 45.000 € inkl. Umsatzsteuer. Der Wagen ist zwei Jahre alt und hatte einen Bruttolistenpreis zum Zeitpunkt der Zulassung von 75.000 €. U nutzt den PKW zu 70 % beruflich. Die private Nutzung ermittelt er nach der 1 %-Methode.

LÖSUNG: U muss für die monatliche Entnahme als Bemessungsgrundlage 75.000 € ansetzen, also monatlich 750 €.

Bei nur gelegentlicher Nutzung des Fahrzeugs für private Zwecke sind der pau-   84
schale Nutzungswert und die nicht abziehbaren Betriebsausgaben dennoch mit den Monatswerten zu ermitteln. Eine Quotelung kommt nicht in Betracht.

BEISPIEL: Im obigen Beispiel nutzt der Gewerbetreibende das Fahrzeug für drei Wochen im Sommer nicht, weil er sich auf einer Kreuzfahrt befindet. Die Bewertung der privaten Nutzung ist dennoch für volle zwölf Monate vorzunehmen.

Die Monatswerte können für volle Kalendermonate entfallen, in denen eine   85
private Nutzung oder eine Nutzung zu Fahrten zwischen Wohnung und erster Betriebsstätte/Tätigkeitsstätte ausgeschlossen ist, z. B. wenn der Unternehmer eine mehrwöchige Urlaubsreise antritt, längere Zeit im Krankenhaus war oder vorübergehend seinen Führerschein abgeben musste. Es muss sich aber um eine Nichtnutzung in einem vollen Monat also vom 1. bis zum 30. oder 31. des Monats handeln. Vier Wochen hintereinander, die über den Monatswech-

sel hinweg gehen, haben keine Bedeutung. Zudem entfällt die Besteuerung des Nutzungswertes für die vollen Monate, in denen ein Fahrzeug (saisonbedingt) nicht zugelassen ist.[1]

BEISPIEL: Ein Einzelunternehmer verliert für vier Wochen seinen Führerschein. Der Zeitraum ohne Fahrerlaubnis läuft vom 1.3. bis 31.3. Ein anderes Familienmitglied nutzt das Fahrzeug nachweislich nicht.

LÖSUNG: Für den Monat März ist keine pauschale Bewertung des privaten Nutzungsanteils vorzunehmen, da das Fahrzeug einen vollen Monat nicht privat genutzt wird.

ABWANDLUNG: Der Zeitraum ohne Führerschein beginnt am 5.3. und endet am 4.4. In diesem Fall ist für den Monat März und April eine pauschale Nutzungswertermittlung vorzunehmen.

86 Wird das auch privat genutzte Kraftfahrzeug im laufenden Wirtschaftsjahr ausgewechselt, z. b. bei Veräußerung des bisher genutzten und Erwerb eines neuen Kraftfahrzeugs, ist bei der Ermittlung der pauschalen Wertansätze im Monat des Kraftfahrzeugwechsels der inländische Listenpreis des Kraftfahrzeugs zugrunde zu legen, welches der Steuerpflichtige nach der Anzahl der Tage überwiegend genutzt hat.[2]

BEISPIEL: Der Einzelunternehmer hat einen Firmen-PKW mit einem Bruttolistenpreis von 55.000 €. Er nutzt das Fahrzeug zu 60 % betrieblich. Er ermittelt den Wert der privaten Nutzung als Entnahme nach der 1 %-Methode. Am 10.3. eines Jahres erhält er seinen neuen PKW und gibt den alten PKW in Zahlung. Der neue PKW hat einen Wert von 65.000 €.

LÖSUNG: Für den Monat März hat der Unternehmer den neuen Wagen zu berücksichtigen. Die private Nutzung beträgt ab März 650 € jeden Monat.

87 Gehören gleichzeitig mehrere Kraftfahrzeuge zum Betriebsvermögen, so ist der pauschale Nutzungswert grundsätzlich für jedes Kraftfahrzeug anzusetzen, das vom Steuerpflichtigen oder zu seiner Privatsphäre gehörenden Personen für Privatfahrten genutzt wird.

BEISPIEL: Zum Betriebsvermögen des Unternehmers C gehören fünf Kraftfahrzeuge, die von C, seiner Ehefrau und dem erwachsenen Sohn auch zu Privatfahrten genutzt werden. Die betriebliche Nutzung der Kraftfahrzeuge beträgt jeweils mehr als 50 %. Es befindet sich kein weiteres Kraftfahrzeug im Privatvermögen. Für ein Kraftfahrzeug wird ein Fahrtenbuch geführt.

LÖSUNG: Die (pauschale) private Nutzungsentnahme für die vier weiteren auch privat genutzten Kraftfahrzeuge ist nach § 6 Abs. 1 Nr. 4 Satz 2 EStG mit jeweils 1 % des Listenpreises anzusetzen. Für das Kraftfahrzeug, für das ein Fahrtenbuch geführt

---

1 BMF, Schreiben v. 18.11.2009, BStBl 2009 I S. 1326, Rz. 14 und 15.
2 BMF, Schreiben v. 18.11.2009, BStBl 2009 I S. 1326, Rz. 9.

wird, ist die Nutzungsentnahme mit den tatsächlich auf die private Nutzung entfallenden Aufwendungen nach Fahrtenbuch anzusetzen.

(Einstweilen frei)   88–92

c) Schätzungsmethode

Wird das Fahrzeug nur zwischen 10 % und 50 % betrieblich genutzt, und ord-   93
net der Unternehmer das Fahrzeug dem Betriebsvermögen zu, liegt gewillkürtes Betriebsvermögen vor. Die gesamten Fahrzeugaufwendungen stellen in
diesem Fall Betriebsausgaben nach § 4 Abs. 4 EStG dar. Die private Nutzung
darf in diesen Fällen auch durch Schätzung nach § 6 Abs. 1 Nr. 4 Satz 1 EStG
mit den auf die private Nutzung entfallenden tatsächlichen Selbstkosten erfolgen, sofern kein Fahrtenbuch geführt wird oder dies nicht ordnungsgemäß
geführt wurde. Der private Nutzungsanteil ist als Entnahme gemäß § 6 Abs. 1
Nr. 4 Satz 1 EStG mit den auf die private Nutzung entfallenden tatsächlichen
Selbstkosten zu bewerten. Für Fahrten zwischen Wohnung und Betriebsstätte
und Familienheimfahrten sind die nicht abziehbaren Betriebsausgaben nach
§ 4 Abs. 5 Satz 1 Nr. 6 Satz 3 2. Alt. EStG zu ermitteln.

Findet die 1 %-Regelung keine Anwendung oder ist das Fahrtenbuch nicht ord-   94
nungsgemäß geführt ist der private Nutzungsanteil auch zu schätzen. Zur Berechnung der Nutzungsentnahme sind die Kosten des Fahrzeugs sowie der
Grad der privaten Nutzung zu ermitteln und nachzuweisen.[1] Die Nutzungsentnahme ist mit den auf die private Nutzung entfallenden tatsächlichen Selbstkosten anzusetzen.

Bei der Ermittlung der Nutzungsentnahme nach der Schätzungsmethode bie-   95
tet es sich an, für einen repräsentativen Zeitraum (zumeist drei Monate), Aufzeichnungen ähnlich einem Fahrtenbuch zu führen. Ein Fahrtenbuch ist jedoch
nicht zwingend zu führen. Der betriebliche Nutzungsanteil kann sich auch aus
anderen Unterlagen (beispielsweise Reisekostenabrechnungen oder aus gegenüber dem Kunden abgerechneten Fahrten) ergeben. Anhand dieser Unterlagen
ergibt sich ein Prozentualer betrieblicher und privater Nutzungsanteil. Dieser
private Anteil stellt den Prozentualen Anteil der Nutzungsentnahme dar. In
diesem Verhältnis sind die Kosten auf privat und betrieblich veranlasst „aufzuteilen".

---

1 BMF, Schreiben v. 7.7.2006, BStBl 2006 I S. 446.

96 Kann kein Nachweis erbracht werden, wird das Finanzamt die Ermittlung des Nutzungsanteils durch sachgerechte Schätzung von wenigstens 50 % vornehmen, soweit sich aus den besonderen Verhältnissen des Einzelfalls nichts anderes ergibt.[1]

97–100 *(Einstweilen frei)*

2. Bewertung von Fahrten zwischen Wohnung und Betrieb

101 Oft fährt der PKW-Inhaber von seiner Wohnung zur Betriebsstätte, weil er dort nicht wohnt. Aus ertragsteuerlicher Sicht ist zu beachten, dass der Gewerbetreibende bzw. Selbständige nicht schlechter gestellt werden darf, als beispielsweise ein Arbeitnehmer. Aufwendungen für die Wege zwischen Wohnung und Betriebsstätte i. S. des § 4 Abs. 5 Satz 1 Nr. 6 EStG sind keine Reisekosten. Ihr Abzug richtet sich gemäß § 4 Abs. 5 Satz 1 Nr. 6 EStG nach den Regelungen in § 9 Abs. 1 Satz 3 Nr. 4 Satz 2 bis 6 EStG zur Entfernungspauschale.

102 Somit ist bezüglich der Fahrten zwischen Wohnung und Betriebsstätte und für Familienheimfahrten auf die Regelung der nicht abziehbaren Betriebsausgaben abzustellen (§ 4 Abs. 5 Nr. 6 EStG). Das heißt eine zusätzliche Bewertung der Fahrten findet nicht statt.

103 Unter Betriebsstätte ist die von der Wohnung getrennte dauerhafte Tätigkeitsstätte des Steuerpflichtigen zu verstehen, d. h. eine ortsfeste betriebliche Einrichtung des Steuerpflichtigen, des Auftraggebers oder eines vom Auftraggeber bestimmten Dritten, an der oder von der aus die steuerrechtlich relevante Tätigkeit dauerhaft ausgeübt wird (i. S. der Rz. 3 des BMF-Schreibens v. 24.10.2014). Eine hierauf bezogene eigene Verfügungsmacht des Steuerpflichtigen ist – im Unterschied zur Geschäftseinrichtung i. S. des § 12 Satz 1 AO – nicht erforderlich.[2] Ein häusliches Arbeitszimmer ist keine Betriebsstätte i. S. des § 4 Abs. 5 Satz 1 Nr. 6 EStG.

104 Somit kann für Fahrten zwischen Wohnung und Betriebsstätten und für Familienheimfahrten im Fall einer doppelten Haushaltsführung ein Betrag von 0,30 € bis einschließlich 20 Entfernungskilometer, 0,35 € ab dem 21. Kilometer anzusetzen sein. Bei der Ermittlung der Privatnutzung nach der pauschalen Methode darf der Gewinn jedoch nicht durch Kosten über der Entfernungspauschale gemindert werden. Es gilt also:

---

1 BMF, Schreiben v. 27.8.2004, BStBl 2004 I S. 864, Tz. 2.3.
2 BMF, Schreiben v. 23.12.2014, BStBl 2015 I S. 26, Rz. 1.

0,03 % x Bruttolistenpreis x Anzahl der Monate x Entfernungskilometer

+ 0,002 % x Bruttolistenpreis x Anzahl der Familienheimfahrten x Entfernungskilometer

./. Entfernungspauschale (bis 20 km x 0,30 €, 0,35 € ab 21. km x Anzahl der Fahrten).

BEISPIEL: ▶ Eine selbständige Rechtsanwältin hat ihrem Betriebsvermögen einen PKW mit einem Bruttolistenpreis von 75.000 € zugeordnet. Die Entfernung zwischen Wohnung und Kanzlei beträgt 10 km. Sie sucht die Kanzlei im Jahr an 220 Tagen auf. Die private Nutzungsentnahme wird nach der 1 %-Methode ermittelt.

LÖSUNG: ▶ Bezüglich der Aufwendungen für Fahrten zwischen Wohnung und Betrieb sind die Regelungen über die nicht abziehbaren Betriebsausgaben anzuwenden. Zu überprüfen ist, ob bezüglich dieser Touren fiktiv ein Betrag dem Betriebsergebnis hinzuzurechnen ist:

0,03 % x 75.000 € x 12 Monate x 10 km = 2.700 €

- 220 Tage x 10 km x 0,30 € = 660 €.

Der Betrag von 2.040,00 darf die Betriebsausgaben nicht mindern. Der Betrag von 2.040 € ist dem Gewinn hinzuzurechnen.

Die private Nutzungsentnahme beträgt 1 % von 75.000 €, also 9.000 € im Jahr.

Mehrere Fahrten am Tag zwischen Wohnung und Betrieb führen nicht dazu, dass der nach der 0,03 %-Methode ermittelte Betrag vervielfacht wird. 105

Der Steuerpflichtige kann an mehreren Betriebsstätten tätig sein. Für jeden Betrieb kann jedoch höchstens eine ortsfeste betriebliche Einrichtung Betriebsstätte i. S. des § 4 Abs. 5 Satz 1 Nr. 6 EStG (erste Betriebsstätte) sein. Übt der Steuerpflichtige seine betriebliche Tätigkeit an mehreren Betriebsstätten aus, ist die erste Betriebsstätte anhand quantitativer Merkmale zu bestimmen. Nach § 9 Abs. 4 Satz 4 EStG ist danach erste Betriebsstätte die Tätigkeitsstätte, an der der Steuerpflichtige dauerhaft typischerweise (im Sinne eines Vergleichs mit einem Arbeitnehmer) arbeitstäglich oder je Woche an zwei vollen Arbeitstagen oder mindestens zu einem Drittel seiner regelmäßigen Arbeitszeit tätig werden will. Treffen diese Kriterien auf mehrere Tätigkeitsstätten zu, ist die der Wohnung des Steuerpflichtigen näher gelegene Tätigkeitsstätte erste Betriebsstätte (entsprechend § 9 Abs. 4 Satz 7 EStG). Die Fahrten zu weiter entfernt liegenden Tätigkeitsstätten sind als Auswärtstätigkeiten zu beurteilen.[1] 106

BEISPIEL: ▶ Der Steuerpflichtige wohnt in A und betreibt ein Einzelunternehmen mit Filialen in B (Entfernung zur Wohnung 15 km) und C (Entfernung zur Wohnung 10 km), die Filiale in B sucht er arbeitstäglich z. B. während der Öffnungszeiten auf, die Filiale in C nur einmal wöchentlich.

---

1 BMF, Schreiben v. 23.12.2014, BStBl 2015 I S. 26, Rz. 5.

LÖSUNG: ▶ Erste Betriebsstätte ist die Filiale in B. Bei den Fahrten handelt es sich um Fahrten zwischen Wohnung und Betriebsstätte. Der Abzug der Aufwendungen richtet sich nach § 4 Abs. 5 Satz 1 Nr. 6 EStG (Entfernungspauschale). 15 km x 0,30 € x 220 Tage = 990 €. Die Betriebsstätte in C ist keine erste Betriebsstätte. Die Aufwendungen für die Fahrten von der Wohnung zur Betriebsstätte in C sind wie auch die Aufwendungen für die Fahrten zwischen den Betriebsstätten in voller Höhe abziehbar.

BEISPIEL: ▶ Der Steuerpflichtige wohnt in A und betreibt ein Einzelunternehmen mit Filialen in B (Entfernung zur Wohnung 15 km) und C (Entfernung zur Wohnung 10 km), die er beide arbeitstäglich z. B. während der Öffnungszeiten aufsucht.

LÖSUNG: ▶ Erste Betriebsstätte ist die Filiale in C, da sie näher zur Wohnung liegt. Bei den Fahrten zur Betriebsstätte in C handelt es sich um Fahrten zwischen Wohnung und Betriebsstätte; der Abzug der Aufwendungen richtet sich nach § 4 Abs. 5 Satz 1 Nr. 6 EStG (Entfernungspauschale). Die Betriebsstätte in B ist keine erste Betriebsstätte; die Aufwendungen für die Fahrten von der Wohnung zur Betriebsstätte in B sind wie auch die Aufwendungen für die Fahrten zwischen den Betriebsstätten in voller Höhe abziehbar.

107 Wird die Nutzungsentnahme des PKW zu privaten Zwecken nicht anhand der 1 %-Methode, sondern anhand der Fahrtenbuch- oder der Schätzungsmethode ermittelt, sind anstatt der Beträge nach der 0,03 %- und 0,002 %-Methode, die tatsächlichen Aufwendungen anzusetzen.

108–112   (*Einstweilen frei*)

3. Kostendeckelung

113 Aufgrund der 1 %-Methode und der Ermittlung der nicht abziehbaren Betriebsausgaben für Fahrten zwischen Wohnung und Betrieb kann es zu der Fallkonstellation kommen, dass die ermittelten pauschalen Beträge, die als Betriebseinnahme anzusetzen sind, die tatsächlich angefallenen Kosten für den PKW überschreiten. Dieses kann beispielsweise bei einer geringen Laufleistung des Fahrzeugs gegeben sein, da dann die laufenden Kosten (Tankkosten, Reparaturen, Versicherung) in geringem Umfang anfallen, die durch die pauschale Methode jedoch nicht berücksichtigt werden.

114 In derartigen Fällen darf der pauschale Nutzungswert nur in Höhe der tatsächlich angefallenen Aufwendungen insgesamt (vom Arbeitgeber und vom Arbeitnehmer getragen) angesetzt werden. In voller Höhe berücksichtigungsfähig muss sich jedoch der nach dem „Werbungskosten-Recht" ergebene Betrag für Fahrten zwischen Wohnung und Betrieb und Familienheimfahrten auswirken. Der pauschale Nutzungswert nach § 6 Abs. 1 Nr. 4 Satz 2 EStG sowie die nicht abziehbaren Betriebsausgaben für Fahrten zwischen Wohnung und Betriebs-

stätte und Familienheimfahrten nach § 4 Abs. 5 Satz 1 Nr. 6 EStG können die für das genutzte Kraftfahrzeug insgesamt tatsächlich entstandenen Aufwendungen übersteigen. Wird das im Einzelfall nachgewiesen, so sind diese Beträge höchstens mit den Gesamtkosten des Kraftfahrzeugs anzusetzen. Bei Anwendung der Kostendeckelung müssen dem Steuerpflichtigen als abziehbare Aufwendungen mindestens die nach § 4 Abs. 5 Satz 1 Nr. 6 Satz 2, § 9 Abs. 1 Satz 3 Nr. 4 und Nr. 5 EStG ermittelten Beträge (Entfernungspauschalen) verbleiben.[1]

BEISPIEL: Für ein mehr als 50 % für betriebliche Zwecke genutztes Kraftfahrzeug (Bruttolistenpreis 55.500 €) sind im Wirtschaftsjahr 8.400 € Gesamtkosten angefallen. Das Kraftfahrzeug wurde an 200 Tagen für Fahrten zwischen Wohnung und Betriebsstätte (Entfernung 17 km) genutzt. Ein Fahrtenbuch wurde nicht geführt.

LÖSUNG:

1. pauschaler Wertansatz nach § 4 Abs. 5 Satz 1 Nr. 6 EStG (Fahrten Betriebsstätte)

    55.500 € x 0,03 % x 17 km x 12 Monate = 3.396,60 €

2. privater Nutzungsanteil nach § 6 Abs. 1 Nr. 4 Satz 2 EStG

    55.500 € x 1 % x 12 Monate = 6.660 €

3. Prüfung der Kostendeckelung:

    Gesamtaufwendungen 8.400 €, Pauschale Wertansätze (Summe aus 1. und 2.) 10.056,60 €

    Höchstbetrag der pauschalen Wertansätze 8.400 €

    Es liegt ein Fall der Kostendeckelung vor. Als „fiktive" Betriebseinnahme für die Entnahme dürfen nicht die Summen aus 1. und 2. angesetzt werden. Der Betrag ist auf 8.400 € begrenzt. Da der Gewerbetreibende/Selbständige jedoch nicht schlechter gestellt werden darf als beispielsweise ein Arbeitnehmer, darf als Betriebsausgabe noch die Entfernungspauschale nach „Werbungskosten-Recht" angesetzt werden (200 Tage x 17 km x 0,30 € = 1.020 €).

Die Kostendeckelung kann erfolgen, wenn bei einem PKW mit hohem Brutto-   115 listenpreis im Wirtschaftsjahr eine geringe Laufleistung angefallen ist und damit die Treibstoffkosten, Reparaturaufwendungen die Versicherungsprämien gering sind. Außerdem kann der Fall eintreten, wenn der sich im notwendigen Betriebsvermögen befindende PKW bereits komplett abgeschrieben ist. Somit sind im Jahr nur laufende Kosten angefallen. Bei höherwertigen Fahrzeugen kann es somit schnell zum Fall der Kostendeckelung kommen.

(Einstweilen frei)   116–119

---

1 BMF, Schreiben v. 18.11.2009, BStBl 2015 I S. 26, Rz. 18, 20.

4. Nutzung mehrerer Fahrzeuge

120 Gehören gleichzeitig mehrere Kraftfahrzeuge zum Betriebsvermögen, so ist der pauschale Nutzungswert grundsätzlich für jedes Kraftfahrzeug anzusetzen, das vom Steuerpflichtigen oder zu seiner Privatsphäre gehörenden Personen für Privatfahrten genutzt wird.

121 Kann der Steuerpflichtige dagegen glaubhaft machen, dass bestimmte betriebliche Kraftfahrzeuge ausschließlich betrieblich genutzt werden, weil sie für eine private Nutzung nicht geeignet sind oder diese ausschließlich eigenen Arbeitnehmern zur Nutzung überlassen werden, ist für diese Kraftfahrzeuge kein pauschaler Nutzungswert zu ermitteln. Dies gilt entsprechend für Kraftfahrzeuge, die nach der betrieblichen Nutzungszuweisung nicht zur privaten Nutzung zur Verfügung stehen. Hierzu können z. B. Vorführwagen eines Kraftfahrzeughändlers gehören.[1]

122 Gibt der Steuerpflichtige in derartigen Fällen in seiner Gewinnermittlung durch den Ansatz einer Nutzungsentnahme an, dass von ihm das Kraftfahrzeug mit dem höchsten Listenpreis auch privat genutzt wird, ist diesen Angaben aus Vereinfachungsgründen zu folgen und für weitere Kraftfahrzeuge kein zusätzlicher pauschaler Nutzungswert anzusetzen. Für die private Nutzung von betrieblichen Kraftfahrzeugen durch zur Privatsphäre des Steuerpflichtigen gehörende Personen gilt dies entsprechend, wenn je Person das Kraftfahrzeug mit dem nächsthöchsten Listenpreis berücksichtigt wird.

123 Wird ein Kraftfahrzeug gemeinsam vom Steuerpflichtigen und einem oder mehreren Arbeitnehmern genutzt, so ist bei pauschaler Nutzungswertermittlung für Privatfahrten der Nutzungswert von 1 % des Listenpreises entsprechend der Zahl der Nutzungsberechtigten aufzuteilen. Es gilt die widerlegbare Vermutung, dass für Fahrten zwischen Wohnung und Betriebsstätte und für Familienheimfahrten das Kraftfahrzeug mit dem höchsten Listenpreis genutzt wird.

BEISPIEL: Zum Betriebsvermögen eines Unternehmers gehören sechs Kraftfahrzeuge, die jeweils vom Betriebsinhaber, seiner Ehefrau und den Angestellten genutzt werden. Der Steuerpflichtige erklärt glaubhaft eine Nutzungsentnahme für die zwei von ihm und seiner Ehefrau auch privat genutzten Kraftfahrzeuge mit den höchsten Listenpreisen. Die übrigen Kraftfahrzeuge werden den Angestellten Mitarbeitern nicht zur privaten Nutzung überlassen. Sie werden im Rahmen ihrer Tätigkeit genutzt. Eine Nutzungswertbesteuerung der vier weiteren Kraftfahrzeuge ist nicht vorzunehmen

---

1 BMF, Schreiben v. 18.11.2009, BStBl 2009 I S. 1326, Rz. 12.

Befinden sich Kraftfahrzeuge im Betriebsvermögen einer Personengesellschaft, ist ein pauschaler Nutzungswert für den Gesellschafter anzusetzen, dem die Nutzung des Kraftfahrzeugs zuzurechnen ist.[1]   124

> **BEISPIEL:** ▶ Der IJK-OHG gehören die Gesellschafter I, J und K an. Es befinden sich vier Kraftfahrzeuge im Betriebsvermögen. Die Gesellschafter I und K sind alleinstehend. Niemand aus ihrer Privatsphäre nutzt die betrieblichen Kraftfahrzeuge. Der Gesellschafter J ist verheiratet. Seine Ehefrau nutzt ein betriebliches Kraftfahrzeug auch zu Privatfahrten. Die betriebliche Nutzung der Kraftfahrzeuge beträgt jeweils mehr als 50 %. Die Bruttolistenpreise der Kraftfahrzeuge betragen 80.000 €, 65.000 €, 50.000 € und 40.000 €.

LÖSUNG: ▶

I nutzt das 80.000 €-Kraftfahrzeug:	1 % von 80.000 €
J nutzt das 50.000 €-Kraftfahrzeug:	1 % von 50.000 €
Zusätzlich für Ehefrau J:	1 % von 40.000 €
K nutzt das 65.000 €-Kraftfahrzeug:	1 % von 65.000 €

(Einstweilen frei)   125–129

V. Betriebsausgabenabzug

Wenn beim PKW gewillkürtes oder notwendiges Betriebsvermögen vorliegt, dürfen nach § 4 Abs. 4 EStG die im Zusammenhang mit diesem PKW anfallenden Kosten, als Betriebsausgabe behandelt werden.   130

Nach § 4 Abs. 5 Nr. 7 EStG, kann die Finanzverwaltung eine Beurteilung vornehmen, inwieweit der Betriebsausgabenabzug betragsmäßig auch zugelassen wird und in welcher Höhe ggf. unangemessene Aufwendungen vorliegen.[2]   131

Der BFH hat entscheiden, ob ein geleaster Ferrari Spider als Betriebsvermögen behandelt werden darf und inwieweit ein Betriebsausgabenabzug zugelassen wird.[3] Die Richter des BFH urteilten, dass auch solche Fahrzeuge Betriebsvermögen darstellen können. Bezüglich der Höhe des zu berücksichtigen Betriebsausgabenabzugs kommt es jedoch auf die Umstände des Einzelfalls an. Im entschiedenen Fall betrugen die Kosten für den einzelnen Kilometer teilweise weit mehr als 10 €.   132

Bei der Höhe des Betriebsausgabenabzugs sind demnach zu berücksichtigen:[4]   133

---

1 BMF, Schreiben v. 18.11.2009, BStBl 2009 I S. 1326, Rz. 13.
2 KKB/*Hallerbach*, § 4 EStG Rz. 813.
3 BFH, Urteil v. 29.4.2014 – VIII R 20/12, BStBl 2014 II S. 679.
4 KKB/*Hallerbach*,§ 4 EStG Rz. 811.

► Handelt es sich um ein so genanntes Liebhaberfahrzeug/wie weit ist die private Lebensführung des Steuerpflichtigen betroffen?

► Hätte ein ordentlicher und gewissenhafter Unternehmer – ungeachtet seiner Freiheit, den Umfang seiner Erwerbsaufwendungen selbst bestimmen zu dürfen – angesichts der erwarteten Vorteile und Kosten die Aufwendungen ebenfalls auf sich genommen?

► Größe des Unternehmens.

► Höhe des längerfristigen Umsatzes und Gewinns.

► Bedeutung des Repräsentationsaufwands für den Geschäftserfolg nach der Art der ausgeübten Tätigkeit.

► Üblichkeit in vergleichbaren Betrieben.

► Umfang der betrieblichen Nutzung.

► Kosten vergleichbarer Fahrzeugmodelle der Luxusklasse.

134 Ist das Fahrzeug dem Privatvermögen zugeordnet worden, können die tatsächlichen Kosten nicht in vollem Umfang als Betriebsausgaben geltend gemacht werden. Es muss eine direkte Zuordnung der Kosten für betriebliche Fahrten erfolgen.

135 Hat der Unternehmer sein privates Fahrzeug für betriebliche Zwecke eingesetzt, kann er die entstandenen Kosten gewinnmindern geltend machen. Er hat die Wahl zwischen einem pauschalen (0,30 € je km) oder einem tatsächlichen Kilometersatz. Während eines Wirtschaftsjahres können bei ein und demselben Fahrzeug nicht beide Methoden angesetzt werden.

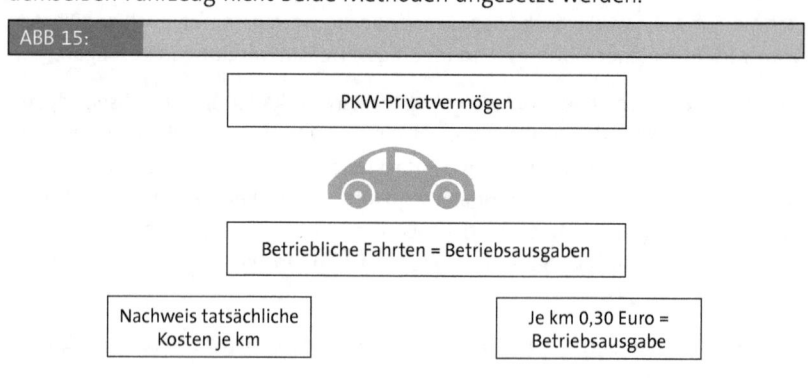

ABB 15:

PKW-Privatvermögen

Betriebliche Fahrten = Betriebsausgaben

Nachweis tatsächliche Kosten je km

Je km 0,30 Euro = Betriebsausgabe

Ermittelt der Unternehmer die private Nutzung nach der 1 %-Regelung, weil   136
das Fahrzeug dem notwendigen Betriebsvermögen wegen einer mehr als 50 %
tigen betrieblichen Nutzung zugeordnet wurde, sind auch die Aufwendungen
für Fahrten zwischen Wohnung und erster Betriebsstätte pauschal mit monatlich 0,03 % des Bruttolistenpreises im Zeitpunkt der Erstzulassung für jeden
Entfernungskilometer je Monat anzusetzen (siehe Rz. 101). Nach § 4 Abs. 5
Nr. 6 i. V. mit § 9 Abs. 2 EStG ist die Entfernungspauschale hiervon abzuziehen.
Der übersteigende Betrag sind zwar Betriebsausgaben, aber nicht abziehbar, da
ein Unternehmer ansonsten höhere Kosten zum Abzug bringen könnte als ein
Arbeitnehmer. Sie müssen also hinzugerechnet werden.

BEISPIEL Der Unternehmer fährt an 210 Tagen von seiner Wohnung zur ersten Betriebsstätte. Die einfache Entfernung für die Fahrt Wohnung – Erste Betriebsstätte
beträgt 20 km. Die private Kfz-Nutzung wird nach der 1 %-Regelung ermittelt. Der
Bruttolistenpreis beläuft sich auf 60.000 €.

Bruttolistenpreis 60.000 € × 0,03 % × Entfernungskilometer × 12 Monate = 4.320 €

./.   210 Tage × 20 km × 0,30 €: 1.260 €

=   nicht abziehbare Betriebsausgaben 3.060 €, also Hinzurechnung.

HINWEIS:

Ist die Entfernungspauschale höher als der für die Fahrten anzusetzende Nutzungsanteil, ergibt sich ein negativer Hinzurechnungsbetrag. Dieser negative Betrag kann
nach Ansicht der Finanzverwaltung als fiktive Betriebsausgabe abgezogen werden.[1]

---

1 R 4.12 Abs. 1 Satz 2 EStR.

ABB 16:

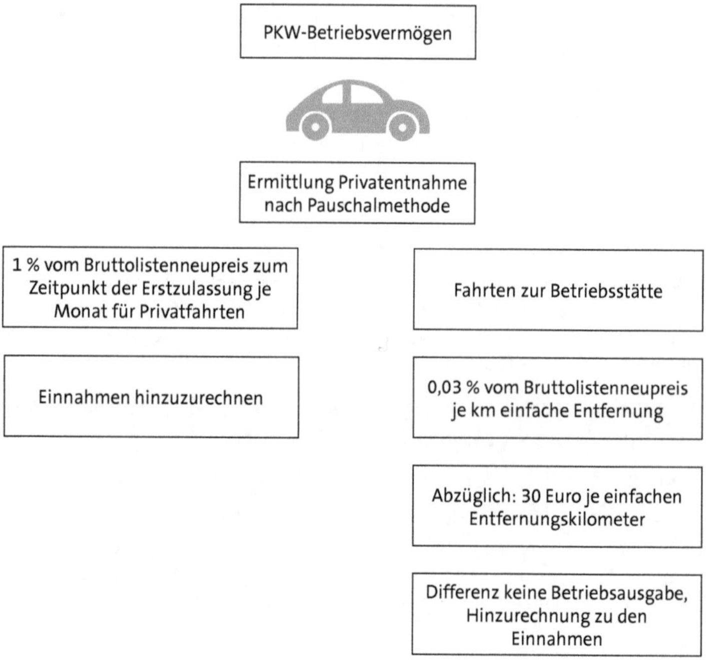

PKW-Betriebsvermögen

Ermittlung Privatentnahme
nach Pauschalmethode

1 % vom Bruttolistenneupreis zum
Zeitpunkt der Erstzulassung je
Monat für Privatfahrten

Fahrten zur Betriebsstätte

Einnahmen hinzuzurechnen

0,03 % vom Bruttolistenneupreis
je km einfache Entfernung

Abzüglich: 30 Euro je einfachen
Entfernungskilometer

Differenz keine Betriebsausgabe,
Hinzurechnung zu den
Einnahmen

137 Bei der Geltendmachung des tatsächlichen Kilometersatzes sind sämtliche Kosten zu berücksichtigen (Kfz-Steuer, Versicherung, Reparaturen und Inspektionen, Treibstoffkosten, Abschreibungsbeträge oder Leasingraten etc.) und durch die Gesamtjahresfahrleistung zu teilen. Diese Beträge sind, wenn sie mit Umsatzsteuer belastet sind, brutto anzusetzen.

BEISPIEL: Unternehmer A hat einen PKW, den er dem Privatvermögen zugeordnet hat. Er fährt mit diesem im Jahr 1.000 km beruflich und hat ansonsten eine Fahrleistung von 30.000 km im Jahr. Die Gesamtaufwendungen betragen nachweislich 12.000 €. Es ergibt sich ein Kilometersatz von 0,40 €, den A als Betriebsausgabe ansetzen kann.

138–140 (*Einstweilen frei*)

1. Anschaffungskosten und AfA-Ermittlung

Gehört ein PKW zum Betriebsvermögen, so ist er im Anlageverzeichnis aufzunehmen und als Anlagevermögen nach § 6 Abs. 1 EStG zu aktivieren. Gleichzeitig ist der PKW jedes Jahr um bestimmte Beträge nach § 7 Abs. 1 EStG abzuschreiben, das heißt, der Wert des Anlagevermögens ist zu vermindern. 141

a) Anlagevermögen

Ein PKW im Unternehmen zählt zum Anlagevermögen des Unternehmens, wenn das Unternehmen nicht mit Fahrzeugen handelt. Das Anlagevermögen umfasst nur die Gegenstände, die dazu bestimmt sind, dauernd dem Geschäftsbetrieb des Unternehmens zu dienen. Die handelsrechtliche Zuordnung ist auch steuerrechtlich maßgeblich. Bei einem Leasing des PKW wird der PKW i. d. R. dem Leasinggeber zugerechnet. Daher ist das geleaste Fahrzeug nicht im Anlagevermögen aufzunehmen. Es entfallen dann auch die Abschreibungen. 142

Für das Anlagevermögen gelten Abschreibungsregeln. Vermögensgegenstände, die zur Betriebs- und Geschäftsausstattung gehören und nicht in einem Festwert zusammengefasst sind oder als geringwertige Wirtschaftsgüter (aktuelle Grenze 800 € nach § 6 Abs. 2 EStG) sofort beim Kauf abgesetzt oder in einen Sammelposten eingestellt worden sind, werden mit den Anschaffungskosten bilanziert und auf die betriebsgewöhnliche Nutzungsdauer abgeschrieben. 143

(Einstweilen frei) 144–146

b) Abschreibungsarten

Abschreibungen dienen dazu, die Wertminderungen, denen die Vermögensgegenstände des Anlage- und Umlaufvermögens unterliegen, zu erfassen. 147

Handelsrechtlich ist zwischen planmäßigen und außerplanmäßigen Abschreibungen zu differenzieren. Im Steuerrecht gibt es planmäßige Abschreibungen in § 7 Abs. 1 Satz 1 EStG („Absetzung für Abnutzung" – AfA) und außerplanmäßige Abschreibungen in § 7 Abs. 1 Satz 7 EStG („Absetzungen für außergewöhnliche technische oder wirtschaftliche Abnutzung" – AfaA) oder in § 6 Abs. 1 Nr. 1 EStG „Teilwertabschreibungen". 148

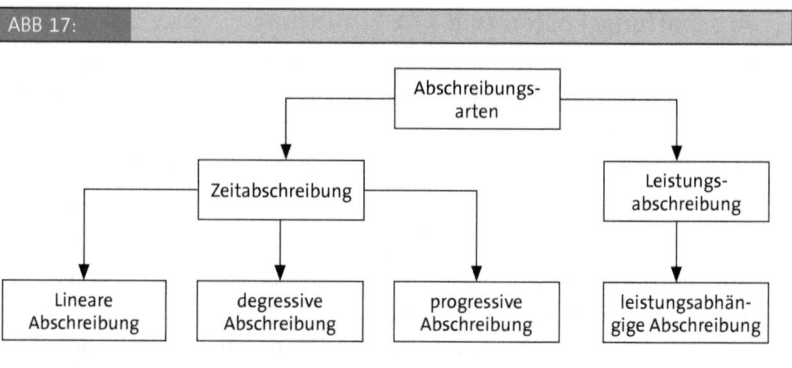

149 Handelsrechtlich gilt für Anlagevermögen:

► Abnutzbare Vermögensgegenstände des Anlagevermögens sind planmäßig abzuschreiben.

► Sämtliche Vermögensgegenstände des Anlagevermögens müssen außerplanmäßig abgeschrieben werden, wenn eine voraussichtlich dauernde Wertminderung vorliegt.

150 Steuerrechtlich gilt als planmäßige Abschreibung des Anlagevermögens die lineare Abschreibung (gleiche Beträge) über die betriebsgewöhnliche Nutzungsdauer für alle beweglichen Wirtschaftsgüter nach § 7 Abs. 1 Sätze 1 bis 5 EStG. Die degressive Abschreibung (fallende Beträge) ist für bewegliche Wirtschaftsgüter, die ab 2011 angeschafft wurden, nicht mehr anwendbar.[1]

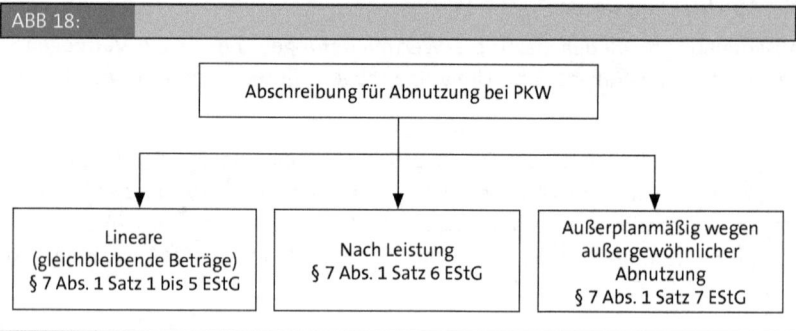

151–154 (Einstweilen frei)

---

1 KKB/*Marx*, § 7 EStG Rz. 366.

c) Anschaffungskosten

Für die Abschreibung maßgeblich sind die Anschaffungs- und Herstellungskos-   155
ten. Nach § 255 Abs. 1 HGB sind die Anschaffungskosten die Aufwendungen,
die geleistet werden, um einen Vermögensgegenstand zu erwerben und ihn in
einen betriebsbereiten Zustand zu versetzen, soweit sie dem Vermögensgegenstand einzeln zugeordnet werden können. Zu den Anschaffungskosten
gehören auch die Nebenkosten sowie die nachträglichen Anschaffungskosten.
Anschaffungspreisminderungen, die dem Vermögensgegenstand einzeln zugeordnet werden können, sind abzusetzen. Bei einem Unternehmer, der nicht
zum Vorsteuerabzug berechtigt ist, fließt die Vorsteuer in die abzuschreiben-
den Anschaffungs- oder Herstellungskosten ein. Die Vorsteuer sind sofort abzugsfähigen Betriebsausgaben, wenn der Unternehmer diese geltend machen
kann, also vorsteuerabzugsberechtigt ist. Nur der Nettobetrag für die Anschaf-
fungs- bzw. Herstellungskosten zuzüglich der Zulassungskosten ist dann
Abschreibungsbemessungsgrundlage.

(Einstweilen frei)   156–157

d) Lineare Abschreibung

Die lineare Abschreibung nach § 7 Abs. 1 Satz 1 EStG kann bei allen abnutz-   158
baren Wirtschaftsgütern des Anlagevermögens mit einer Nutzungsdauer von
mehr als ein Jahr angewendet werden. Der Abschreibungsbetrag ergibt sich
aus der gleichmäßigen Aufteilung der Anschaffungs- oder Herstellungskosten
des Wirtschaftsguts auf die Gesamtnutzungsdauer.

Hierfür hat die Finanzverwaltung sog. AfA-Tabellen erarbeitet. Die in diesen   159
Tabellen für die einzelnen Anlagegüter angegebene betriebsgewöhnliche Nutzungsdauer beruht auf Erfahrungen der steuerlichen Betriebsprüfung. Die
Fachverbände der Wirtschaft wurden vor der Aufstellung der AfA-Tabellen an-
gehört.[1] Die in den AfA-Tabellen angegebene Nutzungsdauer dient als Anhalts-
punkt für die Beurteilung der Angemessenheit der steuerlichen Absetzungen
für Abnutzung (AfA). Sie berücksichtigt die technische Abnutzung eines unter
üblichen Bedingungen arbeitenden Betriebs.

Ein Unternehmen kann kürzere Nutzungsdauer ansetzen, wenn das Wirt-   160
schaftsgut vor Ablauf der technischen Nutzbarkeit objektiv wirtschaftlich ver-
braucht ist. Ein wirtschaftlicher Verbrauch ist nur anzunehmen, wenn die Möglichkeit einer wirtschaftlich sinnvollen (anderweitigen) Nutzung oder Verwer-
tung endgültig entfallen ist, so die Finanzverwaltung.

---

1 BMF, Schreiben v. 15.12.2000, BStBl 2000 I S. 1532.

161　Nach den AfA-Tabellen nimmt die Finanzverwaltung für einen PKW eine Abschreibungsdauer von sechs Jahren an.

162　Wird das Wirtschaftsgut während des laufenden Jahrs erworben oder angeschafft, darf die Abschreibung nach § 7 Abs. 1 Satz 4 EStG nur monatsanteilig vorgenommen werden. Der Monat der Anschaffung bzw. Herstellung ist aber einzubeziehen.

BEISPIEL: ▶ Ein Unternehmer kauft zum 15.9.2018 einen PKW für 45.000 € zzgl. Umsatzsteuer. Der Unternehmer ist vorsteuerabzugsberechtigt.

LÖSUNG: ▶ Für PKW regelt die Finanzverwaltung eine Nutzungsdauer von sechs Jahren. Die lineare Abschreibung beträgt somit 7.500 €/Jahr (45.000 €/6 Jahre). Da das Fahrzeug erst am 15.9. erworben wurde, können im Jahr 2018 nur 4/12 des Jahresabschreibungsbetrags, also 2.500 € angesetzt werden. In den Jahren 2019 bis 2023 sind jeweils 7.500 € anzusetzen und der Wert des Anlagevermögens zu verringern. Im Jahr 2024 als letztem Jahr der Nutzungsdauer bleibt noch eine Abschreibung i. H. von 4.500 €. Dann ist das Fahrzeug abgeschrieben.

HINWEIS:

Verkauft ein Unternehmen seinen Firmenwagen üblicherweise nach drei Jahren wieder, sind die Abschreibungen auf die Firmenwagen trotzdem auf Basis der Anschaffungskosten und der betriebsgewöhnlichen Nutzungsdauer von sechs Jahren zu berechnen.

163–166　(Einstweilen frei)

e) Leistungsabschreibung

167　Nach § 7 Abs. 1 Satz 6 EStG kann ein PKW auch nach der sog. Leistungsabschreibung abgeschrieben werden. Sie setzt voraus, dass die Gesamtleistung des Wirtschaftsguts während der Nutzungsdauer bekannt ist und der Steuerpflichtige die jährliche Leistungsabgabe nachweisen kann.

168　Die Leistungs-AfA kommt nur bei Gewinneinkünften und beweglichen Wirtschaftsgütern in Betracht.[1] Die schwankende Leistungsabgabe muss in Leistungs- oder Zeiteinheiten gemessen werden können.

169　Für die Berechnung der periodischen Leistungs-AfA kommen z. B. Kilometerlaufleistungen oder Maschinenlaufleistungen in Betracht. Bei einem PKW kann der Nachweis durch Kilometerzähler geführt werden.[2]

---

1 KKB/Marx, § 7 EStG Rz. 286.
2 R 4.7 Abs. 5 Satz 3 EStR.

BEISPIEL: ▶ Ein Unternehmer kauft zum 15.9.2018 einen PKW für 45.000 € zzgl. Umsatzsteuer. Es wird unterstellt, dass dessen Gesamtleistung voraussichtlich 100.000 km betragen wird. Im Jahr 2018 legt der Unternehmer 18.000 km und im Jahr 2019 50.000 km mit dem PKW zurück.

LÖSUNG: ▶ Bei der Leistungsabschreibung wird der Kaufpreis durch die erwartete Laufleistung von 100.000 km dividiert. Es ergibt sich ein Satz von 0,45 €/km. Mit diesem Satz ist die Jahresfahrleistung zu bewerten. Für 2018 führt dies zu einer Leistungsabschreibung von 8.100 € und für das Jahr 2019 von 22.500 €.

Bei der Leistungsabschreibung gibt es keine Beschränkung in der Höhe der Abschreibung. Sinnvoll ist diese Methode nur, wenn sie steuerlich wenigstens günstiger ist als die lineare Abschreibung.   170

(Einstweilen frei)   171–174

f) Einlage aus Privatvermögen

Schafft der Unternehmer den PKW nicht an, sondern legt diesen aus seinem   175
Privat- in das Betriebsvermögen ein, gelten Besonderheiten. PKWs, die binnen drei Jahren nach ihrer Anschaffung oder Herstellung vom Privatvermögen des Unternehmers in das Betriebsvermögen eingelegt werden, sind nach § 6 Abs. 1 Nr. 5 Satz 1 Buchst. a EStG mit ihren ursprünglichen Anschaffungskosten abzüglich linearer Abschreibung anzusetzen. Der Abzug der Abschreibung erfolgt nach § 6 Abs. 1 Nr. 5 Satz 2 EStG auch, wenn tatsächlich keine Abschreibungen vorgenommen wurden.

PKWs, die nach mehr als drei Jahren nach ihrer Anschaffung oder Herstellung   176
vom Privatvermögen in das Betriebsvermögen eingelegt werden, sind mit dem Verkehrswert anzusetzen.

BEISPIEL: ▶ Ein Unternehmer, bisher als Arbeitnehmer tätig war, macht sich zum 1.1.2019 selbständig gemacht. Aus dem Privatvermögen überführt er einen PKW in den Betrieb. Der Anschaffungswert betrug 2016 42.000 €. Die Nutzungsdauer beträgt nach der AfA-Tabelle sechs Jahre, pro Jahr 7.000 € Abschreibung.

LÖSUNG: ▶ Der PKW ist mit einem Wert von 21.000 € (drei Jahre Restnutzungsdauer) anzusetzen und weiter abzuschreiben.

(Einstweilen frei)   177–180

g) Ende der Abschreibung

181 Die Abschreibung endet, wenn das Wirtschaftsgut, der PKW bis auf den Erinnerungsbuchwert von 1 € abgeschrieben ist.

h) Versäumte Abschreibungen

182 Hat der Unternehmer es versäumt Abschreibungen zu berücksichtigen, müssen diese grundsätzlich nachgeholt werden. Hintergrund ist, dass Abschreibungen nach dem Wortlaut des § 7 Abs. 1 EStG zwingend vorzunehmen sind. Allerdings gilt dies nur, wenn die Abschreibung versehentlich unterlassen wurde. Der Restbuchwert ist auf die neu zu schätzende Restnutzungsdauer anhand der bisherigen Abschreibungsmethode zu verteilen.

183 Hat der Unternehmer die Abschreibung absichtlich unterlassen, weil z. B. ein Wirtschaftsgut des notwendigen Betriebsvermögens überhaupt nicht bilanziert wurde, scheidet die Nachholung der Abschreibung aus.[1] Die Abschreibung ist in diesen Fällen anhand der Bemessungsgrundlage zu berechnen, die sich ergeben hätte, wenn das Wirtschaftsgut bisher korrekt abgeschrieben worden wäre.

BEISPIEL: ► Ein Unternehmer hat am 1.4.2016 für 46.000 € (netto) einen PKW erworben. Der wird PKW zu mehr als 50 % betrieblich genutzt, Der Unternehmer hat ihn aber nicht im Betriebsvermögen aktiviert. Er beschließt, dies zum 1.1.2018 nachzuholen.

LÖSUNG: ► Bei zutreffender bilanzieller Erfassung wäre der Pkw im Jahr 2016 mit 5.750 € (46.000 €/6 Jahre = 7.666 € x 9/12) und im Jahr 2017 mit 7.666 € abzuschreiben gewesen. Zum Zeitpunkt der Zuordnung zum Betriebsvermögen hat der PKW noch einen Wert von 32.584 €. Dieser Betrag ist auf die verbleibende Nutzungsdauer von 51 Monaten zu verteilen.

184–185 *(Einstweilen frei)*

i) Außergewöhnliche Abschreibungen

186 Für Wirtschaftsgüter, die linear abgeschrieben werden, kann die Absetzung für außergewöhnliche technische und wirtschaftliche Abnutzung nach § 7 Abs. 1 Satz 7 EStG in Anspruch genommen werden.

187 Eine außergewöhnliche technische Abnutzung liegt vor, wenn das Wirtschaftsgut in seiner Substanz beeinträchtigt wird.[2] Dies kann auch in einem vollständigen Substanzverlust vorliegen. Dies kann bei einem PKW z. B. durch Unfall, Beschädigung, mangelhafte Unterhaltung, Diebstahl erfolgen. Dieses Ereignis hat entweder eine Verkürzung der Nutzungsdauer oder eine Minderung des Werts zur Folge.

---

1 BFH, Urteil v. 24.10.2001 – X R 153/97, BStBl 2002 II S. 75; BFH, Urteil v. 22.6.2010 – VIII R 3/08, BStBl 2010 II S. 1035.
2 KKB/*Marx*, § 7 EStG Rz. 311.

Eine außergewöhnliche technische Abnutzung liegt vor, wenn die technische   188
Nutzungsmöglichkeit zwar noch gegeben ist, das Wirtschaftsgut aber durch
die technische Entwicklung überholt ist oder wegen eines Modewechsels nur
noch beschränkt oder nicht mehr eingesetzt werden kann.[1] Damit geht regelmäßig eine Wertminderung einher.

Eine kürzere wirtschaftliche Nutzungsdauer lässt sich allerdings nicht damit   189
rechtfertigen, dass ein Wirtschaftsgut nicht mehr rentabel genutzt werden
kann, wenn es noch einen erheblichen Verkaufswert hat.[2]

(Einstweilen frei)   190–194

j) AfA-Ermittlung bei PKW-Überlassung an Arbeitnehmer

Der BFH hat im Fall der Überlassung eines betrieblichen PKW an einen Arbeit-   195
nehmer zu dessen privater Nutzung entschieden, dass sich die im Rahmen der
Ermittlung des geldwerten Vorteils nach § 8 Abs. 2 Satz 4 EStG (Fahrtenbuchmethode) zu ermittelnde AfA für die Gesamtkosten (siehe Rz. 494) nicht notwendig nach den Ansätzen richten muss, die der Arbeitgeber bei seiner Gewinnermittlung geltend gemacht hat. Vielmehr ist im Regelfall von einer AfA
für den PKW von 12,5 % der Anschaffungskosten entsprechend einer achtjährigen Gesamtnutzungsdauer des PKW auszugehen.[3]

Die Berücksichtigung der individuellen Verhältnisse im Rahmen der Gewinner-   196
mittlung des Arbeitgebers einerseits und der Überschusseinkünfte des Arbeitnehmers andererseits schließen also einen unterschiedlichen Ansatz hinsichtlich der Nutzungsdauer (6 oder 8 Jahre) gerade nicht aus.

(Einstweilen frei)   197–199

2. Laufende Kosten

Die laufenden Kosten, die bei einem PKW im Unternehmen anfallen stellen   200
nach § 4 Abs. 4 EStG Betriebsausgaben dar.

Zu den laufenden Kosten zählen:

► Benzin, Diesel, Ladestrom,

► Öl,

► Reifen, Reifenwechsel,

---

1 KKB/*Marx*, § 7 EStG Rz. 321.
2 KKB/*Marx*, § 7 EStG Rz. 321.
3 BFH, Beschluss v. 29.3.2005 – IX B 174/03, BStBl 2006 II S. 368.

- ► Wagenwäsche,

- ► Garagenmiete,

- ► Inspektions-/Reparaturkosten, Wartung, Wagenpflege,

- ► Straßenbenutzungsgebühren,

- ► TÜV/AU,

- ► Kfz-Steuer,

- ► Kfz-Versicherungen,

- ► Finanzierungskosten, Leasingraten, Miete,

- ► Werkzeugkosten,

- ► Straßenkarten.

201　Der jährliche Abschreibungsbetrag (siehe ab Rz. 136 ff.) ist ebenfalls als Betriebsausgabe zu erfassen. Dies entfällt, wenn das Fahrzeug geleast wird. Stattdessen ist die Sonderzahlung als Betriebsausgabe zu erfassen, allerdings verteilt auf die vereinbarte Nutzungszeit.

202　Die laufenden Kfz-Kosten müssen allerdings bei PKWs am Jahresende um einen privaten Nutzungsanteil korrigiert werden, da das Finanzamt regelmäßig davon ausgeht, dass der Unternehmer diesen betrieblichen PKW auch privat nutzt (hierzu siehe Rz. 66 ff.).

203　Ein pauschaler Betriebsausgabenabzug für die Kosten ist nicht möglich.

204–208　(*Einstweilen frei*)

VI. Nutzung für andere Einkunftsarten

209　Wird ein betriebliches Fahrzeug vom Einzelunternehmer oder Freiberufler für Fahrten verwendet, die der Erzielung anderer Einkunftsarten dienen, z. B. zur Immobilienverwaltung, sind hierfür zusätzlich eine Entnahme in Höhe der insoweit verursachten Selbstkosten anzusetzen.

210　Im Rahmen der Ermittlung der anderen Einkünfte stellt dieser Wert Werbungskosten oder Betriebsausgaben dar.

211　Aus Vereinfachungsgründen können die Selbstkosten mit 0,001 % des Listenpreises je gefahrenen Kilometer für die außerbetriebliche Einkunftsquelle angesetzt werden und mit dem gleichen Betrag als Werbungskosten bzw. Betriebsausgaben bei der weiteren Einkunftsart wiederum abgezogen werden.[1]

1　BMF, Schreiben v. 18.11.2009, BStBl 2009 I S. 1326, Rz. 17.

BEISPIEL: ▶ P lebt in Leipzig und ist als Architekt tätig. Wohnung und Betriebsstätte sind am selben Ort. In seinem Betriebsvermögen ist ein PKW vorhanden. Dieser Wagen wird zu mehr als 50 % betrieblich genutzt. Die Entnahme wird nach der 1 %-Methode ermittelt (Bruttolistenpreis 45.000 €). Daneben besitzt P noch ein mit einem Mehrfamilienhaus bebautes Grundstück in einem von Leipzig gesehen 20 km entfernt gelegenen Ort. Aufgrund mehrerer Mieterwechsel und Reparaturen an diesem Haus ist P im Veranlagungszeitraum 400 km im Zusammenhang mit diesem Grundstück mit seinem PKW gefahren. Für diese Fahrten hat P auf der Anlage V 0,30 € pro gefahrenen Kilometer als Werbungskosten beantragt.

LÖSUNG: ▶ P darf die Werbungskosten bei den Einkünften aus Vermietung und Verpachtung i. H. von 0,30 € pro gefahrenen Kilometer nicht geltend machen. Der Bundesfinanzhof hat entschieden, dass die 1 %-Methode nicht derartige Fahrten umfasst, die derselbe Steuerpflichtige im Rahmen von anderen Einkunftsquellen ausführt [1] Eine derartige fremdbetriebliche Nutzung des Wagens durch P ist durch den Ansatz einer Entnahme „auszugleichen". Diese Entnahme ist mit den Selbstkosten zu bewerten (§ 6 Abs. 1 Nr. 4 Satz 1 EStG). Aus Vereinfachungsgründen kann jedoch auch ein Ansatz anhand der 0,001%-Methode erfolgen:

0,001 % x 45.000 € x 400 km = 180 €

Dieser Betrag ist als Nutzungsentnahme anzusetzen. Auch in dieser Höhe darf P nur Werbungskosten bei Vermietung und Verpachtung geltend machen.

Die Finanzverwaltung verzichtet jedoch auf die zusätzliche Erhöhung des Nutzungswerts, wenn der Unternehmer bei der Ermittlung der weiteren Einkünfte keine Fahrtkosten geltend macht und die Fahrtkosten bei der jeweiligen Einkunftsart keiner Abzugsbeschränkung unterliegen.   212

Werden bei der anderen Einkunftsquelle (die Einkunftsquelle bei der der PKW nicht zum Betriebsvermögen zählt) keine nicht Abzugsbeschränkungen unterliegenden Betriebsausgaben/Werbungskosten geltend gemacht, ist analog auch keine Entnahme im Betrieb anzusetzen.   213

BEISPIEL: ▶ Die Eheleute G und H betreiben jeweils einen Gewerbebetrieb. G ist hauptberuflich als Schmuckhändler tätig. In dem Betriebsvermögen befindet sich ein Fahrzeug der gehobenen Mittelklasse. Dieses Fahrzeug wird neben den beruflich veranlassten Fahrten auch für Fahrten zwischen Wohnung und Betrieb und für Privatfahrten genutzt. Die darin liegende Nutzungsentnahme wird (unstrittig) anhand der 1 %-Methode ermittelt. Bezüglich der Fahrten zwischen Wohnung und Betrieb werden die nicht abziehbaren Betriebsausgaben nach der 0,03 %-Methode ermittelt. H ist nebenberuflich tätige Händlerin für Dekorationsartikel. Einen eigenen Wagen besitzt H nicht. Für betrieblich veranlasste Fahrten nutzt H den Wagen von G unentgeltlich. In der Gewinnermittlung macht H diese Fahrten mit 0,30 € pro gefahrenem Kilometer als Betriebsausgabe geltend.

---

1 BFH, Urteil v. 26.4.2006 – X R 35/05, BStBl 2007 II S. 445.

LÖSUNG: ► H darf keine Betriebsausgaben geltend machen. In dem Betrieb des G wurde der PKW dem Betriebsvermögen zugeordnet. Sämtliche damit im Zusammenhang stehende Aufwendungen hat G in der Gewinnermittlung als Betriebsausgabe geltend gemacht. Die Entnahme des Fahrzeugs für private Zwecke wurde anhand der 1 %-Methode berechnet. Durch die Nutzung des PKW durch H ist einerseits keine weitere Nutzungsentnahme anzusetzen, da diese durch die 1 %-Methode abgegolten ist. Andererseits darf H in der Gewinnermittlung keine Betriebsausgaben geltend machen, da sich sämtliche Betriebsausgaben, die im Zusammenhang mit dem PKW stehen, bereits in der Gewinnermittlung des G ausgewirkt haben. Würde man H nunmehr das Recht des Betriebsausgabenabzugs einräumen, würde sich eine doppelte steuermindernde Auswirkung ergeben.[1]

214–218   (*Einstweilen frei*)

VII. Veräußerung des Fahrzeuges

219   Wird ein im Betriebsvermögen befindlicher PKW veräußert, ist der Verkaufspreis eine Einnahme des Unternehmens. Der PKW ist aus dem Anlagevermögen herauszunehmen.

Wird der PKW zu einem höheren Wert verkauft als der noch im Anlagevermögen stehende Wert, kommt es zu einem Überschuss (Gewinn).

220   Mit Urteil vom 16.6.2020 hat der BFH zum VIII R 9/18 über die Frage geurteilt, wie die Veräußerung eines privat genutzten PKW im Betriebsvermögen steuerlich zu behandeln ist.

221   **Sachverhalt:**

Der Unternehmer hatte im Jahr 2008 einen PKW angeschafft, den er bis 2013 zu 25 % für seine freiberufliche Tätigkeit und zu 75 % für private Zwecke nutzte. Das Finanzamt erkannte antragsgemäß AfA bei einer fünfjährigen Nutzungsdauer an, sodass der PKW bis zum Abgang aus dem Betriebsvermögen im Jahr 2013 vollständig abgeschrieben war. Für die private Verwendung setzte das Finanzamt eine Nutzungsentnahme i. H. von 75 % der entstandenen Aufwendungen (einschließlich AfA) an.

2013 schaffte der Unternehmer einen neuen PKW an und gab den bis dahin genutzten (abgeschriebenen) PKW in Zahlung. Ausgehend von dem betrieblichen Nutzungsanteil setzte er aber nur ein Viertel des Veräußerungspreises als Betriebseinnahme an. Das Finanzamt berücksichtigte dagegen den gesamten Betrag. Das Finanzgericht bestätigte die Auffassung des Finanzamtes und berücksichtigte 100 % des Erlöses für den PKW als Betriebseinnahme.

---

1 BFH, Urteil v. 15.7.2014 – X R 24/12, BStBl 2015 II S. 132.

Entscheidung: 222

Die Richter des BFH bestätigten diese Auffassung.

Wird ein zum Betriebsvermögen gehörendes, jedoch teilweise privat genutztes Kfz veräußert, erhöht der gesamte Unterschiedsbetrag zwischen Buchwert und Veräußerungserlös den Gewinn.

Nach Ansicht der Richter ist der Veräußerungserlös trotz der jährlichen Nutzungsentnahme (einschließlich AfA) von 75 % weder anteilig zu kürzen noch ist eine Gewinnkorrektur in Höhe der auf die Privatnutzung entfallenden AfA möglich.

Der Veräußerungserlös ist Betriebseinnahme, so die Richter. 223

Der in Zahlung gegebene PKW stellte gewillkürtes Betriebsvermögen des Unternehmens dar. Er hatte ihn in den Anlageverzeichnissen eindeutig zugeordnet. In der Inzahlungnahme liegt eine steuerbare Veräußerung. Die Betriebseinnahme ist mit dem gemeinen Wert des hingegebenen PKW, der dem vereinbarten Anrechnungsbetrag entsprach, anzusetzen.

Die Nutzungsentnahme berücksichtigt auch die AfA, so die Richter weiter. 224

Die private Nutzung eines Wirtschafsguts führt zu einer Nutzungsentnahme nach § 4 Abs. 1 Satz 2 EStG. Dabei wird nicht der Wert der privaten Nutzung, sondern der durch sie verursachte Aufwand als entnommen angesehen. Die Nutzungsentnahme ist deshalb mit den tatsächlichen Selbstkosten zu bewerten. Dazu gehören die buchmäßigen Gesamtaufwendungen einschließlich der AfA in tatsächlich in Anspruch genommener Höhe. Das gilt entsprechend bei der Einnahmenüberschussrechnung und führt zu einer fiktiven Betriebseinnahme.

Die Richter sind der Ansicht, dass keine Gewinnminderung um die auf die Privatnutzung entfallende AfA erfolgen muss. 225

Der Grund dafür liegt darin, dass die Besteuerung der Privatnutzung in Form der Nutzungsentnahme einerseits und die spätere Veräußerung des Wirtschaftsguts andererseits unterschiedliche Vorgänge betreffen, die getrennt zu betrachten sind. Die Besteuerung der Nutzungsentnahme unter Berücksichtigung der AfA steht in keinem rechtlichen oder wirtschaftlichen Zusammenhang mit der Bemessung des Veräußerungsgewinns.

Die Besteuerung der Veräußerung unter Aufdeckung der stillen Reserven ist ausschließlich Folge der vollumfänglichen Zugehörigkeit des Wirtschaftsguts zum Betriebsvermögen. Die stillen Reserven unterliegen in voller Höhe der Besteuerung, wenn die Zugehörigkeit zum Betriebsvermögen durch Veräußerung aufgehoben wird, so die Richter.

226 Demgegenüber ist die zeitweise private Nutzung eines Wirtschaftsguts während seiner Zugehörigkeit zum Betriebsvermögen Gegenstand der Nutzungsentnahme. Nach Ansicht der Richter wird die AfA in diesem Rahmen lediglich als Berechnungsposten für die Bemessung der an die Privatsphäre erfolgenden Wertabgabe berücksichtigt. Die Nutzungsentnahme berührt folglich weder den Buchwertansatz, noch führt sie zur Aufdeckung oder Überführung stiller Reserven in das Privatvermögen.

Die Steuerverstrickung der Wirtschaftsgüter des Betriebsvermögens im Bereich der Gewinneinkünfte, die zulasten (Realisierungsgewinne) wie zugunsten (Realisierungsverluste) wirkt, ist verfassungsrechtlich anerkannt, so die Richter weiter. Da durch die Besteuerung der Nutzungsentnahme nicht die stillen Reserven aufgedeckt und versteuert werden, ist es folgerichtig und daher verfassungsrechtlich unbedenklich, den Veräußerungs- bzw. Entnahmegewinn bei Aufhebung der Betriebszugehörigkeit in voller Höhe zu besteuern. Anderenfalls bliebe ein Teil der Wertveränderung entgegen der gesetzlichen Grundentscheidung unversteuert.

227 Mit dem Urteil schließen sich die Richter der ganz überwiegend im Schrifttum vertretenen Auffassung an, dass die Besteuerung der Nutzungsentnahme einschließlich der anteiligen AfA sich nicht auf den Veräußerungsgewinn auswirkt.

228–229 (*Einstweilen frei*)

B. Die PKW-Gestellung an Arbeitnehmer/-innen

Häufig erhalten Arbeitnehmer im Rahmen von Arbeitsverhältnissen als zusätz-   230
lichen Gehaltsbestandteil ein Fahrzeug vom Arbeitgeber überlassen.

Stellt der Arbeitgeber seinem Arbeitnehmer einen Dienstwagen zur Verfügung,   231
kann die Nutzungsüberlassung einen Vorteil darstellen, der wie Barlohn versteuert werden muss (R 8.1 Abs. 9 LStR). Die Bewertung des steuerpflichtigen
Sachbezugs (laufender Bezug) erfolgt nach § 8 Abs. 2 Satz 2 bis 5 EStG. Die
Finanzverwaltung hat die steuerliche Behandlung der Überlassung eines betrieblichen Fahrzeuges an Arbeitnehmer umfassend im BMF-Schreiben v.
4.4.2018 dargestellt. Genutzt werden kann auch die Checkliste des NWB-Ver-
lages.[1]

Kein Vorteil – und folglich auch keine Lohnversteuerung – ist nur dann anzu-   232
nehmen, wenn mit dem Fahrzeug vom Arbeitnehmer ausschließlich dienstlich
gefahren wird. Dies ist z. B. bei Poolfahrzeugen der Fall (siehe Rz. 561) die nur
dienstlich genutzt werden dürfen.

(Einstweilen frei)   233–235

I. Anspruch auf Dienstwagen

Der Anspruch auf einem Dienstwagen ergibt sich in der Regel aus den arbeits-   236
vertraglichen Regelungen. In der Regel gibt es dann weiter ausführende Dienstwagenrichtlinien, die die Nutzung und Behandlung des Fahrzeuges durch den
Arbeitnehmer näher erläutern.[2]

Die Regelungen gelten nur, wenn es sich um ein betriebliches Fahrzeug han-   237
delt. Zudem darf es sich nicht um Nutzfahrzeuge handeln. Das Fahrzeug muss
nach der Lebenserfahrung auch für Privatfahrten eingesetzt werden können.

> **HINWEIS:**
>
> LKW, Busse, Zugmaschinen und reine Werkstattwagen sind somit vom Anwendungs-
> bereich der Besteuerung als geldwerter Vorteil nach § 8 Abs. 2 Satz 2 bis 5 EStG aus-
> genommen.[3]

---

1 Checkliste 1 %-Regelung bei Arbeitnehmern: Ermittlung geldwerter Vorteil, Lohnsteuer und Umsatzsteuer, NWB VAAAE-40524.
2 Muster NWB: Dienstwagenvertrag: NWB ZAAAB-05395; Dienstwagen-Überlassungsvertrag mit
privater Nutzungsmöglichkeit: NWB EAAAD-41629; Überlassung von Elektrofahrzeugen im Rahmen eines Dienst- bzw. Arbeitsverhältnisses an Arbeitnehmer: NWB HAAAF-89572.
3 KKB/*Wünnenmann*, § 8 EStG Rz. 52.

238 Es muss sich zwingend um ein betriebliches Fahrzeug handeln, das heißt es muss dem Arbeitgeber wirtschaftlich zuzurechnen sein. Hierfür ist es nicht erforderlich, dass der Arbeitgeber Eigentümer des PKW ist. Auch bei Leasing oder Miete liegen die Voraussetzungen vor, wenn der Arbeitgeber das wirtschaftliche Risiko trägt, also z. B. Vertragspartner des Leasing- oder Mietvertrages ist. Ebenfalls ist entscheidend, ob das Fahrzeug als Betriebsvermögen einzuordnen ist (siehe Rz. 15 ff.). Stellt der Arbeitgeber seinen Arbeitnehmern einen Dienstwagen aus betrieblichen Gründen zur Verfügung liegt notwendiges Betriebsvermögen vor. Alle Kosten sind als Betriebsausgaben abziehbar (siehe Rz. 195). Im Gegenzug ist beim nutzenden Arbeitnehmer ein geldwerter Vorteil zu ermitteln und zu versteuern und verbeitragen (siehe Rz. 250 ff.).

239–242 (Einstweilen frei)

II. Private Nutzung und Zufluss

243 Stellt der Arbeitgeber seinem Arbeitnehmer einen Dienstwagen zur Verfügung, kann die Nutzungsüberlassung einen Vorteil darstellen, der wie Barlohn versteuert werden muss.[1]

244 Sobald der Arbeitnehmer den Wagen überlassen bekommen hat, tritt der Zufluss ein. Die unentgeltliche oder verbilligte Überlassung eines Dienstwagens durch den Arbeitgeber an den Arbeitnehmer für dessen Privatnutzung führt unabhängig davon, ob und in welchem Umfang der Arbeitnehmer das Fahrzeug tatsächlich privat nutzt, zu einem lohnsteuerlichen Vorteil (sog. Anscheinsbeweis). Die private Nutzung wird stets unterstellt, wenn der Mitarbeiter das Fahrzeug nach Feierabend und am Wochenende mit nach Hause nehmen kann und keine besonderen Gründe, wie Rufbereitschaft vorliegen. Dieser Anscheinsbeweis kann auch nicht durch die substantiierte Darlegung eines atypischen Sachverhalts entkräftet werden.[2] Die Behauptung, dass der Arbeitnehmer das Fahrzeug nicht nutzt, weil ein größeres, teureres, neueres oder schnelleres Fahrzeug privat vorhanden ist, hat keine Auswirkung.[3] Zwingend notwendig ist aber, dass der Arbeitgeber dem Arbeitnehmer ein Fahrzeug zur privaten Nutzung überlassen hat.[4]

245 Von der Besteuerung als geldwerten Vorteil kann nur abgesehen werden, wenn der Arbeitnehmer nicht zur privaten Nutzung befugt ist. Nach der Recht-

---

1 R 8.1 Abs. 9 LStR.
2 BFH, Urteil v. 21.3.2013 – VI R 31/10, BStBl 2013 II S. 700.
3 KKB/*Wünnenmann*, § 8 EStG Rz. 60.
4 BFH, Urteil v. 21.3.2013 – VI R 42/12, BStBl 2013 II S. 918 und VI R 46/11, BStBl 2013 II S. 1044.

sprechung ist es nicht zwingend erforderlich, dass das Nutzungsverbot vom Arbeitgeber überwacht wird (z. B. durch Schlüsselabgabe an jedem Abend an den Arbeitgeber). Die Richter sind der Ansicht, dass nicht unterstellt werden darf, dass ein Arbeitnehmer das Nutzungsverbot generell verletzt. Es gibt keinen Erfahrungssatz, dass generell ein vertraglich vereinbartes Nutzungsverbot nicht beachtet wird. Auch wenn keine Kontrolle des Verbotes besteht, darf nicht ohne weiteres eine Privatnutzung vermutet werden. Daraus folgt, dass die von der Finanzverwaltung geforderte Überwachung des Nutzungsverbotes z. B. mittels Fahrtenbuch nicht erforderlich ist.[1] Eine Kontrolle des ausgesprochenen und geregelten Nutzungsverbotes sollte dennoch erfolgen, um nicht in den Verdacht zu kommen, das Verbot nur zum Schein ausgesprochen zu haben. Insbesondere bei Überlassung an Gesellschafter-Geschäftsführer überprüfen Finanzämter das Nutzungsverbot bzw. dessen Einhaltung häufig (siehe hierzu Rz. 275 ff.).

Somit müssen auch Verstöße des Arbeitnehmers gegen das Nutzungsverbot vom Arbeitgeber geahndet und dokumentiert werden. Unterbleibt dies, so wird nur ein Verbot zum Schein mit der Folge der Versteuerung angenommen. 246

Ein geldwerter Vorteil mit Lohnversteuerung als Folge ist immer dann anzunehmen, wenn man den Pkw auch für private Fahrten sowie Fahrten zwischen Wohnung und Arbeitsstätte oder für bestimmte Familienheimfahrten im Rahmen einer doppelten Haushaltsführung nutzen darf. Es kommt nicht darauf an, ob das Fahrzeug tatsächlich privat genutzt wurde. Die Erklärung des Arbeitnehmers, das Fahrzeug werde privat nicht genutzt, reicht nach der BFH-Rechtsprechung nicht aus, um eine Besteuerung zu vermeiden.[2] 247

---

1 BFH, Urteile v. 21.3.2013 – VI R 31/10, VI R 46/11, VI R 42/12, VI R 23/12.
2 BFH, Urteil v. 7.11.2006 – VI R 19/05, BStBl 2007 II S. 116.

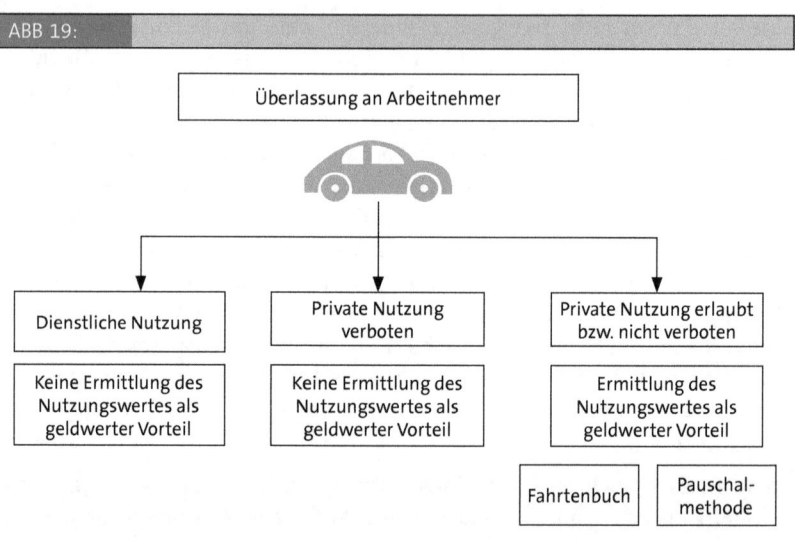

248 Keine Privatnutzung sondern sog. betrieblich funktionale Einsätze liegen vor, wenn der Mitarbeiter ein Fahrzeug erhält, weil er vorübergehend Rufbereitschaft hat oder für den Rettungsdienst eingesetzt ist, aber auch den Werkstattwagen für Zwecke der Bereitschaft mit nach Hause nimmt.[1]

249 Zu den Privatfahrten zählen auch nicht die Fahrten zur ersten Tätigkeitsstätte (siehe Rz. 331 ff.). Diese werden durch eine Zuschlagsregelung ermittelt. Sie stellen aber auch einen geldwerten Vorteil dar, der zu bewerten und versteuern ist. Zu den Privatfahrten gehören bei Überlassung eines Wagens auch zur privaten Nutzung: die Fahrten in der Freizeit, Urlaub, Wochenende, nach Feierabend, Nutzung durch Familienangehörige (z. B. Ehegatten).

250 Ist eine Privatnutzung dem Grunde nach gegeben, muss der geldwerte Vorteil beim Arbeitnehmer monatlich ermittelt und versteuert werden.

251 Die Ermittlung des geldwerten Vorteils kann nach der pauschalen oder der individuellen Nutzungswertermittlung erfolgen. Gemäß § 8 Abs. 2 Satz 2 EStG gilt die Bewertungsmethode nach § 6 Abs. 1 Nr. 4 Satz 2 EStG (Pauschalmethode) vorrangig, wenn sich Arbeitnehmer und Arbeitgeber nicht explizit auf die individuelle Wertermittlung nach Fahrtenbuch (§ 6 Abs. 1 Nr. 4 Satz 3 2. Halbsatz i. V. mit § 8 Abs. 2 Satz 4 EStG) verständigen.

---

1 KKB/*Wünnenmann*, § 8 EStG Rz. 59.

ABB 20:

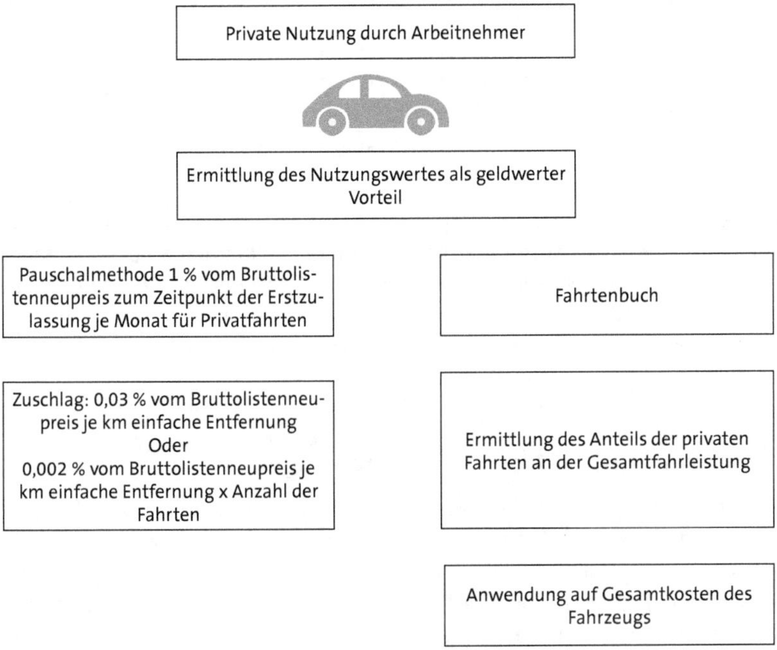

Private Nutzung durch Arbeitnehmer

Ermittlung des Nutzungswertes als geldwerter Vorteil

Pauschalmethode 1 % vom Bruttolistenneupreis zum Zeitpunkt der Erstzulassung je Monat für Privatfahrten

Fahrtenbuch

Zuschlag: 0,03 % vom Bruttolistenneupreis je km einfache Entfernung
Oder
0,002 % vom Bruttolistenneupreis je km einfache Entfernung x Anzahl der Fahrten

Ermittlung des Anteils der privaten Fahrten an der Gesamtfahrleistung

Anwendung auf Gesamtkosten des Fahrzeugs

Soll die Fahrtenbuchmethode angewandt werden, muss der Arbeitgeber in Abstimmung mit dem Arbeitnehmer für ein Kalenderjahr festlegen, dass die Nutzungswertermittlung durch Fahrtenbuch und Belegnachweis anstelle der 1 %-Regelung treten soll. Die Festlegung muss zum Jahresanfang erfolgen. Während eines Kalenderjahres ist bei demselben Fahrzeug kein Wechsel möglich. Ein Wechsel ist dann möglich, wenn der Arbeitnehmer den Dienstwagen während des Jahres wechselt.[1]   252

(Einstweilen frei)   253–257

---

1 BMF, Schreiben v. 4.4.2018, BStBl 2018 I S. 592, Tz. 4.

III. Pauschale Wertermittlung des privaten Nutzungsanteils

258 Im gesetzlichen Regelfall wird der private Nutzungsanteil des Arbeitnehmers am dienstlichen PKW durch die pauschale Nutzungswertermittlung, auch 1 %-Regelung genannt, nach § 8 Abs. 2 Satz 2 i. V. mit § 6 Abs. 1 Nr. 4 Satz 2 EStG ermittelt. Dies ist dann der Fall, wenn kein Fahrtenbuch vom Arbeitnehmer geführt wird.

259 Der gesetzliche Vorrang der 1 %-Regelung ist im Lohnsteuerverfahren auch dann von Bedeutung, wenn sich beispielsweise im Rahmen einer Lohnsteuer-Außenprüfung herausstellt, dass die gewählte Fahrtenbuchmethode nach § 8 Abs. 2 Satz 4 EStG rückwirkend versagt werden muss, weil die Aufzeichnungen des Fahrtenbuchs nicht ordnungsgemäß vorgenommen wurden.

260–262 *(Einstweilen frei)*

1. Nutzungsmöglichkeit des Firmenwagens

263 Der Zufluss der privaten Nutzung und damit das Gebot der Anwendung der 1 %-Methode zur Ermittlung des geldwerten Vorteils beginnt bereits, wenn für den Arbeitnehmer die konkrete Möglichkeit besteht, den Dienstwagen zu Privatfahrten nutzen zu dürfen. Dies ist regelmäßig der Fall, wenn der Arbeitnehmer das Fahrzeug vom Arbeitgeber ohne weitere Einschränkungen überlassen bekommen hat. Dies wurde auch durch die BFH-Rechtsprechung bestätigt. Der BFH hat damit seine frühere Rechtsauffassung aufgegeben, nach der bei erlaubter Privatnutzung des Dienstwagens die entsprechende Nutzung nur vermutet wurde (Anscheinsbeweis für eine private Nutzung). Die Widerlegbarkeit der privaten Nutzung ist nicht mehr entscheidend für den Nichtansatz eines geldwerten Vorteils.[1] Um die zwingende Bewertung nach der 1 %-Regelung auszuschließen, sind Reisekosten- und Spesenabrechnungen, Fahrtaufzeichnungen durch Excel-Tabellen, Werkstattrechnungen oder Terminkalender ungeeignet.

---

1 BFH, Urteil v. 21.3.2013 – VI R 31/10, BStBl 2013 II S. 700; BFH, Urteil v. 21.3.2013 – VI R 26/10, BFH/NV 2013 S. 1396 NWB IAAAE-41240; BFH, Urteil v. 21.3.2013 – VI R 49/11, BFH/NV 2013 S. 1399 NWB SAAAE-41241.

Für die Dienstwagenbesteuerung kommt es allein darauf an, dass der Arbeit- 264
geber

► dem Arbeitnehmer erlaubt, den überlassenen betrieblichen PKW auch privat nutzen zu dürfen und

► dem Arbeitnehmer die Verfügungsmacht über das Fahrzeug verschafft.

Dies ist i. d. R. mit der Schlüsselübergabe für das Fahrzeug erfüllt.

Der Zufluss tritt auch ein, wenn der Arbeitnehmer das Fahrzeug übergeben 265
bekommen hat, es aber aufgrund seines kurz danach beginnenden Jahres-
urlaubs von drei Wochen mit Auslandsaufenthalt nicht nutzen kann.

> **BEISPIEL:** ► Der Arbeitnehmer erhält vom Arbeitgeber einen Firmenwagen, den er man-
> gels anderer Einschränkungen auch privat nutzen darf. Die Übergabe erfolgt zum 15.
> des Monats. Da der Arbeitnehmer am 16. des Monats seinen Urlaub von drei Wochen
> antritt und sich im Ausland aufhält, kann er den Wagen nicht sofort nutzen. Der
> PKW soll nach der Pauschalmethode für die private Nutzung bewertet werden.

> **LÖSUNG:** ► Der Zufluss beim Mitarbeiter erfolgte am 15. des Monats, mit der Überga-
> be. Ab diesem Monat ist der Wagen voll zu bewerten. Es ist keine Kürzung oder
> Quotelung vorzunehmen.

Der geldwerte Vorteil beim Arbeitnehmer aus der Nutzungsüberlassung des 266
Firmen-PKW umfasst die Übernahme sämtlicher damit verbundenen Kosten,
also sowohl den nutzungsabhängigen wie den nutzungsunabhängigen Fahr-
zeugaufwand durch den Arbeitgeber. Auch ohne die Nutzung des Fahrzeuges
zu privaten Zwecken, entsteht der geldwerte Vorteil, weil sich der Arbeitnehmer zumindest die Fixkosten, die er für das Vorhalten eines betriebsbereiten
Kfz ausgeben müsste, erspart.

Ist es dem Arbeitnehmer folglich nicht ausdrücklich untersagt, das dienstliche 267
Fahrzeug auch privat zu nutzen, ist von einer Gestellung eines PKWs zur privaten Nutzung auszugehen und ein geldwerter Vorteil für jeden vollen Monat
zu ermitteln.

Der geldwerte Vorteil fließt dem Arbeitnehmer bereits mit der unentgeltlichen 268
bzw. verbilligten Überlassung des Fahrzeugs zu und nicht erst mit der tatsächlichen Nutzung zu privaten Fahrten, wenn die Privatnutzung arbeitsrechtlich
oder durch konkludentes Handeln zugelassen ist.

> **HINWEIS:**
> Auf die tatsächliche Nutzung des Arbeitnehmers kommt es beim Zufluss des geldwer-
> ten Vorteils nicht an.

269 Die 1 %-Regelung gilt nicht für Fahrzeuge, die aufgrund ihrer objektiven Beschaffenheit und Einrichtung typischerweise so gut wie ausschließlich nur zur Beförderung von Gütern bestimmt sind, z. B. Werkstattwagen oder Lieferfahrzeuge.[1] Hier ist keine Ermittlung notwendig.

270–274 (*Einstweilen frei*)

2. Nutzungsverbot

275 Spricht der Arbeitgeber ein Nutzungsverbot aus, will er den Dienstwagen nicht für die private Nutzung überlassen. Damit wendet er dem Arbeitnehmer auch keinen geldwerten Vorteil zu. In diesen Fällen muss auch keine Ermittlung und Versteuerung des geldwerten Vorteils vorgenommen werden.

276 Basierend auf der Rechtsprechung des BFH verlangt die Finanzverwaltung als Voraussetzung für den Nichtansatz eines geldwerten Vorteils, dass das Nutzungsverbot durch entsprechende arbeitsvertragliche oder dienstrechtliche Unterlagen als Belege zum Lohnkonto nachgewiesen wird.[2]

HINWEIS:

Ein Nutzungsverbot sollte zwingend schriftlich vereinbart sein, z. B. in einer ausdrücklichen Regelung oder in einer sog. Dienstwagenrichtlinie. Dies gilt für einen Dienstwagen, der konkret einem bestimmten Arbeitnehmer zugewiesen worden ist, aber auch für Poolfahrzeuge.

277 Das früher von der Finanzverwaltung oftmals verlange Schlüsselabgabegebot ist nicht mehr zwingend erforderlich. In diesen Fällen hat die Finanzverwaltung vom Arbeitgeber verlangt, dass dieser die Nutzung der Fahrzeuge über die Schlüsselausgaben und -rückgabe kontrolliert.

BEISPIEL: Arbeitnehmer ist für seinen Arbeitgeber deutschlandweit tätig. Um diese Dienstreisen zu bewerkstelligen, stellt der Arbeitgeber seinem Arbeitnehmer ein Fahrzeug zur Verfügung. Eine private Nutzung dieses Pkw ist dem Arbeitnehmer arbeitsvertraglich untersagt. Der Arbeitnehmer hat zu diesen Zwecken ein Fahrtenbuch zu führen, dass regelmäßig vom Arbeitgeber überwacht wird.

LÖSUNG: Im vorliegenden Fall stellt die Überlassung des Pkw an den Arbeitnehmer keinen lohn- und sozialversicherungspflichtigen geldwerten Vorteil dar, da das Fahrzeug nur zu beruflich veranlassten Fahrten genutzt werden darf. Diese Fahrten stellen für den Arbeitnehmer Dienstreisen dar. In seiner persönlichen Einkommensteuererklärung darf der Arbeitnehmer jedoch bezüglich dieser Dienstreisen keine Fahrtkosten geltend machen. Soweit keine weiteren Leistungen seitens des Arbeitgebers

---

1 BFH, Urteil v. 18.12.2008 – VI R 34/07, BStBl 2009 II S. 381.
2 BMF, Schreiben v. 4.4.2018, BStBl 2018 I S. 592, Rz. 16.

erfolgen, besteht für den Arbeitnehmer jedoch die Möglichkeit, weitere Werbungskosten (Verpflegungsmehraufwendungen etc.) geltend zu machen.

Die unbefugte Privatnutzung des betrieblichen Pkw durch einen Arbeitnehmer stellt keinen steuerlichen geldwerten Vorteil und damit keinen Arbeitslohn dar. Ein Vorteil, den sich der Arbeitnehmer gegen den Willen des Arbeitgebers selbst zuteilt, wird nicht „für" eine Beschäftigung gewährt und zählt damit nicht zum Arbeitslohn.[1] Dies gilt selbst dann, wenn seitens der Firma das arbeitsrechtlich vereinbarte Nutzungsverbot nicht überwacht wird. Es gibt keinen Erfahrungsgrundsatz, nach dem sich Arbeitnehmer über ein arbeitsrechtliches Verbot hinwegsetzen bzw. dass solche Verbote nur zum Schein ausgesprochen werden, so die aktuelle Rechtsprechung.[2] Arbeitslohn liegt erst dann vor, wenn der Arbeitgeber zu erkennen gibt, dass er dem ihm zustehenden Schadensersatz gegen den Arbeitnehmer nicht geltend machen möchte.[3] 278

Stellt der Prüfer in einer Lohnsteueraußenprüfung bei der Sachverhaltsaufklärung mit der erforderlichen Gewissheit fest, dass das Privatnutzungsverbot nur zum Schein ausgesprochen wurde, ist für die Dienstwagenüberlassung ein lohnsteuerpflichtiger geldwerter Vorteil auf Basis der 1 %-Regelung anzusetzen. Die Feststellung kann sich aus den für den Dienstwagen geführten Kfz-Konten und dazu aufgezeichneten Belegen ergeben, aus denen ersichtlich wird, dass der Dienstwagen regelmäßig für Privatfahrten eingesetzt wird, etwa am Wochenende oder im Urlaub. 279

Bei Scheinnutzungsverboten wird dem Arbeitnehmer entgegen der arbeitsvertraglichen Vereinbarung aufgrund einer konkludent getroffenen Nutzungsvereinbarung tatsächlich die private Nutzung des Dienstwagens erlaubt. Der geldwerte Vorteil ist in diesen Fällen ebenfalls durch die Anwendung der Pauschalmethode zu ermitteln. 280

Die Ermittlung des geldwerten Vorteils für einen Firmenwagen kann somit ausschließlich durch ein ernsthaftes Nutzungsverbot oder durch ein ordnungsgemäß geführtes Fahrtenbuch vermieden werden. 281

Dem Nutzungsverbot gleichgestellt ist ein mit Wirkung für die Zukunft vom Arbeitnehmer schriftlich erklärter Verzicht auf die Privatnutzung des betrieblichen Fahrzeugs. Voraussetzung für die steuerliche Anerkennung ist, dass ein Nutzungsverbot des Arbeitgebers aus außersteuerlichen Gründen nicht zuläs- 282

---

1 BFH, Urteil v. 18.4.2013 – VI R 23/12, BStBl 2013 II S. 920.
2 BFH, Urteil v. 21.3.2013 – VI R 46/11, BStBl 2013 II S. 1044; BFH, Urteil v. 18.4.2013 – VI R 23/12, BStBl 2013 II S. 920.
3 BMF, Schreiben v. 4.4.2018, BStBl 2018 I S. 592, Rz. 18.

sig ist.[1] Hierunter fallen insbesondere die gesetzlich geregelte Dienstwagenüberlassung im öffentlichen Dienst, etwa in Ministerämtern, wenn der Arbeitnehmer das Fahrzeug nicht privat nutzen will. Die Verzichtserklärung muss schriftlich dokumentiert und als Beleg zum Lohnkonto aufbewahrt werden.[2]

283 Der Arbeitgeber sollte das ausgesprochene Nutzungsverbot bzw. den Nutzungsverzicht auch überwachen und bei Zuwiderhandlungen arbeitsrechtlich tätig werden. Dieser Überwachung kann der Arbeitgeber z. B. wie folgt nachkommen:

► Auferlegung der Führung eines Fahrtenbuches;

► Abstellen des Fahrzeugs nach Arbeitsende auf dem Betriebsgelände;

► Kalkulatorische Hochrechnung der eingereichten Tankrechnungen;

► Überprüfung der Kilometerstände.

284 Die entsprechenden Überwachungsmaßnahmen sind durch den Arbeitgeber/die Arbeitgeberin zu dokumentieren und als Beleg zum Lohnkonto zu nehmen.

285 Ein ausgesprochenes Nutzungsverbot, das nicht überwacht wird, kann zu folgenden Konsequenzen führen:

► Auferlegung zur Führung eines Fahrtenbuches;

► Auferlegung zur Führung sonstiger Aufzeichnungen, die die Privatnutzung des PKW durch den Arbeitnehmer ausschließen;

► Beim Gesellschafter-Geschäftsführer von Kapitalgesellschaften kann eine verdeckte Gewinnausschüttung angesetzt werden;

► Nachversteuerung;

► Ansatz einer Entnahme beim Arbeitgeber.

286 Mitarbeiter erhalten häufig sog. Kastenwagen mit zumeist nur zwei Sitzplätzen oder einer vorderen Sitzreihe im Fahrzeug. Im hinteren Teil des Fahrzeugs befinden sich keine Sitzmöglichkeiten und auch keine Fenster. Des Weiteren ist dieser Teil des Fahrzeugs zumeist durch eine metallische Wand vom vorderen Teil getrennt. Für diese Fahrzeuge soll laut Auffassung des BFH der Beweis des ersten Anscheins dafür sprechen, dass eine Privatnutzung durch den Arbeitnehmer grundsätzlich ausscheidet, da diese Fahrzeuge nicht zu diesen Zwe-

---

1 BMF, Schreiben v. 4.4.2018, BStBl 2018 I S. 592, Rz. 17.
2 BMF, Schreiben v. 4.4.2018, BStBl 2018 I S. 592, Rz. 17.

cken geeignet sind.[1] Fahrten zur ersten Tätigkeitsstätte können hingegen auch mit solchen Fahrzeugen durch die Mitarbeiter verrichtet werden.

Durch die Rechtsprechung und aufgrund der Lohnsteuerrichtlinien besteht in der Praxis teilweise die Auffassung, dass für derartige Fahrzeuge ein Nutzungsverbot für private Fahrten und Fahrten zwischen Wohnung und erster Tätigkeitsstätte nicht notwendig sei. Dies kann in der Praxis zu Problemen führen. Denn der BFH und die damit im Zusammenhang stehende Verwaltungsauffassung führt nur dazu, dass grundsätzlich eine private Nutzung dieser Fahrzeuge zu verneinen ist. Wird jedoch kein Nutzungsverbot ausgesprochen und findet absolut keine Überwachung statt, können auch für derartige Fahrzeuge, die oben genannten Konsequenzen folgen. Im Übrigen bedeutet die Rechtsprechung nicht, dass auch eine Nutzung für Fahrten zwischen Wohnung und erster Tätigkeitsstätte nicht möglich ist.   287

(Einstweilen frei)   288–295

3. Bemessungsgrundlage

Bemessungsgrundlage für die Ermittlung des geldwerten Vorteils nach der Pauschalmethode nach § 8 Abs. 2 Satz 2 i. V. mit § 6 Abs. 1 Nr. 4 Satz 2 EStG ist der inländische Bruttolistenpreises (BLP) des Dienstwagens im Zeitpunkt der Erstzulassung zuzüglich der Kosten für die Sonderausstattung. Zur Sonderausstattung gehören auch Navigationsgeräte oder Diebstahlsicherungssysteme. Für die Nutzung von Elektro- oder Hybridfahrzeugen gelten bei der Ermittlung des Bruttolistenpreises Sonderregelungen, die unter Abschnitt C erörtert werden.   296

Der Bruttolistenpreis ist auf volle Hundert abzurunden. Die abziehbare Vorsteuer ist nicht abzuziehen.   297

Das gilt auch, wenn das Fahrzeug als Gebrauchtwagen gekauft wird (R 8.1 Abs. 9 Nr. 1 Satz 6 LStR). Die Pauschalregelung auf Grundlage des Bruttolistenneupreises begegnet insbesondere im Hinblick auf die dem Steuerpflichtigen zur Wahl gestellte Möglichkeit, den Nutzungsvorteil auch nach der Fahrtenbuchmethode zu ermitteln und zu bewerten, keinen verfassungsrechtlichen Bedenken.[2] Der Arbeitnehmer hat die Wahl den zugewandten Nutzungsvorteil auch nach der Fahrtenbuchmethode zu ermitteln. Die Rechtsprechung ist da-   298

---

1 BFH, Urteil v. 18.12.2008 – VI R 34/07, BStBl 2009 II S. 381; BFH, Urteil v. 17.2.2016 – X R 32/11, BStBl 2016 II S. 708.
2 BFH, Urteil v.13.12.2012 – VI R 51/11, BStBl 2013 II S. 385.

her der Meinung, dass der Wert für die Bemessung des Nutzungsvorteils nicht überprüft oder angepasst werden muss.[1]

299   Rabatte oder Nachlässe sind ebenfalls nicht zu berücksichtigen. Auch nicht, wenn es sich um Rabatte handelt, die jeder Käufer bekommt und nicht nur konkret individuelle Rabatte sind.

> **BEISPIEL:** ▶ Der Arbeitnehmer erhält einen Dienstwagen zur privaten Nutzung am 15. eines Monats vom Arbeitgeber überlassen. Der Bruttolistenpreis beträgt 65.000 € inkl. Umsatzsteuer. Als Sonderausstattung ist ein Navigationspaket im Wert von 3.000 € enthalten. Der Arbeitgeber erhält eine Rechnung über 55.000 €. Die Zulassung und Überführung kostet zusammen 1.000 €.

> **LÖSUNG:** ▶ Für den geldwerten Vorteil ist der Preis von 65.000 € anzusetzen. Die Kosten der Zulassung und Überführung sind nicht einzubeziehen. Der erhaltene Rabatt ist unerheblich.

300   Nachträgliche Einbauten nach der Zulassung des Fahrzeuges erhöhen nach der Rechtsprechung des Bundesfinanzhofs die Bemessungsgrundlage nicht. Dieser Auffassung hat sich die Finanzverwaltung angeschlossen. Somit ist z. B. der nachträgliche Einbau von festen Navigationsgeräten, Hängerkupplungen, Standheizungen oder Flüssiggasanlagen irrelevant.[2] Nicht angesetzt werden Kosten für nicht festeingebaute Teile oder sog. variable Teile, wie ein zusätzlicher Satz Reifen oder ein mobiles Navigationsgerät.

Wenn bei Erstzulassung im Wagen vorhanden	Zum Bruttolistenpreis zuzurechnen	Nicht zum Bruttolistenpreis zuzurechnen
ABS	X	
Airbag	X	
Anhängekupplung	X	
Autoradio	X	
Autotelefon, wenn fest eingebaut mit Freisprechanlage	X	
Elektronisches Fahrtenbuch	X	
Bordcomputer	X	
Diebstahlsicherung	X	
Feuerlöscher	X	
Gasantrieb	X	

---

1 KKB/*Wünnemann*, § 8 EStG Rz. 58.
2 BFH, Urteil v. 13.10.2010 – VI R 12/09, BStBl 2011 II S. 361.

Klimaanlage	X	
Navigationsgerät werksseitig	X	
Preisnachlass	X	
Standheizung	X	
Überführungskosten		X
Umsatzsteuer	X	
Winterreifen zusätzlich zur Normal-bereifung		X
Zulassungskosten		X

Der inländische Bruttolistenpreis ist zu schätzen, wenn das Fahrzeug ein Im-   301
portfahrzeug ist und weder ein inländischer Bruttolistenpreis vorhanden ist
noch eine Vergleichbarkeit mit einem bau- und typengleichen inländischen
Fahrzeug besteht. Der ausländische Listenpreis darf nicht anstelle des inländischen Listenpreises angesetzt werden. Denn der ausländische Listenpreis spiegelt nicht die Preisempfehlung des Herstellers wieder, die für den Endverkauf
des tatsächlich genutzten Fahrzeugmodells auf dem inländischen Neuwagenmarkt gilt.[1]

Der Bruttolistenpreis gilt auch bei Leasing- oder Mietfahrzeugen. Der Vertrags-   302
partner muss dem Arbeitgeber den Bruttolistenpreis mitteilen.

BEISPIEL: Der Arbeitgeber entscheidet sich, monatlich die Fahrzeuge für seine Mitarbeiter zu mieten. Die Mitarbeiter dürfen die Fahrzeuge auch privat nutzen. Die
Mietwagenfirma sollte dem Arbeitgeber für die Bewertung des geldwerten Vorteils
also jeweils den Bruttolistenneupreis des Fahrzeuges mitteilen.

HINWEIS:

Aufgrund der Fahrgestellnummer sollte ein Hersteller auch in der Lage sind im Nach-
hinein den Bruttolistenneupreis zum Zeitpunkt der Zulassung mitzuteilen.

Wird das Fahrzeug im Monat gewechselt, so gilt der Bruttolistenpreis für das   303
Fahrzeug, welches der Mitarbeiter überwiegend genutzt hat. Dieser Wert ist
für den vollen Monat anzusetzen.

BEISPIEL: Der Arbeitnehmer erhält zum 5. eines Monats einen neuen Dienstwagen,
welcher auch privat genutzt werden darf und einen Bruttolistenneupreis von 55.000 €
hat. Davor hatte er einen PKW mit einem Bruttolistenneupreis von 57.000 €.

---

1 BFH, Urteil v. 9.11.2017 – III R 20/16, BStBl 2018 II S. 278.

LÖSUNG: ▶ Für den Übergabemonat ist der Wert von 55.000 € anzusetzen, da der Mitarbeiter diesen Wagen überwiegend nutzt.

304 Durch die Pauschalregelung werden alle Kosten abgegolten, die unmittelbar dem Halten und dem Betrieb des Fahrzeuges dienen und typischerweise mit der Nutzung anfallen (z. B. Versicherungskosten, Garagenmieten, die der Arbeitgeber trägt, Kraftstoff). Dies bedeutet, selbst wenn der Arbeitnehmer für alle Fahrten (privat oder dienstlich) eine Firmentankkarte oder Firmenkreditkarte nutzen kann, sind diese Kosten abgegolten mit der Pauschalmethode zur Bewertung des geldwerten Vorteils beim Arbeitnehmer.

305 Umgekehrt bedeutet dies aber auch, dass auch wenn der Arbeitgeber nicht alle Kosten trägt, zunächst die Bewertung des geldwerten Vorteils in gleicher Höhe vorgenommen werden muss. Eine Quotelung oder Kürzung ist nicht vorzunehmen.

306 Nicht abgegolten sind private Aufwendungen des Arbeitnehmers, wie Park- oder Mautgebühren, Vignetten während des Urlaubs oder die ADAC-Mitgliedschaft. Soweit solche Aufwendungen bei oder für Dienstfahrten gemacht werden, können sie lohnsteuerfrei vom Arbeitgeber als Reisenebenkosten ersetzt werden. Ansonsten (auf Privatfahrten) stellen sie bei Übernahme durch den Arbeitgeber einen zusätzlichen geldwerten Vorteil dar.[1]

BEISPIEL: ▶ Arbeitnehmer ist mit seinem Firmenwagen im Urlaub in Italien und bezahlt mit der Firmenkreditkarte die Mautgebühren auf der Autobahn. Wenn der Arbeitgeber diese übernimmt, muss er die Gebühren als Lohn versteuern und verbeitragen.

ABWANDLUNG: ▶ Der Arbeitnehmer ist dienstlich in Italien. Die Übernahme der Mautgebühren stellen Reisekosten dar, die vom Arbeitgeber steuerfrei übernommen werden können.

307–312 *(Einstweilen frei)*

4. Bewertung der Privatfahrten

313 Für die Privatfahrten des Arbeitnehmers ist nach § 8 Abs. 2 Satz 2 i. V. mit § 6 Abs. 1 Nr. 4 Satz 2 EStG 1 % vom Bruttolistenneupreis als geldwerter Vorteil für jeden Monat anzusetzen. Als Privatfahrten zählen alle Fahrten in der Freizeit, am Wochenende, Urlaub, außerhalb der Arbeitszeit, außer Fahrten zur ersten Tätigkeitsstätte.

BEISPIEL: ▶ Ein PKW, welcher einem Arbeitnehmer zur Verfügung gestellt wird, hat einen Bruttolistenneupreis von 65.000 € inkl. Sonderausstattung (Navigationsgerät,

---

1 BFH, Urteil v. 14.9.2005 – VI R 37/03, BStBl 2006 II S. 72.

Alarmanlage) inkl. Umsatzsteuer. Der Arbeitgeber zahlt für den Wagen an den Händler einen Preis von 55.000 €. Der Arbeitnehmer darf den Wagen privat nutzen. Er erhält eine Firmentankkarte, die er für jeden Tankvorgang und sonstige Bezahlungen im Zusammenhang mit dem Auto (Wäsche, Parken, Reparaturen) einsetzen darf.

LÖSUNG: ► Der geldwerte Vorteil wird nach der Pauschalmethode ermittelt. Er beträgt 1 % von 65.000 €, also 650 € im Monat.

BEISPIEL: ► Ein PKW, welcher einem Arbeitnehmer zur Verfügung gestellt wird, hat einen Bruttolistenneupreis von 65.000 € inkl. Sonderausstattung (Navigationsgerät, Alarmanlage) inkl. Umsatzsteuer. Der Arbeitgeber zahlt für den Wagen an den Händler einen Preis von 55.000 €. Der Arbeitnehmer darf den Wagen privat nutzen. Er erhält eine Firmentankkarte, die er nur für Tankvorgänge im Zusammenhang mit betrieblichen Fahrten einsetzen darf. Sonstige Bezahlungen im Zusammenhang mit dem Auto (Tanken auf bzw. für Privatfahrten, Wäsche, Parken, Reparaturen) muss er selbst zahlen.

LÖSUNG: ► Der geldwerte Vorteil wird nach der Pauschalmethode ermittelt. Er beträgt 1 % von 65.000 €, also 650 € im Monat. Eine Kürzung wegen der nicht vollen Kostentragung des Arbeitgebers erfolgt nicht (siehe auch zu Zuzahlungen Rz. 405 ff.).

(Einstweilen frei)   314–315

5. Abrechnungshinweise

Der geldwerte Vorteil ist jeweils immer für den vollen Monat anzusetzen. Auch   316
wenn der Mitarbeiter z. B. zwei Wochen im Urlaub oder krank war und in dieser Zeit den PKW nicht nutzen konnte, ist der geldwerte Vorteil in voller Monatshöhe zu ermitteln und zu versteuern.[1]

BEISPIEL: ► Der Mitarbeiter ist im Februar zwei Wochen erkrankt und kann den Firmenwagen privat nicht nutzen. Der geldwerte Vorteil muss dennoch voll für den ganzen Monat ermittelt und versteuert und verbeitragt werden.

Eine Nichtberücksichtigung des geldwerten Vorteils kommt nur in Betracht,   317
wenn nachweislich eine private Nutzung für den vollen Monat nicht möglich war. Dies ist z. B. der Fall, wenn der Mitarbeiter das ihm überlassene Fahrzeug während der Elternzeit (vom 1. bis 31. eines Monats) beim Arbeitgeber abgestellt hat.

BEISPIEL: ► Der Mitarbeiter wird für sechs Wochen ins Ausland zur Tochterbetriebsstätte entsandt. Seinen PKW stellt er für diese Zeit auf dem Firmengelände ab. Die Entsendung beginnt am 15.8. und endet am 30.9. eines Jahres. Für den Monat September konnte der Mitarbeiter den Wagen nachweislich nicht privat nutzen. Daher ist keine Bewertung eines privaten Nutzungsanteils vorzunehmen. Für den Monat August ist die Bewertung noch voll ohne Kürzung durchzuführen.

---

1 R 8.1 Abs. 9 Nr. 1 Satz 4 EStG.

318   Die Monatsbeträge brauchen nicht angesetzt zu werden:

▶ für volle Kalendermonate, in denen dem Arbeitnehmer kein betriebliches Kraftfahrzeug zur Verfügung steht (siehe hierzu auch Urteil zur Fahruntüchtigkeit Rz. 867), oder

▶ wenn dem Arbeitnehmer das Kraftfahrzeug aus besonderem Anlass oder zu einem besonderen Zweck nur gelegentlich (von Fall zu Fall) für nicht mehr als fünf Kalendertage im Kalendermonat überlassen wird. In diesem Fall ist die Nutzung zu Privatfahrten und zu Fahrten zwischen Wohnung und erster Tätigkeitsstätte je Fahrtkilometer mit 0,001 % des inländischen Listenpreises des Kraftfahrzeugs zu bewerten (Einzelbewertung). Zum Nachweis der Fahrstrecke müssen die Kilometerstände festgehalten werden.[1] Eine nur gelegentliche Nutzung liegt vor, wenn der PKW für nicht mehr als fünf Kalendertage im Monat für private Fahrten überlassen wird. Dies ist z. B. der Fall, wenn ein Poolfahrzeug, was nur für dienstliche Fahrten zur Verfügung steht, ausnahmsweise für Privatfahrten überlassen wird (siehe auch Rz. 561 ff.).

319   Der Sachbezug aus der Überlassung eines Dienstwagens zählt zu den laufenden Bezügen, da er Monat für Monat anfällt. Die Besteuerung richtet sich also nach den für den laufenden Arbeitslohn geltenden Grundsätzen. Die Lohnsteuer ist deshalb im Regelfall zusammen mit dem übrigen Arbeitslohn nach den ELStAM zu berechnen.

320–323   *(Einstweilen frei)*

6. Finanzierung des PKW

324   Für die Versteuerung des geldwerten Vorteils ist es unerheblich, wie der Arbeitgeber das Fahrzeug finanziert hat. Der Bruttolistenpreis ist also immer maßgeblich, auch wenn das Fahrzeug vom Arbeitgeber finanziert, geleast oder gemietet wird.

BEISPIEL: ▶ Der Arbeitgeber least seine Firmenwagen von einer Leasinggesellschaft. Die Leasingraten werden individuell verhandelt. Für die Bewertung des Nutzungsvorteils der privaten Nutzung der Mitarbeiter ist der Bruttolistenpreis von der Leasinggesellschaft mitzuteilen und anzuwenden. Die Leasingraten spielen keine Rolle.

325–330   *(Einstweilen frei)*

---

1 H 8.1 (9-10) Stichwort Gelegentliche Nutzung LStH, BMF, Schreiben v. 4.4.2018, BStBl 2018 I S. 592, Rz. 13.

IV. Fahrten zwischen Wohnung und erster Tätigkeitsstätte

Nicht mit der Ermittlung von 1 % des Bruttolistenpreises abgegolten, sind die   331
Fahrten des Arbeitnehmers zur ersten Tätigkeitsstätte. Diese Fahrten zählen
nicht zu den Privatfahrten. Es handelt sich hierbei um einen Zuschlag, der
einen Korrekturposten zum Werbungskostenabzug darstellt, weil der Mitarbeiter für die Fahrten die Entfernungspauschale nach § 9 Abs. 1 Satz 2 Nr. 4 EStG
in seiner privaten Einkommensteuererklärung i. H. von 0,30 € je einfachen Entfernungskilometer bis einschließlich 20 km, ab 21. km 0,35 € je Entfernungskilometer geltend machen kann. Maßgebend ist die kürzeste Entfernung.[1]

Kann das Fahrzeug durch den Mitarbeiter auch für die Fahrten zur ersten Tä-   332
tigkeitsstätte genutzt werden, ist ein Zuschlag zu ermitteln. Monatlich sind
dann je vollen abgerundeten Entfernungskilometer 0,03 % des Bruttolistenpreises zu berücksichtigen (§ 8 Abs. 2 Satz 3 EStG). Maßgebend ist auch hier
die kürzeste benutzbare Straßenverbindung. Der Zuschlag ist nur einmal zu
ermitteln. Nutzt der Arbeitnehmer das Fahrzeug mehrmals am Tag für die
Fahrten zur ersten Tätigkeitsstätte von der Wohnung wird der Zuschlag nicht
vervielfältigt.[2]

Voraussetzung ist dafür, dass der Arbeitnehmer eine erste Tätigkeitsstätte hat   333
und diese von seiner Wohnung aufsucht. Sobald der Arbeitnehmer keine erste
Tätigkeitsstätte hat, braucht ein Dienstwagen auch nicht zusätzlich zur 1 %-
Methode versteuert werden.

(Einstweilen frei)   334–336

1. Erste Tätigkeitsstätte

Seit 1.1.2014 ist entscheidend, ob und wo ihre Arbeitnehmer eine erste Tätig-   337
keitsstätte haben.

Unter erster Tätigkeitsstätte ist jede von der Wohnung getrennte ortsfeste   338
betriebliche Einrichtung des Arbeitgebers zu verstehen – aber auch die Einrichtungen von Tochterunternehmen oder Kunden, der der Arbeitnehmer dauerhaft zugeordnet ist oder an der er dauerhaft tätig werden soll (§ 9 Abs. 4 EStG).
Grundsätzlich kann es in einem Arbeitsverhältnis nur eine erste Tätigkeitsstätte geben (§ 9 Abs. 4 Satz 5 EStG). Es gibt aber keine Verpflichtung, dass
der Arbeitnehmer überhaupt eine erste Tätigkeitsstätte haben muss. Das Ge-

---

1 BMF, Schreiben v. 4.4.2018, BStBl 2018 I S. 592, Rz. 6.
2 KKB/*Wünnenmann*, § 8 EStG Rz. 81.

setz und die Finanzverwaltung erkennen an, dass es immer Arbeitnehmergruppen geben wird, die keine erste Tätigkeitsstätte haben und damit immer auswärts tätig sind.[1]

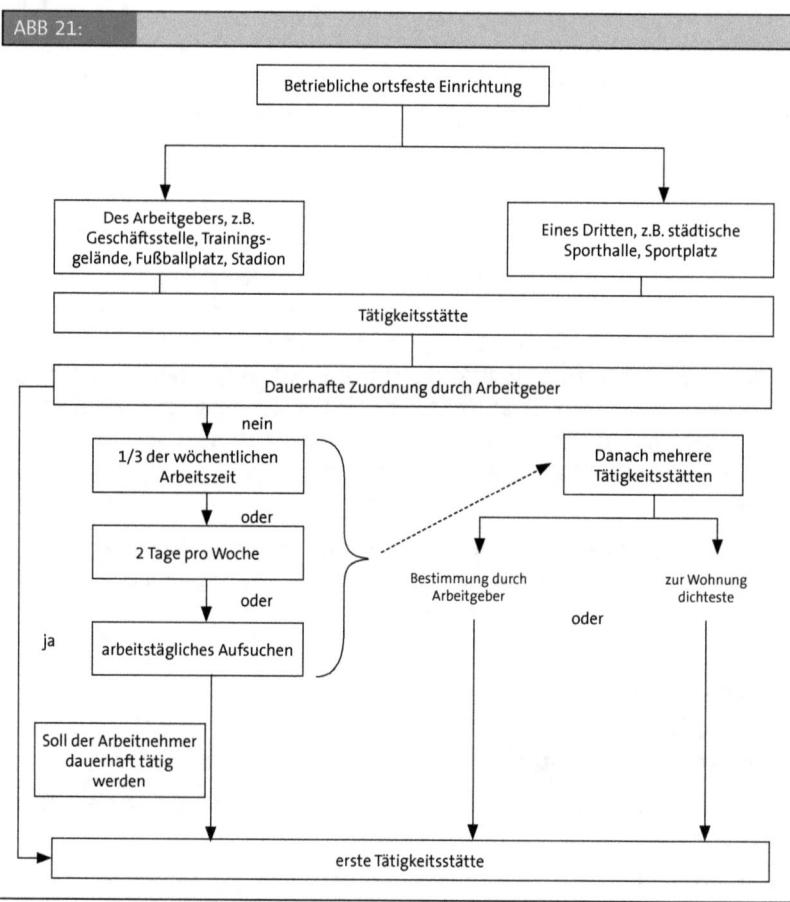

ABB 21:

339 Das Homeoffice befindet sich stets im privaten Bereich des Arbeitnehmers und ist damit nie betrieblich. Daher scheidet das Homeoffice als erste Tätigkeitsstätte aus. Mitarbeiter können aber neben dem Homeoffice eine erste Tätigkeitsstätte z. B. im Büro oder bei einem Kunden haben. Fährt der Mitarbeiter von seinem Homeoffice zu einem Kunden, der nicht erste Tätigkeitsstätte ist, liegt eine Fahrt im Rahmen einer Auswärtstätigkeit vor.

---

1 BMF, Schreiben v. 24.10.2014, BStBl 2014 I S. 1412, Rz. 2, 29.

Ebenso fallen Fahrzeuge, Schiffe und Flugzeuge nicht unter den Tätigkeitsstättenbegriff, da dies keine ortsfesten Einrichtungen sind. Mehrere Hallen auf einem Werksgelände, in denen der Arbeitnehmer tätig ist, sind nur als eine erste Tätigkeitsstätte anzusehen.[1]

340

Seit 1.1.2014 können betriebliche Einrichtungen eines Kunden oder verbundenen Unternehmens auch erste Tätigkeitsstätte sein, soweit die weiteren Voraussetzungen vorliegen.

341

Damit eine erste Tätigkeitsstätte vorliegt, muss der Arbeitnehmer der betrieblichen Einrichtung entweder dauerhaft anhand arbeits- oder dienstrechtlicher Festlegungen zugeordnet sein oder dauerhaft dort tätig werden sollen.

342

Dauerhaft ist eine Tätigkeit oder Zuordnung dann, wenn sie für die Dauer des Dienstverhältnisses, unbefristet oder für mehr als 48 Monate ausgeübt bzw. vorgenommen werden.[2] Maßgeblich sind hier allein die Festlegungen des Arbeitgebers und dessen erteilten Weisungen. Die Formulierung „bis auf weiteres" wird von der Finanzverwaltung noch als dauerhaft verstanden. Zu dieser Frage ist aktuell eine Revision beim Bundesfinanzhof anhängig. Das Finanzgericht Niedersachsen hat in dieser Frage dem Arbeitnehmer Recht gegeben und eine erste Tätigkeitsstätte verneint.

343

Ob das Kriterium der Dauerhaftigkeit vorliegt, ist durch eine Prognose des Arbeitgebers, wie lange er den Arbeitnehmer wo einsetzen möchte, zu entscheiden. Diese Prognose ist immer zu Beginn einer Tätigkeit oder einem neuen Einsatz für die Zukunft zu treffen.[3]

344

BEISPIEL: Arbeitnehmer A ist Ingenieur und soll ab 1.4.2018 auf einer Baustelle im Rahmen eines Baugroßprojektes eingesetzt werden. Zu Beginn der neuen Tätigkeit stellt der Arbeitgeber die Prognose, dass die Tätigkeit 36 Monate dauern wird. Es handelt sich somit um keine dauerhafte Tätigkeit. Die Fahrten zur Baustelle können vom Arbeitgeber steuerfrei erstattet werden. Bei einem zur Verfügung gestellten Dienstwagen müssen keine zusätzlichen Fahrten zur 1 %-Methode berücksichtig werden.

Verlängern sich in der Folgezeit bestimmte Einsätze der Arbeitnehmer, zum Beispiel aufgrund Planungs- und Herstellungsschwierigkeiten, handelt es sich bei der Festlegung der Verlängerungszeit um eine neue Prognose. Eine Addition der Zeiträume findet nicht statt.[4]

345

---

1 BMF, Schreiben v. 24.10.2014, BStBl 2014 I S. 1412, Rz. 3.
2 BMF, Schreiben v. 24.10.2014, BStBl 2014 I S. 1412, Rz. 13.
3 BMF, Schreiben v. 24.10.2014, BStBl 2014 I S. 1412, Rz. 14.
4 BMF, Schreiben v. 24.10.2014, BStBl 2014 I S. 1412, Rz. 17, 18.

346   Eine Zuordnung einer ersten Tätigkeitsstätte durch den Arbeitgeber ist keine Verpflichtung. Er trifft aber damit die Entscheidung, dass die Tätigkeit an der entsprechenden Tätigkeitsstätte keine Auswärtstätigkeit darstellt, sondern erste Tätigkeitsstätte ist.[1] Die Zuordnungsentscheidung kann sowohl mündlich als auch schriftlich getroffen werden, muss aber für die Finanzverwaltung dokumentiert werden z. B. durch Reisekostenabrechnungen und -richtlinien, Arbeits- oder Tarifverträge, Einsatz- oder Sozialpläne, Telefon- oder Protokollnotizen, auch Organigramme.[2]

347   Legt der Arbeitgeber schriftlich fest, dass Arbeitnehmer A oder alle Arbeitnehmer keine erste Tätigkeitsstätte haben, führt dies immer dazu, dass zeitlichen Kriterien zur Bestimmung der ersten Tätigkeitsstätte geprüft werden müssen.

348   Die Zuordnung kann durch den Arbeitgeber jederzeit mit Wirkung für die Zukunft geändert werden, z. B. aufgrund der Änderung von Zeitanteilen der Arbeiten an den Einrichtungen oder durch einen Wechsel des Aufgabengebietes.[3]

349   Nimmt der Arbeitgeber eine Zuordnung vor, kommt es nicht mehr darauf an, wie häufig bzw. an wie vielen Stunden täglich der Arbeitnehmer an der ersten Tätigkeitsstätte tätig wird.[4] Die Zuordnung entfaltet eine Sperr- und auch Bindungswirkung. Andere zeitliche oder gar qualitative Kriterien spielen keine Rolle mehr. Auch wenn der Arbeitnehmer an der zugeordneten Einrichtung beispielsweise nur Hilfsarbeiten (z. B. Abholen von Aufträgen oder Ware) ausübt, handelt es sich aufgrund der dauerhaften Zuordnung durch den Arbeitgeber trotzdem um eine erste Tätigkeitsstätte. Fahrten mit einem zur Verfügung gestellten Dienstwagen dorthin sind zu versteuern.

HINWEIS:

Im Ergebnis kann der Arbeitgeber mit einer Zuordnung selbst beeinflussen, für welche Fahrten er steuerfreie Reisekosten zahlen kann und will und für welche Fahrten (zur ersten Tätigkeitsstätte) nicht. Er ist auch frei darin nur einige Arbeitnehmer oder ganze Arbeitnehmergruppen einer ersten Tätigkeitsstätte (kann jeweils eine andere sein) zuzuordnen.

BEISPIEL: ▶ Arbeitnehmer A ist LKW-Fahrer und muss sich jeden Tag seinen LKW in X abholen und am Morgen beladen. Diese Tätigkeiten dauern etwa maximal 30 Minuten. Weitere Arbeiten verrichtet A nicht in X. Er ist den restlichen Tag bei verschiedenen Kunden beschäftigt, holt dort Ware ab und liefert diese auch aus. Der Arbeitgeber B möchte für die Fahrten zum Abholort keine Reisekosten zahlen. In einem

---

1 BMF, Schreiben v. 24.10.2014, BStBl 2014 I S. 1412, Rz. 5.
2 BMF, Schreiben v. 24.10.2014, BStBl 2014 I S. 1412, Rz. 10.
3 BMF, Schreiben v. 24.10.2014, BStBl 2014 I S. 1412, Rz. 14.
4 BMF, Schreiben v. 24.10.2014, BStBl 2014 I S. 1412, Rz. 6, 7.

Vermerk zum Arbeitsvertrag wird folgende Regelung aufgenommen: „A wird ab 1.12.2018 der Betriebsstätte X zugeordnet. Betriebsstätte X ist erste Tätigkeitsstätte." Die Fahrten zu den Kunden zur Auslieferung sind Auswärtstätigkeiten, die jeweils mit Abfahrt bei der Betriebsstätte X beginnen. Die Fahrten nach X von der Wohnung am Morgen sind keine steuerfreien Fahrtkosten.

Auch in Fällen, in denen der Arbeitnehmer an mehreren betrieblichen Einrichtungen (z. B. verschiedene Filialen) tätig werden soll, kann der Arbeitgeber durch die Zuordnung die erste Tätigkeitsstätte bestimmen. Hierbei wäre ebenfalls gleichgültig, dass der Mitarbeiter an dieser Filiale beispielsweise nur 20 Tage und an den anderen Einrichtungen jeweils 100 Tage im Jahr tätig ist. **350**

BEISPIEL: ▶ Ein Filialleiter bekommt einen Firmenwagen zur privaten Nutzung zur Verfügung gestellt. Er soll drei Filialen betreuen. Filiale 1 ordnet der Arbeitgeber als erste Tätigkeitsstätte zu. Diese befindet sich 10 km von der Wohnung des Filialleiters entfernt. Die anderen beiden Filialen sind 50 km jeweils entfernt. Es ist von vornherein klar, dass die Filiale 1 vom Filialleiter nur zwei Mal im Monat aufgesucht wird.

LÖSUNG: ▶ Durch die Zuordnung ist Filiale 1 erste Tätigkeitsstätte. Die Fahrten dorthin sind zusätzlich zu den Privatfahrten zu versteuern. Unerheblich ist, dass der Arbeitnehmer die anderen beiden Filialen öfter aufsucht. Durch die Zuordnung tritt eine Bindungswirkung ein.

Da der Arbeitgeber wie oben erörtert nicht verpflichtet ist, eine Zuordnung für einen Arbeitnehmer vorzunehmen, hat der Gesetzgeber als Alternative zeitliche Kriterien für die Bestimmung der ersten Tätigkeitsstätte festgelegt.[1] Seit 2014 gehen die Finanzämter nach § 9 Abs. 4 Satz 4 EStG ohne eindeutige feste Zuordnung von einer ersten Tätigkeitsstätte aus, wenn der Arbeitnehmer an einem bestimmten Tätigkeitsort dauerhaft, **351**

▶ typischerweise arbeitstäglich oder

▶ mindestens an zwei vollen Arbeitstagen in der Woche oder

▶ zu 1/3 seiner Arbeitszeit tätig werden soll.

Hierbei handelt es sich ebenfalls um eine in die Zukunft gerichtete Prognose, die zu Beginn der Tätigkeit bzw. des Einsatzes getroffen wird. **352**

Es ist ausreichend, wenn die drei zeitlichen Voraussetzungen alternativ vorliegen. Vor allem beim typischerweise arbeitstäglichen Aufsuchen kommt es nicht auf die zeitliche Anwesenheit am Tag an. Maßgeblich für die Bestimmung der zeitlichen Kriterien sind die Weisungen bzw. Regelungen des Arbeitgebers oder das Gesamtbild der eigentlichen beruflichen Tätigkeit. Bei der Tätigkeit, die den zeitlichen Kriterien zugrunde gelegt werden, darf es sich jedoch **353**

---

1 BMF, Schreiben v. 24.10.2014, BStBl 2014 I S. 1412, Rz. 25.

nicht um Hilfstätigkeiten handeln. Dies sind z. B. das bloße Abholen von Aufträgen und Material, das Abgeben von Stunden- bzw. Abrechnungsbelegen und das Be- und Entladen von Fahrzeugen. Der Arbeitnehmer muss an der zu beurteilenden Tätigkeitsstätte seiner eigentlichen Tätigkeit nachgehen.

BEISPIEL: Arbeitnehmer A ist Kundendienstmonteur mit einem Firmenwagen und muss sich jeden Tag seine Kundenadressen und das eventuell benötigte Material in der Betriebsstätte X abholen. Diese Tätigkeiten dauern etwa maximal 30 Minuten. Weitere Arbeiten verrichtet A nicht in X. Er ist den restlichen Tag bei verschiedenen Kunden beschäftigt. Der Arbeitgeber B ordnet X nicht als erste Tätigkeitsstätte zu.

LÖSUNG: A sucht zwar arbeitstäglich die Betriebsstätte auf. Jedoch handelt es sich bei den Tätigkeiten um Hilfsarbeiten. A ist für die Reparaturen beim Kunden eingestellt. Dies ist seine berufstypische Tätigkeit. X ist nur wegen des täglichen Abholens der Kundenaufträge nicht erste Tätigkeitsstätte des A. Fahrten hierher müssen nicht versteuert werden.

354 Liegen aufgrund der zeitlichen Kriterien mehrere betriebliche Einrichtungen vor, die als erste Arbeitsstätte in Betracht kommen, kann der Arbeitgeber nach § 9 Abs. 4 Satz 6 EStG wiederum entscheiden, welche Einrichtung dann die erste Tätigkeitsstätte sein soll.[1] Nimmt der Arbeitgeber dieses Entscheidungsrecht nicht vor, wird nach § 9 Abs. 4 Satz 6 EStG die dichteste zur Wohnung gelegene Einrichtung, die aufgesucht werden soll, die erste Tätigkeitsstätte.

BEISPIEL: Arbeitnehmer A ist Filialleiter mit einem Dienstwagen und betreut unbefristet verschiedene Filialen in den Orten X, Y, Z. Arbeitgeber B nimmt keine Zuordnung vor. Die Formulierung in einer Nebenvereinbarung zum Arbeitsvertrag lautet: „A hat die Filialen X, Y, Z zu betreuen." Eine Zuordnung als erste Tätigkeitsstätte nimmt der Arbeitgeber nicht vor, auch keine zeitlichen Vorgaben zum Aufsuchen. Filiale Z liegt 10 km von der Wohnung entfernt, X und Y jeweils 50 km.

LÖSUNG: Da keine Zuordnung vom Arbeitgeber vorgenommen wurde, greifen die zeitlichen Kriterien. Da keine weiteren zeitlichen Vorgaben des Arbeitgebers existieren, ist A nach den Gesamtumständen an allen Filialen zu je 1/3 tätig. Z ist erste Tätigkeitsstätte, da sie am nächsten zur Wohnung liegt. Bei der Dienstwagengestellung ist diese bei der Besteuerung zugrunde zu legen.

355–358 (*Einstweilen frei*)

---

1 BMF, Schreiben v. 24.10.2014, BStBl 2014 I S. 1412, Rz. 30.

2. Sachverhalte und Lösungen zur ersten Tätigkeitsstätte 359

Sachverhalt	Lösung zur ersten Tätigkeitsstätte
AN A ist als Außendienstmitarbeiter unbefristet eingestellt, soll aber nur gelegentlich (also weniger als 2 Tage in der Woche bzw. 1/3 seiner vereinbarten Arbeitszeit) an dem Betriebssitz tätig werden. Arbeitsrechtlich ist keine erste Tätigkeitsstätte vereinbart.	keine erste Tätigkeitsstätte bei Nutzung eines Dienstwagens kein geldwerter Vorteil, bei Nutzung des privaten Fahrzeuges, 0,30 € je gefahrenen km steuerfreie Verpflegungspauschale
AN A ist als Außendienstmitarbeiter unbefristet eingestellt, soll aber nur gelegentlich (also weniger als 2 Tage in der Woche bzw. 1/3 seiner vereinbarten Arbeitszeit) an dem Betriebssitz tätig werden. Arbeitsrechtlich ist am Betriebssitz eine erste Tätigkeitsstätte festgelegt.	Betriebssitz ist erste Tätigkeitsstätte. bei Nutzung eines Dienstwagens geldwerter Vorteil für Fahrten zum Betriebssitz, Werbungskosten-Abzug nur mit Entfernungspauschale Verpflegungspauschale erst ab Verlassen der Betriebssitz oder der Wohnung, wenn Auswärtstätigkeit von dort startet
AN A ist als Außendienstmitarbeiter unbefristet eingestellt, soll 1/3 seiner regelmäßigen Arbeitszeit am Betriebssitz tätig werden. Arbeitsrechtlich ist keine erste Tätigkeitsstätte vereinbart.	Betriebssitz ist erste Tätigkeitsstätte. bei Nutzung eines Dienstwagens geldwerter Vorteil für Fahrten zum Betriebssitz, Werbungskosten-Abzug, nur mit Entfernungspauschale Verpflegungspauschalen nur bei Tätigkeit außerhalb des Betriebssitzes/Wohnung
AN A ist als Kundendienstmitarbeiter unbefristet eingestellt soll typischerweise arbeitstäglich jeweils ca. 1 Stunde in den Betriebssitz kommen, um Auftragslisten und Material zu holen. Arbeitsrechtlich ist keine erste Tätigkeitsstätte vereinbart.	keine erste Tätigkeitsstätte, weil Hilfstätigkeiten bei Nutzung eines Dienstwagens kein geldwerter Vorteil, bei Nutzung des privaten Fahrzeuges, 0,30 € je gefahrenen km steuerfreie Verpflegungspauschale Aber beachte neu: Regelung zum sog. „Sammelpunkt" bei Nutzung eines Dienstwagens geldwerter Vorteil, Werbungskosten-Abzug nur mit Entfernungspauschale
AN A ist als Kundendienstmitarbeiter unbefristet eingestellt, soll typischerweise arbeitstäglich jeweils 1 Stunde in den Betriebssitz kommen, um auch dort die gleichen Systemadministrationstätigkeiten auszuüben, wie bei den Kunden im Außendienst. Arbeitsrechtlich ist keine erste Tätigkeitsstätte vereinbart.	Betriebssitz ist erste Tätigkeitsstätte, da Haupttätigkeit. bei Nutzung eines Dienstwagens geldwerter Vorteil, Werbungskosten-Abzug nur mit Entfernungspauschale Verpflegungspauschale erst ab Verlassen der Betriebssitz bzw. der Wohnung, je nachdem von wo Tätigkeit beginnt.

AN A ist unbefristet als Vertriebsmitarbeiter eingestellt und soll jede Woche 1 vollen Arbeitstag an dem Betriebssitz tätig werden. Arbeitsrechtlich ist keine erste Tätigkeitsstätte vereinbart.	keine erste Tätigkeitsstätte, mangels quantitativer Kriterien. bei Nutzung eines Dienstwagens kein geldwerter Vorteil, bei Nutzung des privaten Fahrzeuges, 0,30 € je gefahrenen km steuerfreie Verpflegungspauschale
AN A ist unbefristet als Vertriebsmitarbeiter eingestellt und soll jede Woche 2 volle Arbeitstage an dem Betriebssitz tätig werden. Arbeitsrechtlich ist keine erste Tätigkeitsstätte vereinbart.	Betriebssitz ist erste Tätigkeitsstätte, da quantitative Kriterien erfüllt. bei Nutzung eines Dienstwagens geldwerter Vorteil, Werbungskosten-Abzug nur mit Entfernungspauschale Verpflegungspauschalen nur bei Tätigkeit außerhalb der Filiale/Wohnung
AN A soll unbefristet an 2 Betriebsstätten tätig sein und fährt täglich zu diesen 2 Betriebsstätten. Arbeitsrechtlich ist keine erste Tätigkeitsstätte vereinbart und auch sonst keine weiteren Vorgaben vorhanden.	Die seiner Wohnung am nächsten liegende Betriebsstätte ist erste Tätigkeitsstätte, da beide die quantitativen Kriterien erfüllen. bei Nutzung eines Dienstwagens geldwerter Vorteil, Werbungskosten-Abzug nur mit Entfernungspauschale Verpflegungspauschalen nur bei Tätigkeit außerhalb der Betriebsstätte/Wohnung
AN A soll unbefristet an 3 Werken tätig sein und fährt abwechselnd zu diesen drei Werken. Arbeitsrechtlich ist keine erste Tätigkeitsstätte vereinbart und auch sonst nichts weiter bestimmt.	Die seiner Wohnung am nächsten liegende Werk ist erste Tätigkeitsstätte, da alle 3 die quantitativen Kriterien erfüllen. bei Nutzung eines Dienstwagens geldwerter Vorteil für Fahrt Wohnung-Werk, Werbungskosten-Abzug nur mit Entfernungspauschale Verpflegungspauschalen nur bei Tätigkeit außerhalb des Werk/Wohnung
AN A soll unbefristet an 4 Werken tätig sein und fährt abwechselnd zu diesen vier Werken. Arbeitsrechtlich ist keine erste Tätigkeitsstätte vereinbart und auch sonst nichts weiter bestimmt.	keine erste Tätigkeitsstätte, da kein Werk die quantitativen Kriterien erfüllt. bei Nutzung eines Dienstwagens kein geldwerter Vorteil bei Nutzung des privaten Fahrzeuges, 0,30 € je gefahrenen km steuerfreie Verpflegungspauschale ab Verlassen der Wohnung
AN A soll unbefristet wöchentlich 2 Tage die Filiale A, 2 Tage die Filiale B und 1 Tag die Filiale C betreuen. Arbeitsrechtlich ist keine erste Tätigkeitsstätte vereinbart und auch sonst nichts weiter bestimmt.	Filialen A und B erfüllen die Voraussetzungen für eine erste Tätigkeitsstätte. Die von diesen Beiden seiner Wohnung am nächsten liegende Filiale ist erste Tätigkeitsstätte.

	bei Nutzung eines Dienstwagens geldwerter Vorteil für Fahrt zwischen Wohnung und dieser Filiale, Werbungskosten-Abzug nur mit Entfernungspauschale Verpflegungspauschalen nur bei Tätigkeit außerhalb dieser Filiale/Wohnung
AN A soll unbefristet wöchentlich 2 Tage die Filiale A, 2 Tage die Filiale B und 1 Tag die Filiale C betreuen. Arbeitsrechtlich ist die Filiale C als erste Tätigkeitsstätte vereinbart.	Filiale C ist erste Tätigkeitsstätte, wegen der arbeitsrechtlichen Festlegung. bei Nutzung eines Dienstwagens geldwerter Vorteil für Fahrt von der Wohnung zu dieser Filiale, Werbungskosten-Abzug nur mit Entfernungspauschale Verpflegungspauschalen nur bei Tätigkeit außerhalb dieser Filiale/Wohnung
AN A soll wöchentlich 2 Tage die Filiale A, 2 Tage die Filiale B und 1 Tag die Filiale C betreuen. Arbeitsrechtlich ist die Filiale B als erste Tätigkeitsstätte vereinbart.	Filiale B ist erste Tätigkeitsstätte, wegen der arbeitsrechtlichen Festlegung. bei Nutzung eines Dienstwagens geldwerter Vorteil für Fahrt von Wohnung zu dieser Filiale, Werbungskosten-Abzug nur mit Entfernungspauschale Verpflegungspauschalen nur bei Tätigkeit außerhalb dieser Filiale/Wohnung
AN A ist unbefristet als Ingenieur eingestellt, soll im Rahmen einer Projektarbeit 2 Jahre bei einem Kunden tätig werden.	keine erste Tätigkeitsstätte, mangels Dauerhaftigkeit. bei Nutzung eines Dienstwagens kein geldwerter Vorteil bei Nutzung des privaten Fahrzeuges, 0,30 € je gefahrenen km steuerfreie Verpflegungspauschale, ab Verlassen der Wohnung
AN A ist unbefristet als Ingenieur eingestellt, soll im Rahmen einer Projektarbeit 5 Jahre ausschließlich bei einem Kunden tätig werden.	erste Tätigkeitsstätte beim Kunden, da A dort dauerhaftausschließlich tätig werden soll. bei Nutzung eines Dienstwagens geldwerter Vorteil, Werbungskosten-Abzug nur mit Entfernungspauschale Verpflegungspauschale erst ab Verlassen der Betriebssitz oder Wohnung, wenn von dort auswärtige Tätigkeit beginnt
AN A soll im Rahmen des Outsourcings unbefristet weiterhin an seiner bisherigen Tätigkeitsstätte (nicht mehr die seines ArbG sondern eines Dritten ist) tätig werden.	Bisherige Tätigkeitsstätte bleibt erste Tätigkeitsstätte, da A dort weiterhin dauerhaft ausschließlich tätig werden soll. bei Nutzung eines Dienstwagens geldwerter Vorteil, Werbungskosten-Abzug

	nur mit Entfernungspauschale Verpflegungspauschale erst ab Verlassen des Betriebssitzes oder Wohnung, wenn von dort auswärtige Tätigkeit beginnt.
AN A soll im Rahmen des Outsourcings für 4 Jahre weiterhin an seiner bisherigen Tätigkeitsstätte (nicht mehr die seines ArbG sondern eines Dritten ist) tätig werden.	keine erste Tätigkeitsstätte, mangels Dauerhaftigkeit. bei Nutzung eines Dienstwagens kein geldwerter Vorteil bei Nutzung des privaten Fahrzeuges, 0,30 € je gefahrenen km steuerfreie Verpflegungspauschale, ab Verlassen der Wohnung
AN A ist unbefristet als Kundenbetreuer eingestellt, soll ausschließlich an seinem Homeoffice und bei ständig wechselnden Kunden (mehr als 3) tätig werden.	keine erste Tätigkeitsstätte (Fahrt von Homeoffice wird behandelt wie Fahrt von Wohnung nicht von Tätigkeitsstätte). bei Nutzung eines Dienstwagens kein geldwerter Vorteil bei Nutzung des privaten Fahrzeuges, 0,30 € je gefahrenen km steuerfreie Verpflegungspauschale, ab Verlassen der Wohnung
AN A ist unbefristet als Kundenbetreuer eingestellt und hat ein Homeoffice. Gelegentlich (weniger als 2 Tage in der Woche bzw. 1/3 der Arbeitszeit) muss er zum Betriebssitz. Arbeitsrechtlich ist eine erste Tätigkeitsstätte an dem Betriebssitz des ArbG vereinbart	Betriebssitz ist erste Tätigkeitsstätte. bei Nutzung eines Dienstwagens geldwerter Vorteil, Werbungskosten-Abzug nur mit Entfernungspauschale Verpflegungspauschalen nur bei Tätigkeit außerhalb des Betriebssitzes/Wohnung
AN A ist unbefristet als Kundenbetreuer eingestellt und hat ein Homeoffice. 2 volle Tage in der Woche bzw. 1/3 der Arbeitszeit muss er am Betriebssitz tätig werden. Arbeitsrechtlich ist keine erste Tätigkeitsstätte vereinbart	Betriebssitz ist erste Tätigkeitsstätte, da quantitative Kriterien erfüllt. bei Nutzung eines Dienstwagens geldwerter Vorteil, Werbungskosten-Abzug nur mit Entfernungspauschale Verpflegungspauschalen nur bei Tätigkeit außerhalb des Betriebssitzes/Wohnung
AN A ist unbefristet als Kundenbetreuer eingestellt und hat ein Homeoffice. 1 Tag in der Woche muss er am Betriebssitz tätig werden. Arbeitsrechtlich ist keine erste Tätigkeitsstätte vereinbart	Keine erste Tätigkeitsstätte, da quantitativen Kriterien nicht erfüllt. bei Nutzung eines Dienstwagens kein geldwerter Vorteil bei Nutzung des privaten Fahrzeuges, 0,30 € je gefahrenen km steuerfreie Verpflegungspauschale, ab Verlassen der Wohnung

3. Einzelbewertung der Fahrten zur ersten Tätigkeitsstätte

Die Zuschlagsregelung stellt einen Korrekturposten zum Werbungskosten- 360
abzug dar. Diese kommt nach der Rechtsprechung nur in Betracht, wenn der
Arbeitnehmer den PKW auch tatsächlich für die Fahrten zur ersten Tätigkeitsstätte nutzt. Bei der Ermittlung des 0,03 %-Wertes wird davon ausgegangen,
dass der Arbeitnehmer 15 Tage im Monat von seiner Wohnung zur ersten
Tätigkeitsstätte fährt. Dies führt bei Arbeitnehmern, die nicht so häufig zu
ihrer ersten Tätigkeitsstätte fahren zu Nachteilen.

Der BFH hat entschieden, dass es neben bzw. anstatt der 0,03 %-Pauschal- 361
methode für die Fahrten zur ersten Tätigkeitsstätte möglich ist, einzelne un-
ternommene Fahrten zur ersten Tätigkeitsstätte zu bewerten und dass es nicht
allein darauf ankommt, dass der Arbeitnehmer mit dem Pkw zur Tätigkeitsstätte fahren kann.[1] Die Finanzverwaltung hat sich der Rechtsprechung angeschlossen.[2]

Die Entscheidung für die Einzelbewertung oder die Zuschlagsregelung ist vom 362
Arbeitgeber idealer Weise zusammen mit dem Arbeitnehmer am Jahresanfang
zu wählen. Ein unterjähriger Wechsel ist nicht möglich. Dieser kann nur erfolgen, wenn der Arbeitnehmer ein neues Fahrzeug überlassen bekommt. Wendet der Arbeitgeber weiterhin die 0,03 %-Regelung an, kann der Arbeitnehmer
in seiner privaten Einkommensteuererklärung die Bewertungsmethode wechseln und dem Finanzamt die Anzahl der tatsächlich gefahrenen Tage anhand
einer schriftlichen Aufstellung nachweisen.

Bei der Einzelbewertung ist statt der 0,03 %-Regelung jede einzelne Fahrt mit 363
0,002 % des Bruttolistenneupreises pro gefahrenen Kilometer zu bewerten.

Der Arbeitnehmer hat jeden Monat gegenüber dem Arbeitgeber zu erklären, an 364
welchen Tagen er das betriebliche Fahrzeug für die Fahrten zur ersten Tätigkeitsstätte genutzt hat. Die Aufzeichnung hat das Datum der jeweiligen Fahrten zu nennen. Die Erklärung hat der Arbeitgeber zum Lohnkonto zu nehmen.
Aufgrund dieser Erklärung hat der Arbeitgeber die Abrechnung der Fahrten
vorzunehmen, es sei denn, er hat andere Erkenntnisse. Eigene Ermittlungen
muss der Arbeitgeber nicht anstellen. Der Arbeitgeber darf die Einzelbewertung maximal für 180 Tage im Jahr vornehmen.

BEISPIEL: ► Der Arbeitnehmer darf den überlassenen Dienstwagen sowohl für Privatfahrten als auch für Fahrten zwischen Wohnung und erster Tätigkeitsstätte nutzen.

---

1 BFH, Urteil v. 22.9.2011 – VI R 54/09, BStBl 2011 II S. 354; VI R 55/09, BStBl 2011 II S. 358; VI R
  57/09, BStBl 2011 II S. 359.
2 BMF, Schreiben v. 4.4.2018, BStBl 2018 I S. 592, Rz 10.

Der Bruttolistenpreis beträgt 35.000 €. Die Entfernung zwischen Wohnung und erster Tätigkeitsstätte beträgt 40 km. Beide haben sich geeinigt, die Einzelbewertung anzuwenden.

Nach den schriftlichen Aufzeichnungen des Arbeitnehmers ist er im Jahr wie folgt zur ersten Tätigkeitsstätte mit dem Wagen gefahren:

► Januar bis Juli jeweils an 10 Tagen im Monat

► August bis Oktober jeweils an 12 Tagen im Monat

► November und Dezember jeweils 6 Tage im Monat

LÖSUNG: ► Der geldwerte Vorteil berechnet sich monatlich wie folgt:

► für die Privatfahrten: 1 % von 35.000 € = 350 € monatlich

► für die Fahrten zur ersten Tätigkeitsstätte zusätzlich jeweils für die Monate:

► Januar bis Juli: 0,002 % x 35.000 € x 40 km x 10 = 280 €

► August bis Oktober: 0,002 % x 35.000 € x 40 km x 12 = 336 €

► November/Dezember: 0,002 % x 35.000 € x 40 km x 6 = 168 €

Zum Vergleich: Bei Anwendung der 0,03 %-Regelung wäre ein zusätzlicher monatlicher geldwerter Vorteil von 420 € monatlich zu versteuern gewesen.

HINWEIS:

Der Arbeitnehmer kann für die Fahrten zur ersten Tätigkeitsstätte die Entfernungspauschale von 0,30 € für 20 Entfernungskilometer und 0,35 € für weitere 20 Entfernungskilometer in seiner Einkommensteuererklärung als Werbungskosten geltend machen.

365 Dem Arbeitgeber wurde ein Wahlrecht zur Bewertung der Fahrten eingeräumt. Dieser kann weiterhin die 0,03 %-Regelung anwenden, sollte dies aber mit seinem Arbeitnehmer abstimmen, da ein Wechsel der Bewertungsmöglichkeit für die Fahrten zur Tätigkeitsstätte innerhalb eines Kalenderjahres nicht möglich ist.

HINWEIS:

In Rz. 10 (Buchst. e) des BMF-Schreibens vom 4.4.2018 heißt es nunmehr, dass im Lohnsteuerabzugsverfahren der Arbeitgeber auf Verlangen des Arbeitnehmers zur Einzelbewertung der tatsächlichen Fahrten zwischen Wohnung und erster Tätigkeitsstätte verpflichtet ist, wenn sich aus der arbeitsvertraglichen oder einer anderen arbeits- oder dienstrechtlichen Rechtsgrundlage nichts anderes ergibt. Die Anwendung greift ab 1.1.2019. Bei einigen Arbeitgebern entsteht damit vermutlich Handlungsbedarf und es muss eine Änderung der arbeitsvertraglichen oder anderen arbeits- oder dienstrechtlichen Rechtsgrundlagen in Betracht gezogen werden, wenn der Arbeitgeber wie bisher nur die 0,03 %-Regelung anwenden möchte.

366 Im Rahmen des Veranlagungsverfahrens zur Einkommensteuer ist der Arbeitnehmer nicht an die 0,03 %-Regelung gebunden und kann zur Einzelbewertung übergehen. Der Arbeitnehmer muss dann dem Finanzamt fahrzeugbezogen

erklären, an welchen Tagen er das dienstliche Fahrzeug genutzt hat. Zudem muss er darlegen und durch Belege nachweisen, dass der Arbeitgeber die Versteuerung nach der 0,03 %-Regelung vorgenommen hat. Dieser Nachweis kann durch eine Gehaltsabrechnung erfolgen.[1]

(Einstweilen frei)   367–370

4. Abrechnung der Fahrten

Wird der Dienstwagen ausschließlich für Fahrten zwischen Wohnung und erster Tätigkeitsstätte überlassen, kann aus Vereinfachungsgründen die Zuschlagsregelung des § 8 Abs. 2 Satz 3 EStG unabhängig von der 1 %-Regelung selbständig angewendet werden.[2] Das heißt, es ist in der Abrechnung auch nur die 0,03 %-Regelung möglich. Allerdings sollte für die sonstige private Nutzung ein schriftliches Nutzungsverbot vorliegen, welches auch kontrolliert wird.   371

BEISPIEL: Der Mitarbeiter darf mit einem Vorführwagen in der Woche von Montag bis Freitag von der Werkstatt nach Hause fahren. Weitere Privatfahrten sind ihm nicht erlaubt. Der Arbeitgeber kontrolliert dies auch durch Ablesen des Kilometerstandes. Die Kilometer von der Werkstatt betragen 15 km einfache Entfernung. Der Vorführwagen hat im Monat August einen Wert von 45.000 €.

LÖSUNG: Für den Mitarbeiter ist keine Versteuerung eines privaten Nutzungswertes vorzunehmen. Er darf privat mit dem Wagen nicht privat fahren. Stattdessen ist nur die Zuschlagsregelung anzuwenden. Für den Mitarbeiter sind somit für August 0,03 % von 45.000 € x 15 km = 202,50 € als Zuschlag anzusetzen.

Die Anwendung der 0,03 %-Regelung ist ebenso ein Monatswert, wie die 1 %-Regelung. Ein durch Urlaub oder Krankheit bedingter Nutzungsausfall ist pauschal im Nutzungswert berücksichtigt.[3] Allerdings darf bei einer längeren Krankschreibung und dadurch nicht vorgenommenen Fahrten des Arbeitnehmers zur ersten Tätigkeitsstätte für einen vollen Monat vom Ansatz der 0,03 %-Regelung Abstand genommen werden. In dieser Zeit nutzt der Arbeitnehmer den Wagen nachweislich nicht für Fahrten zur ersten Tätigkeitsstätte.   372

Der Nutzungswert bei Ermittlung nach der 0,03 %-Regelung ist nicht zu erhöhen, wenn der Arbeitnehmer das Kraftfahrzeug an einem Arbeitstag mehrmals zwischen Wohnung und erster Tätigkeitsstätte benutzt.   373

Fährt der Arbeitnehmer abwechselnd zu verschiedenen Wohnungen, ist bei Anwendung der 0,03 %-Regelung der pauschale Monatswert unter Zugrunde-   374

---

1 BMF, Schreiben v. 4.4.2018, BStBl 2018 I S. 592, Rz. 10 f.
2 H 8.1 (9-10) Stichwort Fahrten zwischen Wohnung und erster Tätigkeitsstätte LStH.
3 H 8.1 (9-10) Stichwort Fahrten zwischen Wohnung und erster Tätigkeitsstätte LStH.

legung der Entfernung zur näher gelegenen Wohnung anzusetzen. Für jede Fahrt von und zu der weiter entfernt liegenden Wohnung ist zusätzlich ein pauschaler Nutzungswert von 0,002 % des inländischen Listenpreises des Kraftfahrzeugs für jeden Kilometer der Entfernung zwischen Wohnung und erster Tätigkeitsstätte dem Arbeitslohn zuzurechnen, soweit sie die Entfernung zur näher gelegenen Wohnung übersteigt.[1]

375 Ein geldwerter Vorteil für die Fahrten zwischen Wohnung und erster Tätigkeitsstätte ist nur dann nicht zu erfassen, wenn ein Arbeitnehmer ein Firmenfahrzeug ausschließlich an den Tagen für seine Fahrten zwischen Wohnung und erster Tätigkeitsstätte erhält, an denen es erforderlich werden kann, dass er dienstliche Fahrten von der Wohnung aus antritt, z. B. beim Bereitschaftsdienst in Versorgungsunternehmen.

376 Setzt der Arbeitnehmer das dienstliche Fahrzeug für Fahrten zur ersten Tätigkeitsstätte nur für Teilstrecken ein, z. B. zum Bahnhof, weil er die andere Teilstrecke regelmäßig mit der Bahn zurücklegt, beanstandet die Finanzverwaltung nicht, wenn nur die Teilstrecke zum Bahnhof bei der Versteuerung berücksichtigt wird. Voraussetzung ist allerdings, dass der Arbeitnehmer eine Jahresfahrkarte zur Benutzung der anderen Teilstrecke vorlegt oder der Arbeitgeber die Nutzung nur bis zum Bahnhof überwacht.[2]

BEISPIEL: ▶ Der Arbeitnehmer hat einen Firmenwagen zur privaten Nutzung überlassen bekommen, der einen Bruttolistenneupreis von 48.000 € hat. Er wohnt 150 km von der ersten Tätigkeitsstätte entfernt. Da die ICE-Verbindung schneller ist, nutzt er eine Jahresfahrtkarte für die Strecke vom 10 km weit entfernten Bahnhof seiner Wohnung und fährt jeden Tag mit dem ICE zum Beschäftigungsort.

LÖSUNG: ▶ Der Arbeitgeber kann für die Ermittlung des Zuschlags für die Fahrten zur ersten Tätigkeitsstätte nur die 10 km zum Bahnhof zugrunde legen, weil der Mitarbeiter die restlichen km täglich mit der Bahn zurücklegt und dies auch nachweisen kann. Es ergibt sich also ein Zuschlag von: 0,03 % von 48.000 € x 10 km = 144 € monatlich.

377–380 *(Einstweilen frei)*

---

1 BMF, Schreiben v. 4.4.2018, BStBl 2018 I S. 592, Rz. 7.
2 BMF, Schreiben v. 4.4.2018, BStBl 2018 I S. 592, Rz. 20.

5. Berücksichtigung der pauschalen Versteuerung nach § 40 Abs. 2 Satz 2 EStG

Die Möglichkeit der Pauschalbesteuerung i. H. von 15 % für Fahrtkosten- 381
zuschüsse nach § 40 Abs. 2 Satz 2 EStG ist auch bei der Gestellung eines
Dienstwagens für die Nutzung für die Fahrten zur ersten Tätigkeitsstätte
möglich.

Der Arbeitgeber darf nach § 40 Abs. 2 Satz 2 EStG in Höhe der maximalen 382
Beträge für den Werbungskostenabzug für die Fahrten mit einem PKW zwischen Wohnung und erster Tätigkeitsstätte die Kosten übernehmen und eine
Pauschalversteuerung mit 15 % zzgl. Solidaritätszuschlag und Kirchensteuer
übernehmen.

Die Berechnung erfolgt mit folgender Formel: 0,30 € x Entfernungskilometer x 383
Anzahl der Tage der Nutzung.

Damit nicht für jeden Tag eine Aufzeichnung der Fahrten durch den Arbeit- 384
geber erfolgen muss, hat die Finanzverwaltung zugelassen, dass der Arbeitgeber 15 Tage pauschal im Monat ansetzen darf.

Diesen Betrag darf der Arbeitgeber, wenn er die Pauschalversteuerung vor- 385
nimmt, vom geldwerten Vorteil für die Fahrten zwischen Wohnung und erster
Tätigkeitsstätte abziehen.

BEISPIEL: ▶ Ein Arbeitnehmer erhält zur Nutzung für Fahrten zwischen Wohnung und
Arbeitsstätte ein Firmenfahrzeug, dessen Listenpreis inkl. Sonderausstattung und
Umsatzsteuer 48.000 € beträgt. Die einfache Entfernung beträgt 25 km. Die Ermitt-
lung des geldwerten Vorteils erfolgt nach der Pauschalmethode.

LÖSUNG: ▶

Geldwerter Vorteil für die Privatnutzung (1 % von 48.000 €) =	480,00 €
Monatlicher Zuschlag Fahrten erste Tätigkeitsstätte: 0,03 % von 48.000 € × 25 km =	360,00 €
pauschalbesteuerungsfähiger Abzugsbetrag: 15 Fahrten im Monat: 0,30 € × 25 km × 15 =	112,50 €

Vom geldwerten Vorteil i. H. von 360 € für die Fahrten zwischen Wohnung und
Arbeitsstätte können 112,50 € pauschal versteuert werden und abgezogen werden.
Der geldwerte Vorteil beträgt somit 727,50 €.

(Einstweilen frei) 386–392

V. Wechsel der Versteuerungsmethode

393 Die Bewertungsmethode darf vom Arbeitgeber unterjährig nicht gewechselt werden. Ein Wechsel ist nur bei Wechsel des Fahrzeuges möglich. Zu Beginn eines jeden Kalenderjahres darf der Arbeitgeber die Bewertungsmethode für den einzelnen Arbeitnehmer wechseln.

394 Im Einkommensteuerveranlagungsverfahren ist der Arbeitnehmer nicht an die für die Erhebung der Lohnsteuer gewählte Methode gebunden und kann die Methode einheitlich für alle ihm überlassenen betrieblichen Kraftfahrzeuge für das gesamte Kalenderjahr wechseln.

BEISPIEL: Dem Arbeitnehmer wurde für Fahrten zwischen Wohnung und erster Tätigkeitsstätte ein Fahrzeug des Arbeitgebers überlassen. Der darin liegende Sachbezug wird seitens des Arbeitgebers im Rahmen des Lohnsteuerabzugsverfahrens anhand der 0,03 %-Methode ermittelt. Der Bruttolistenpreis im Zeitpunkt der Erstzulassung belief sich auf 46.000 €, die Entfernung zwischen Wohnung und erster Tätigkeitsstätte beträgt 20 km. Da es der Firma im Kalenderjahr wirtschaftlich nicht gut ging, musste X oftmals nur an zwei Tagen in der Woche arbeiten. Anhand vom Arbeitnehmer geführter Aufzeichnungen (durch den Arbeitgeber bestätigt; mit Datumsangabe) ergibt sich, dass nur an 130 Tagen Fahrten zwischen Wohnung und erster Tätigkeitsstätte durchgeführt worden sind.

LÖSUNG: Im Rahmen des Lohnsteuerabzugsverfahrens ermittelt sich der geldwerte Vorteil wie folgt:

0,03 % x 46.000 € x 20 Entfernungskilometer x 12 Monate = 3.312 €

Bei der Einkommensteuererklärung kann der Bruttoarbeitslohn jedoch gemindert werden, da der tatsächliche geldwerte Vorteil:

0,002 % x 46.000 € x 20 km x 130 Arbeitstage = 2.392 € beträgt. Somit ist der vom Arbeitgeber bescheinigte Bruttoarbeitslohn um 920 € zu mindern.

395 Die Entscheidung für eine Bewertungsmethode muss der Arbeitgeber nicht für alle Arbeitnehmer einheitlich treffen. Sie kann pro Arbeitnehmer getroffen werden.

396 Der Arbeitnehmer hat auch keinen Anspruch auf die Wahl der Bewertungsmethode, bis auf die Ausnahme ab 1.1.2019 für die Fahrten zur ersten Tätigkeitsstätte (siehe Rz. 365).

397 In folgenden Fällen kann eine taggenaue Ermittlung (begrenzt auf 180 Tage im Kalenderjahr) des geldwerten Vorteils anhand der 0,002 %-Methode günstiger sein:

▶ Aufgrund vieler Krankheitstage sind die tatsächlichen Arbeitstage gering. Dabei ist jedoch zu beachten, dass in den Fällen, in denen im gesamten Monat eine Arbeitsunfähigkeit vorlag, kein geldwerter Vorteil anzusetzen ist.

▶ Ein Arbeitnehmer ist vorwiegend im Außendienst tätig. Nur an zwei bis drei Tagen in der Woche wird die Arbeit an der ersten Tätigkeitsstätte ausgeübt.

▶ Der Arbeitnehmer nimmt aufgrund von Weiterbildungsmaßnahmen etc., an verhältnismäßig vielen Fortbildungen im Kalenderjahr teil. Dadurch verringert sich die tatsächliche Arbeitszeit.

(Einstweilen frei) 398–404

VI. Zuzahlung des Arbeitnehmers (Nutzungsentgelt)

Häufig ist zwischen Arbeitgeber und Arbeitnehmer geregelt, dass Arbeitnehmer für die private Nutzung des Firmenwagens selbst einen Beitrag tragen müssen. Dies kann z. B. eine einmalige Zuzahlung zu den Anschaffungskosten des Firmenwagens sein, da der Arbeitnehmer z. B. eine besondere Sonderausstattung haben möchte, die der Arbeitgeber nicht erstattet. Es kann sich aber auch um laufende monatliche Zuzahlungen handeln, weil der Arbeitgeber nur ein bestimmtes monatliches Budget für das Fahrzeug zur Verfügung stellt.   405

Die zwingend vorgeschriebene Bewertung nach der 1 %-Regelung, sofern nicht von der Möglichkeit, ein Fahrtenbuch zu führen, Gebrauch gemacht wird, kann nicht durch Zahlung eines Nutzungsentgelts vermieden werden, selbst wenn dieses als angemessen anzusehen ist.   406

Unterschieden wird zwischen einmaligen und laufenden Zuzahlungen des Arbeitnehmers.   407

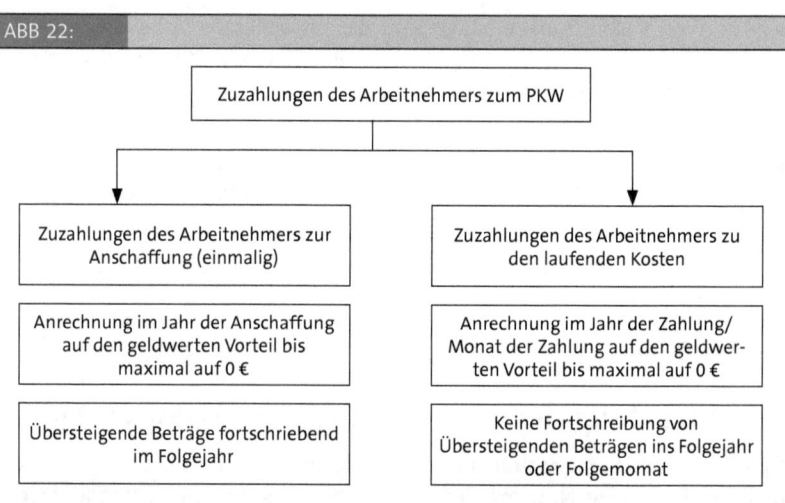

ABB 22:

Zuzahlungen des Arbeitnehmers zum PKW

Zuzahlungen des Arbeitnehmers zur Anschaffung (einmalig)	Zuzahlungen des Arbeitnehmers zu den laufenden Kosten
Anrechnung im Jahr der Anschaffung auf den geldwerten Vorteil bis maximal auf 0 €	Anrechnung im Jahr der Zahlung/ Monat der Zahlung auf den geldwerten Vorteil bis maximal auf 0 €
Übersteigende Beträge fortschreibend im Folgejahr	Keine Fortschreibung von Übersteigenden Beträgen ins Folgejahr oder Folgemomat

408–410   *(Einstweilen frei)*

1. Einmalige Zuzahlung des Arbeitnehmers zur Anschaffung

411   Leistet der Arbeitnehmer eine Zuzahlung zu den Anschaffungskosten des Pkws (z. B. weil er ein höherwertiges Fahrzeug oder eine bestimmte Sonderausstattung wünscht), so können diese Zuzahlungen im Kalenderjahr der Zahlung auf den geldwerten Vorteil für Privatfahrten, für Fahrten zwischen Wohnung und erster Tätigkeitsstätte sowie für steuerpflichtige Familienheimfahrten angerechnet werden. Die Zuzahlungen führen also zu einer Minderung des berechneten geldwerten Vorteils.

412   Die Anrechnung erfolgt im Jahr der Anschaffung bis auf 0 € des geldwerten Vorteils. Die nicht verbrauchten Zuzahlungen können in den auf das Zahlungsjahr folgenden Kalenderjahren jeweils bis zur Höhe von 0 € auf den geldwerten Vorteil angerechnet werden. Eine Minderung des geldwerten Vorteils ist aber nur so lange möglich, wie dem Arbeitnehmer dieser Firmenwagen auch noch zur privaten Nutzung überlassen wird.

> **BEISPIEL:** ▶ Der nach der 1 %-Regelung ermittelte geldwerte Vorteil beträgt 4.000 €. Der Arbeitnehmer hat 2018 eine Zuzahlung zu den Anschaffungskosten von 3.000 € geleistet. Der geldwerte Vorteil beträgt im Zahlungsjahr 1.000 €, da er sich aufgrund der Anrechnung der Eigenzahlung von 3.000 € mindert.

ABWANDLUNG: ► Die Zuzahlung beträgt 6.000 €. Im Zuzahlungsjahr beträgt der geldwerte Vorteil 0 €. Der übersteigende Betrag von 2.000 € ist auf den geldwerten Vorteil im folgenden Jahr anzurechnen, wenn das Fahrzeug auch hier weiter genutzt wird. Wird das Fahrzeug im Folgejahr gewechselt, fällt der restliche Betrag ersatzlos weg.

Dies gilt auch bei vom Arbeitnehmer übernommenen Leasingraten oder Leasingsonderzahlungen. 413

(Einstweilen frei) 414–417

2. Laufende Zuzahlung des Arbeitnehmers

Laufende monatliche Zuzahlungen des Arbeitnehmers sind sowohl bei der 418
Fahrtenbuchmethode als auch bei der 1 %-Methode zu berücksichtigen. Hierbei ist es gleichgültig, ob es sich um Pauschalzahlungen (z. B. monatlich ein festgelegter Betrag) oder um ein pauschales Kilometergeld handelt. Wie der Arbeitgeber den Pauschalbetrag kalkuliert hat, ist von der Berücksichtigung beim geldwerten Vorteil unabhängig. Auch vom Arbeitnehmer übernommene Einzelkosten für den PKW (z. B. einzelne Tankkosten) zählen dazu.

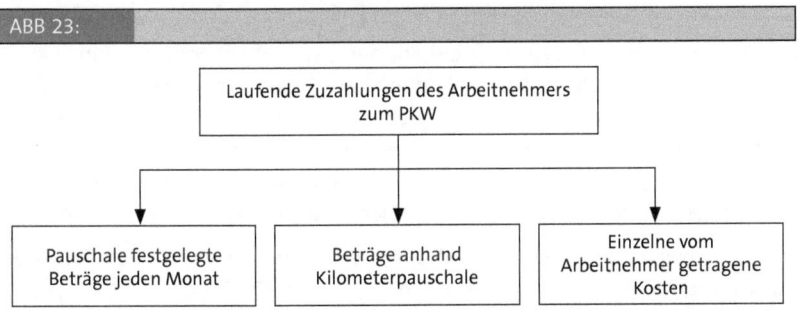

ABB 23:

Das BMF hat mit Schreiben v. 4.4.2018 zur lohnsteuerlichen Behandlung vom 419
Arbeitnehmer selbst getragener Aufwendungen bei der Überlassung eines betrieblichen Kraftfahrzeugs Stellung genommen.

Die Finanzverwaltung reagiert damit auf Urteile des BFH. In den Urteilen be- 420
stätigten die Richter zunächst ihre Rechtsprechung, nach der ein vom Arbeitnehmer gezahltes Nutzungsentgelt für die Nutzung eines betrieblichen Kfz zu privaten Fahrten und zu Fahrten zwischen Wohnung und regelmäßiger Ar-

beitsstätte/erste Tätigkeitsstätte den geldwerten Vorteil aus der privaten Nutzung eines Firmenwagens mindert.[1]

421 Dies gilt nach den Urteilen auch, wenn der Arbeitnehmer im Rahmen der privaten Nutzung einzelne (individuelle) Kosten (hier: z. B. Kraftstoffkosten) des betrieblichen PKW trägt. Hier fehlt es bereits dem Grunde nach an einem lohnsteuerbaren Vorteil des Arbeitnehmers. Der Gesetzgeber ist sowohl bei der Bewertung des Nutzungsvorteils nach der Fahrtenbuchmethode als auch bei dessen Bemessung nach der 1 %-Regelung davon ausgegangen, dass der Arbeitgeber dem Arbeitnehmer einen Vorteil als Arbeitslohn dadurch zuwendet, dass er ihm ein Kfz zur Privatnutzung zur Verfügung stellt und alle mit dem Kfz verbundenen Kosten trägt.

422 Eine vorteilsmindernde Berücksichtigung der vom Arbeitnehmer selbst für den betrieblichen PKW getragenen Aufwendungen kommt allerdings nur in Betracht, wenn der Arbeitnehmer den geltend gemachten PKW-bezogenen Aufwand im Einzelnen darlegt und belastbar nachweist. Insoweit trifft ihn die objektive Feststellungslast. Der Arbeitnehmer muss folglich alle Belege der Kosten, die er trägt, aufbewahren und sammeln.

423 In einem weiteren Urteil bestätigten die Richter noch einmal, dass das vom Arbeitnehmer gezahlte Nutzungsentgelt den dem Arbeitnehmer zuzurechnenden Sachbezug aus der privaten Nutzung des Firmenwagens bis zu einem Betrag von 0 € mindert. Es führe aber weder zu negativem Arbeitslohn (Verlust) noch zu weiteren Werbungskosten bei den Einkünften aus Arbeitslohn, soweit es den Nutzungsvorteil übersteige. Der Ansatz eines (negativen) geldwerten Vorteils (geldwerten Nachteils) aus der Dienstwagenüberlassung scheidet aus.[2]

424 Die Finanzverwaltung vertritt in ihrem BMF-Schreiben v. 4.4.2018 folgende Auffassung:[3]

▶ Zahlt der Arbeitnehmer ein Nutzungsentgelt an den Arbeitgeber für die private Nutzung des Dienstwagens, mindert dies den ermittelten geldwerten Vorteil.

▶ Nutzungsentgelt ist sowohl bei der pauschalen (Prozentregelung) als auch bei der individuellen Ermittlungsmethode (Fahrtenbuch)

---

1 BFH, Urteil v. 30.11.2016 – VI R 2/15, BStBl 2017 II S. 1014.
2 BFH, Urteil v. 30.11.2016 – VI R 49/14, BStBl 2017 II S. 1011.
3 BMF, Schreiben v. 4.4.2018, BStBl 2018 I S. 592, Rz. 49.

– ein arbeitsvertraglich oder aufgrund einer anderen arbeits- oder dienstrechtlichen Rechtsgrundlage vereinbarter nutzungsunabhängiger pauschaler Betrag (z. B. Monatspauschale),

– ein arbeitsvertraglich oder aufgrund einer anderen arbeits- oder dienstrechtlichen Rechtsgrundlage vereinbarter an den gefahrenen Kilometern
ausgerichteter Betrag (z. B. Kilometerpauschale), die arbeitsvertraglich
oder aufgrund einer anderen arbeits- oder dienstrechtlichen Rechtsgrundlage vom Arbeitnehmer übernommenen Leasingraten,

– und bei der pauschalen Nutzungswertmethode die arbeitsvertraglich
oder aufgrund einer anderen arbeits- oder dienstrechtlichen Rechtsgrundlage vereinbarte vollständige oder teilweise Übernahme einzelner
Kraftfahrzeugkosten durch den Arbeitnehmer.

▶ Dies gilt, so die Finanzverwaltung, auch für einzelne Kraftfahrzeugkosten,
die zunächst vom Arbeitgeber verauslagt und anschließend dem Arbeitnehmer weiterbelastet werden oder, wenn der Arbeitnehmer zunächst pauschale Abschlagszahlungen leistet, die zu einem späteren Zeitpunkt nach
den tatsächlich entstandenen Kraftfahrzeugkosten abgerechnet werden.

▶ Zu den einzelnen Kraftfahrtkosten zählen z. B.:

– Treibstoffkosten,

– Wartungs- und Reparaturkosten,

– Kraftfahrzeugsteuer,

– Beiträge für Halterhaftpflicht- und Fahrzeugversicherungen,

– Garagen-/Stellplatzmiete, Aufwendungen für Anwohnerparkberechtigungen,

– Aufwendungen für die Wagenpflege/-wäsche,

– Ladestrom.

▶ Unberücksichtigt bleiben Kosten, die nicht zu den Gesamtkosten des Kraftfahrzeugs gehören, z. B.:

– Fahrkosten,

– Straßen- oder Tunnelbenutzungsgebühren (Vignetten, Mautgebühren),

– Parkgebühren,

– Aufwendungen für Insassen- und Unfallversicherungen,

– Verwarnungs-, Ordnungs- und Bußgelder.

► Bei der Fahrtenbuchmethode fließen vom Arbeitnehmer selbst getragene individuelle Kraftfahrzeugkosten nicht in die Gesamtkosten ein und erhöhen damit nicht den individuellen Nutzungswert (siehe Rz. 513).

► Zahlt der Arbeitnehmer ein pauschales Nutzungsentgelt, ist der individuelle Nutzungswert um diesen Betrag zu kürzen.

► Es wird nicht beanstandet, wenn bei der Fahrtenbuchmethode vom Arbeitnehmer selbst getragene Kosten in die Gesamtkosten i. S. von § 8 Abs. 2 Satz 4 EStG einbezogen und wie bei der pauschalen Nutzungswertmethode als Nutzungsentgelt behandelt werden (siehe Rz. 506).

► Barlohnverzicht im Rahmen der Gehaltsumwandlung ist kein Nutzungsentgelt.

► Übersteigt das Nutzungsentgelt den geldwerten Vorteil führt dies nicht zu negativem Arbeitslohn oder Werbungskosten. Zuzahlungen zum Anschaffungspreis mindern weiterhin den geldwerten Vorteil.

425   Die Berücksichtigung der einzelnen getragenen Kosten des Arbeitnehmers, z. B. Tankkosten im Urlaub des Mitarbeiters, die der Arbeitgeber nicht übernimmt, führt dazu, dass sich der geldwerte Vorteil jeden Monat ändert, wenn diese monatlich berücksichtigt werden.

BEISPIEL: ► Der Mitarbeiter hat einen Firmenwagen zur privaten Nutzung erhalten mit einem Bruttolistenneupreis von 50.000 €. Der Mitarbeiter darf im Urlaub nicht mit der Firmenkreditkarte tanken und die Kosten selbst tragen. Er darf die übernommenen Kosten nicht beim Arbeitgeber abrechnen. Im Skiurlaub fährt der Mitarbeiter nach Österreich und tankt dort für 65 € privat. Den Tankbeleg legt er nach Rückkehr aus dem Urlaub seinem Arbeitgeber vor.

LÖSUNG: ► Der geldwerte Vorteil nach der Pauschalmethode ist zu kürzen um 65 €. 1 % x 50.000 € − 65 € = 435 € monatlicher geldwerter Vorteil.

ABWANDLUNG: ► Der Arbeitnehmer muss alle Kosten übernehmen und hat im Monat Kosten für Tanken, Wäsche und Reparatur von 600 €. Der geldwerte Vorteil ist zu mindern um die Aufwendungen. Es entsteht aber kein negativer Arbeitslohn. Die Minderung ist bis auf 0 € vorzunehmen.

HINWEIS:

Die Anrechnung der individuellen Kraftfahrzeugkosten ist im Lohnsteuerabzugsverfahren verpflichtend, wenn sich aus der arbeitsvertraglichen oder einer anderen arbeits- oder dienstrechtlichen Rechtsgrundlage nichts anderes ergibt.[1] Dies bedeutet: die Arbeitgeber müssen die Anrechnung der selbst getragenen Kosten, die nicht als Auslagen erstattet werden, im Lohnsteuerabzug explizit in ihren Dienstwagenrichtlinien und Vereinbarungen ausschließen. Nimmt der Arbeitgeber den Ausschluss vor, kann der Arbeit-

---

1 BMF, Schreiben v. 4.4.2018, BStBl 2018 I S. 592, Rz. 58.

nehmer die übernommenen Kosten in der Einkommensteuerveranlagung beim Finanzamt einreichen und den geldwerten Vorteil dadurch mindern.

BEISPIEL ZUR KILOMETERPAUSCHALE: ▶ In der Nutzungsüberlassungsvereinbarung ist geregelt, dass der Arbeitnehmer ein Nutzungsentgelt i. H. von 0,20 € je privat gefahrenen Kilometer zu zahlen hat. Es handelt sich um ein anzurechnendes Nutzungsentgelt. Der Mitarbeiter fährt in einem Monat nachweislich 200 km privat. Der geldwerte Vorteil ist um 40 € zu mindern, da die 40 € vom Arbeitgeber im Rahmen der Lohnabrechnung einbehalten werden.

BEISPIEL ZUR ÜBERNAHME EINZELNER KOSTEN (AUS DEM BMF-SCHREIBEN): ▶ In der Nutzungsüberlassungsvereinbarung ist geregelt, dass der Arbeitnehmer die gesamten Treibstoffkosten zu zahlen hat. Die Kostenübernahme durch den Arbeitnehmer ist ein anzurechnendes Nutzungsentgelt.

Der Arbeitnehmer muss für die Anrechnung im Lohnsteuerabzug gegenüber dem Arbeitgeber jährlich fahrzeugbezogen schriftlich die Höhe der individuellen Kraftfahrzeugkosten und die Gesamtfahrleistung des Kraftfahrzeugs erklären und im Einzelnen umfassend darlegen und belastbar nachweisen.   426

Der Arbeitgeber hat aufgrund dieser Erklärungen und Belege des Arbeitnehmers den Lohnsteuerabzug durchzuführen, sofern der Arbeitnehmer nicht erkennbar unrichtige Angaben macht. Ermittlungspflichten des Arbeitgebers ergeben sich hierdurch nicht. Die Erklärungen und Belege des Arbeitnehmers hat der Arbeitgeber im Original zum Lohnkonto zu nehmen.   427

Die Finanzverwaltung beanstandet nicht, wenn für den Lohnsteuerabzug zunächst vorläufig fahrzeugbezogen die Erklärung des Vorjahres zugrunde gelegt wird.[1]   428

BEISPIEL: ▶ Der Arbeitnehmer hat einen Dienstwagen, den er privat nutzen darf. Nach der Vereinbarung mit dem Arbeitgeber muss er einzelne Kosten selbst tragen, die er nicht vom Arbeitgeber erstattet bekommt. Der Arbeitgeber rechnet die Kosten, die der Arbeitnehmer nachweist am Ende des Jahres gegen den versteuerten geldwerten Vorteil. Im Folgejahr möchte er die Werte monatlich berücksichtigen. Er kann aus Vereinfachungsgründen den Wert aus dem Vorjahr zwölfteln und monatlich berücksichtigen. Am Jahresende muss er sich vom Arbeitnehmer alle Belege vorlegen lassen und ggf. den Abzug korrigieren (mindern oder erhöhen).

Der Arbeitnehmer kann die individuellen Kraftfahrzeugkosten auch im Veranlagungsverfahren geltend machen, wenn der Arbeitgeber dies nicht im Lohnsteuerabzug vornimmt. Dazu muss der Arbeitnehmer die Nutzungsvereinbarung vorlegen und fahrzeugbezogen darlegen, wie der Arbeitgeber den Nutzungswert ermittelt und versteuert hat (z. B. Gehaltsabrechnung, die die Er-   429

---

1 BMF, Schreiben v. 4.4.2018, BStBl 2018 I S. 592, Rz. 59.

mittlung und Besteuerung des Nutzungswerts erkennen lässt; Bescheinigung des Arbeitgebers) sowie schriftlich die Höhe der von ihm selbst getragenen individuellen Kraftfahrzeugkosten und die Gesamtfahrleistung des Kraftfahrzeuges im Kalenderjahr umfassend darlegen und belastbar nachweisen.[1]

> **BEISPIEL:** ▶ Der Mitarbeiter hat einen Firmenwagen zur privaten Nutzung erhalten mit einem Bruttolistenneupreis von 50.000 €. Der Mitarbeiter darf im Urlaub nicht mit der Firmenkreditkarte tanken und die Kosten selbst tragen. Er darf die übernommenen Kosten nicht beim Arbeitgeber abrechnen und der Arbeitgeber hat auch die Gegenrechnung im monatlichen Lohnsteuerabzug in seiner Dienstwagenrichtlinie ausgeschlossen. Der Mitarbeiter hat über das Jahr Kosten für den PKW i. H. von 600 € selbst übernommen.

> **LÖSUNG:** ▶ Der geldwerte Vorteil nach der Pauschalmethode ist zu kürzen um 600 €. 1 % x 50.000 € x 12 − 600 € = 5.400 € jährlicher geldwerter Vorteil.

430 Die Berücksichtigung der selbst getragenen Kosten durch den Arbeitgeber ist für den Arbeitnehmer vorteilhaft, da durch die Minderung des geldwerten Vorteils das sozialversicherungspflichtige Entgelt gemindert wird.

431–436 *(Einstweilen frei)*

VII. Nutzung des Firmenwagens im Rahmen der doppelten Haushaltsführung

437 Häufig erhalten Mitarbeiter einen Firmenwagen, die ihren Hauptwohnsitz nicht am Ort der ersten Tätigkeitsstätte haben, in der Woche am Ort der ersten Tätigkeitsstätte übernachten und somit einen doppelten Haushalt führen. Für die Mitarbeiter gilt bei der Besteuerung der privaten Fahrten das bereits oben erörterte.

438 Für die Berechnung des Zuschlags für die Fahrten zur ersten Tätigkeitsstätte sind die Kilometer von der Wohnung am Beschäftigungsort zur ersten Tätigkeitsstätte anzusetzen.

> **BEISPIEL:** ▶ Der Mitarbeiter hat einen Firmenwagen zur privaten Nutzung erhalten mit einem Bruttolistenneupreis von 50.000 €. Sein Beschäftigungsort ist in Düsseldorf. Sein Lebensmittelpunkt mit eigenem Haushalt ist in München. Die Entfernung von der Wohnung in Düsseldorf zur ersten Tätigkeitsstätte betragen 15 km. Der Arbeitgeber ermittelt den geldwerten Vorteil nach der Pauschalmethode zuzüglich Zuschlag.

---

1 BMF, Schreiben v. 4.4.2018, BStBl 2018 I S. 592, Rz. 60.

LÖSUNG: Der geldwerte Vorteil ergibt sich wie folgt:

1 % von 50.000 € = 500 €

0,03 % von 50.000 € x 15 km = 225 €

Den Arbeitnehmern im Rahmen einer doppelten Haushaltsführung ist es häu- 439
fig erlaubt, mit dem dienstlichen PKW zum Hauptwohnsitz zu fahren. Bei wöchentlichen Familienheimfahrten mit einem Firmenwagen wird kein weiterer
geldwerter Vorteil bzw. Zuschlag angesetzt, da ein Arbeitnehmer – würde er
für die wöchentlichen Fahrten einen eigenen PKW nutzen – die Entfernungspauschale beanspruchen könnte (§ 8 Abs. 2 Satz 5 EStG).

Fährt der Arbeitnehmer mit dem Firmenwagen mehr als einmal in der Woche 440
an den Ort des eigenen Hausstands, entsteht ein zusätzlicher geldwerter Vorteil, der mit 0,002 % des Bruttolistenpreises je einfachen Entfernungskilometer
zwischen Beschäftigungsort und Ort des eigenen Hausstandes zu ermitteln ist.

BEISPIEL: Der Arbeitnehmer lebt in einer doppelten Haushaltsführung. Er nutzt einen
Firmenwagen auch für Privatfahrten. Der Bruttolistenneupreis beträgt 40.000 €. Sein
Beschäftigungsort liegt vom Ort des Lebensmittelpunktes 200 km entfernt. Normal
fährt er jede Woche zum Lebensmittelpunkt. 4-mal im Jahr ist er zusätzlich in der
Woche ein weiteres Mal nach Hause gefahren.

LÖSUNG: Die Fahrten sind mit 0,002 % von 40.000 € x 200 km zu berechnen. Für jede
Fahrt ergibt sich ein Wert von 160 €. Insgesamt ist ein zusätzlicher geldwerter Vorteil
von 640 € zu versteuern.

(Einstweilen frei) 441–445

VIII. Obergrenze Gesamtkosten

Der Betrag, der als Anteil für die private PKW-Nutzung zu versteuern ist, soll 446
nicht höher sein, als die entstandenen Kfz-Kosten.[1] Es wird dafür eine Kontroll-
rechnung erstellt, die sog. Deckelung. Wird im Einzelfall nachgewiesen, dass
die entstandenen Kfz-Kosten niedriger sind, ist der pauschale Nutzungswert
höchstens mit dem Betrag der Gesamtkosten des Kraftfahrzeugs anzusetzen.[2]

Bei der Ermittlung des privaten Nutzungswerts nach den für das Kraftfahrzeug 447
insgesamt entstehenden Aufwendungen ist für den PKW von einer AfA von
12,5 % der Anschaffungskosten entsprechend einer achtjährigen Gesamtnutzungsdauer auszugehen.[3]

---

1 BFH, Urteil v. 18.9.2012 – VIII R 28/0, BStBl 2003 II S. 120.
2 BMF, Schreiben v. 4.4.2018, BStBl 2018 I S. 592, Rz. 4.
3 BFH, Urteil v. 29.3.2005 – IX B 174/03, BStBl 2006 II S. 368.

448 Zu den Gesamtkosten nach R 8.1 Abs. 9 Nr. 2 Satz 9 LStR gehören z. B. Betriebs- stoffkosten, Wartungs- und Reparaturkosten, Kraftfahrzeugsteuer, Halterhaft- pflicht- und Fahrzeugversicherungen, Leasing- und Leasingsonderzahlungen (anstelle der Absetzung für Abnutzung), Garagen-/Stellplatzmiete, Aufwen- dungen für Anwohnerparkberechtigungen.

449 Nicht zu den Gesamtkosten gehören neben den in R 8.1 Abs. 9 Nr. 2 Satz 11 genannten Kosten, z. B. Aufwendungen für Insassen- und Unfallversicherun- gen, Verwarnungs-, Ordnungs- und Bußgelder.

> **BEISPIEL:** Der Arbeitnehmer nutzt einen Dienstwagen mit einem Bruttolistenpreis von 40.000 €. Die Entfernung zur ersten Tätigkeitsstätte beträgt 25 km. Die Gesamt- kosten betragen im Jahr 5.000 €, weil das Fahrzeug bereits abgeschrieben ist.

> **LÖSUNG:** Die Ermittlung des geldwerten Vorteils sieht wie folgt aus:
>
> 1 % von 40.000 € x 12 = 4.800 €
>
> Fahrten Wohnung – erste Tätigkeitsstätte: 0,03 % von 40.000 € x 25 km = 300 € x 12 = 3.600 €.
>
> Gesamt: 8.400 €. Die jährlichen Gesamtkosten sind niedriger, so dass der zu versteu- ernde geldwerte Vorteil begrenzt wird auf 5.000 €.

450–455 *(Einstweilen frei)*

IX. Mehrere Fahrzeuge für den Arbeitnehmer

456 Nutzt ein Arbeitnehmer mehrere Fahrzeuge ist der geldwerte Vorteil für die Privatfahrten für jedes Fahrzeug einzeln zu ermitteln. Für die Fahrten zur ers- ten Tätigkeitsstätte ist auf das Fahrzeug abzustellen, welches der Arbeitneh- mer überwiegend im Monat genutzt hat.

457–458 *(Einstweilen frei)*

X. Individuelle Nutzungswertermittlung – Fahrtenbuch

459 Als Alternative zur pauschalen Wertermittlung kann der geldwerte Vorteil mit den auf die Privatnutzung entfallenden anteiligen Kosten angesetzt werden, wenn das Verhältnis der dienstlichen Fahrten zu den privaten Fahrten durch ein ordnungsgemäßes Fahrtenbuch nachgewiesen wird.[1] Die Entscheidung ist jährlich zu treffen.

---

1 R 8.1 Abs. 9 Nr. 2 LStR.

Die individuelle Nutzungswertmethode (Fahrtenbuchmethode) ist in § 8 Abs. 2   460
Satz 4 EStG sowie R 8.1 Abs. 9 Nr. 2 LStR geregelt. Durch das Fahrtenbuch wird
das Verhältnis der privaten Fahrten zu der Gesamtfahrleistung ermittelt.

Wird das Kraftfahrzeug sowohl für Privatfahrten als auch für Fahrten zwischen   461
Wohnung und erster Tätigkeitsstätte überlassen, kann die individuelle Nutzungswertermittlung weder auf Privatfahrten noch auf Fahrten zwischen
Wohnung und erster Tätigkeitsstätte beschränkt werden. Die Ermittlung ist
einheitlich vorzunehmen.

(Einstweilen frei)   462–464

1. Inhalt Fahrtenbuch

An ein ordnungsgemäßes Fahrtenbuch stellen sowohl die Finanzverwaltung   465
als auch die Rechtsprechung hohe Anforderungen. Im Fahrtenbuch müssen
alle dienstlichen und privat zurückgelegten Strecken fortlaufend, inkl. des Ge-
samtkilometerstandes am Ende der jeweiligen Fahrten eingetragen werden.

Es ist nicht ausreichend, das Fahrtenbuch nur für einen bestimmten Zeitraum   466
zu führen. Ebenfalls müssen die Eintragungen zeitnah vorgenommen werden.
Das Fahrtenbuch muss zudem in gebundener Form vorgelegt werden.[1]

Ein Fahrtenbuch soll die Zuordnung von Fahrten zur betrieblichen und beruf-   467
lichen Sphäre darstellen und ermöglichen. Es muss laufend geführt werden
und die berufliche Veranlassung plausibel erscheinen lassen und ggf. eine
stichprobenartige Nachprüfung ermöglichen. Ein Verweis auf ergänzende Unterlagen (wie Kalender) ist nur zulässig, wenn der geschlossene Charakter des
Fahrtenbuches dadurch nicht beeinträchtigt wird.[2]

Das Fahrtenbuch muss zeitnah, d. h. innerhalb von sieben Tagen, geführt wer-   468
den.

Für Privatfahren genügen Kilometerangaben. Ziel und Start müssen nicht an-   469
gegeben werden.[3]

Bei dienstlichen Fahrten sind gemäß R 8.1 Abs. 9 Nr. 2 Satz 3 LStR folgende   470
Angaben im Fahrtenbuch zu tätigen:[4]

---

1 NWB-Arbeitshilfe März 2016, Mandanten-Merkblatt: Fahrtenbücher richtig führen, NWB
  WAAAE-37243.
2 BFH, Urteil v. 16.3.2006 – VI R 87/04, BStBl 2006 II S. 625.
3 BMF, Schreiben v. 18.11.2009, BStBl 2009 I S. 1326, Rz. 29.
4 BMF, Schreiben v. 18.11.2009, BStBl 2009 I S. 1326, Rz. 24.

▶ Datum, Kilometerstand zu Beginn und Ende der jeweiligen Fahrt.

▶ Reiseziel/-route. Die Benutzung der verkehrsgünstigeren statt der kürzesten Straßenverbindung laut Routenplaner muss grundsätzlich nicht erläutert werden. Stark schwankende Entfernungsangaben bei wiederholten Fahrten zu demselben Ziel sollten erläutert werden.[1]

▶ Namen und Anschriften der aufgesuchten Kunden und Geschäftspartner.

▶ Reisezweck

▶ Km-Angaben für Privatfahrten (einschließlich der Fahrten zwischen Wohnung und erster Betriebsstätte/Tätigkeitsstätte sowie Familienheimfahrten). Ausreichend ist hier das Kennzeichen „privat". Auch Angaben zum Datum müssen nicht gemacht werden.

471 Fahrten zwischen Wohnung und erster Tätigkeitsstätte sind ebenfalls als solche zu kennzeichnen.[2] Der Übergang von einer dienstlichen in eine private Fahrt ist auch zu kennzeichnen.

472 Die Anforderungen an die Reiseroute sind nicht erfüllt, wenn als Fahrtziele jeweils nur Straßennamen angegeben sind, selbst wenn diese Angaben anhand nachträglich erstellter Auflistungen präzisiert werden sollten. Teilabschnitte einer einheitlichen Reise können mit einer zusammenfassenden Eintragung verbunden werden, wenn einzelne aufgesuchte Kunden in der zeitlichen Reihenfolge aufgeführt werden.[3]

473 Ein Fahrtenbuch ist auch dann nicht ordnungsgemäß, wenn in ihm keine Straßen, sondern lediglich Namen von Unternehmen angegeben werden, die in einer Vielzahl von Filialen im Stadtgebiet vertreten sind. Denn auch in diesem Fall lässt sich unter Hinziehung der angegebenen Gesamtkilometer für solche Fahrten das Fahrtziel nicht konkretisieren, sondern lediglich der Umkreis bestimmen, in dem der mögliche Kunde oder Geschäftspartner ansässig ist und hätte besucht werden können. Bloße Orts- oder Straßenangaben genügen nur, wenn sich der aufgesuchte Kunde oder Geschäftspartner hieraus zweifelsfrei ergibt oder in einfacher Weise ermittelt werden kann.[4]

474 Aufgrund der Eintragungen ist das Verhältnis der Privat- zu den dienstlichen Fahrten zu ermitteln. Der ermittelte Prozentsatz ist auf die Gesamtkosten des Pkw anzuwenden und als private Nutzung zu versteuern.

---

1 BFH, Urteil v. 14.3.2012 – VIII B 120/11, BFH/NV 2012 S. 949 NWB CAAAE-08755.
2 R 8.1 Abs. 9 Nr. 2 Satz 4 LStR.
3 BFH, Urteil v. 16.3.2006 – VI R 87/04, BStBl 2006 II S. 625.
4 BFH, Urteil v. 1.3.2012 – VI R 33/10, BStBl 2012 II S. 50.

Der Aufwand, ein Fahrtenbuch zu führen, lohnt sich in der Regel nur, wenn der private Nutzungsanteil einen sehr geringen Anteil einnimmt und das Fahrzeug einen hohen Bruttolistenpreis hat.

Für jedes Kraftfahrzeug sind die insgesamt entstehenden Aufwendungen und das Verhältnis der privaten zu den übrigen Fahrten gesondert nachzuweisen. Stehen einem Arbeitnehmer gleichzeitig mehrere Kraftfahrzeuge zur Verfügung und führt er nur für einzelne Kraftfahrzeuge ein ordnungsgemäßes Fahrtenbuch, kann er für diese den Nutzungswert individuell ermitteln, während der Nutzungswert für die anderen PKWs mit monatlich 1 % des Listenpreises anzusetzen ist.[1]   475

Kleinere Mängel im Fahrtenbuch führen nicht zur Verwerfung des Fahrtenbuches, wenn die Angaben insgesamt plausibel sind.[2]   476

Kann kein ordnungsgemäßes Fahrtenbuch vorgelegt werden, ist der geldwerte Vorteil nach der 1 %-Regelung zu bewerten. Eine Schätzung des Privatanteils anhand anderer Aufzeichnungen kommt nicht in Betracht. Die Versteuerung erfolgt ggf. nachträglich im Rahmen der Lohnsteueraußenprüfung.   477

(Einstweilen frei)   478–482

2. Ausnahmen vom Fahrtenbuch

Auf einzelne in R 8.1 Abs. 9 Nr. 2 LStR geforderte Angaben kann verzichtet werden, soweit wegen der besonderen Umstände im Einzelfall die erforderliche Aussagekraft und Überprüfungsmöglichkeit nicht beeinträchtigt wird.   483

Bei Automatenlieferanten, Kurierdienstfahrern, Handelsvertretern, Kundendienstmonteuren und Pflegedienstmitarbeitern mit täglich wechselnden Auswärtstätigkeiten reicht es z. B. aus, wenn sie angeben, welche Kunden sie an welchem Ort aufsuchen. Angaben über die Reiseroute und zu den Entfernungen zwischen den Stationen einer Auswärtstätigkeit sind nur bei größerer Differenz zwischen direkter Entfernung und tatsächlicher Fahrtstrecke erforderlich.[3]   484

Bei Fahrten eines Taxifahrers im sog. Pflichtfahrgebiet ist es in Bezug auf Reisezweck, Reiseziel und aufgesuchte Geschäftspartner ausreichend, täglich zu Be-   485

---

1 BFH, Urteil v. 3.8.2000 – III R 2/00, BStBl 2001 II S. 332.
2 BFH, Urteil v. 10.4.2008 – VI R 38/06, BStBl 2008 II S. 768.
3 BMF, Schreiben v. 4.4.2018, BStBl 2018 I S. 592, Rz. 27.

ginn und Ende der Gesamtheit dieser Fahrten den Kilometerstand anzugeben mit der Angabe „Taxifahrten im Pflichtfahrgebiet" o. Ä. Wurden Fahrten durchgeführt, die über dieses Gebiet hinausgehen, kann auf die genaue Angabe des Reiseziels nicht verzichtet werden.

486   Für Fahrlehrer ist es ausreichend in Bezug auf Reisezweck, Reiseziel und aufgesuchte Geschäftspartner „Lehrfahrten", „Fahrschulfahrten" o. Ä. anzugeben. Bei sicherheitsgefährdeten Personen, deren Fahrtroute häufig von sicherheitsmäßigen Gesichtspunkten bestimmt wird, kann auf die Angabe der Reiseroute auch bei größeren Differenzen zwischen der direkten Entfernung und der tatsächlichen Fahrtstrecke verzichtet werden.

487   Bei sicherheitsgefährdeten Personen, wo sich die Fahrtroute häufig ändert, kann auf die Angabe der Route auch bei größeren Differenzen zwischen direkter Entfernung und der tatsächlichen Fahrtstrecke verzichtet werden.

488   Bei der Feststellung der privat und der dienstlich zurückgelegten Fahrtstrecken sind sog. Leerfahrten, die bei der Überlassung eines Kraftfahrzeugs mit Fahrer durch die An- und Abfahrten des Fahrers auftreten können, den dienstlichen Fahrten zuzurechnen.

489–493   *(Einstweilen frei)*

3. Gesamtkosten

494   Um den privaten Kostenanteil zu ermitteln, ist es notwendig alle Gesamtkosten des Fahrzeuges aufzuzeichnen. Es empfiehlt sich für jedes Fahrzeug ein eigenes Konto und entsprechende Aufzeichnungen zu führen.

495   Die Ermittlung eines Durchschnittskilometersatzes aus den gesamten Kosten von allen betrieblichen Fahrzeugen ist nicht zulässig.

496   Zu den Gesamtaufwendungen für das Fahrzeug zählen alle Kosten, die unmittelbar dem Halten und dem Betrieb des Fahrzeugs zu dienen bestimmt sind und im Zusammenhang mit seiner Nutzung zwangsläufig anfallen.[1]

497   Zu den Gesamtkosten i. S. von R 8.1 Abs. 9 Nr. 2 Satz 9 LStR gehören z. B.

▶ Absetzung für Abnutzung (AfA) – i. H. von 12,5 %,[2]

▶ Leasing- und Leasingsonderzahlungen (anstelle der AfA),

▶ Finanzierungskosten (Zinsen),

---

1 KKB/*Wünnemann*, § 8 EStG Rz. 90.
2 BMF, Schreiben v. 4.4.2018, BStBl 2018 I S. 592, Rz. 31.

► Treibstoffkosten, Öle,

► Wartungs- und Reparaturkosten, Wagenpflege, Inspektionskosten,

► Kraftfahrzeugsteuer,

► Beiträge für Halterhaftpflicht- und Fahrzeugversicherungen,

► Garagen-/Stellplatzmiete,

► Aufwendungen für Anwohnerparkberechtigungen,

► Aufwendungen für die Wagenpflege/-wäsche,

► TÜV-Gebühren,

► sowie der nicht nach § 3 Nr. 46 EStG steuerfreie Ladestrom.[1]

Für die Nutzung von Elektro- oder Hybridfahrzeugen gelten bei der Ermittlung der Gesamtkosten Sonderregelungen, die unter Abschnitt C erörtert werden. | 498

Nicht zu den Gesamtkosten gehören neben den in R 8.1 Abs. 9 Nr. 2 Satz 11 LStR genannten Kosten z. B. Fährkosten, Straßen- oder Tunnelbenutzungsgebühren (Vignetten, Mautgebühren) für private Fahrten, Parkgebühren, Aufwendungen für Insassen- und Unfallversicherungen, Verwarnungs-, Ordnungs- und Bußgelder, Unfallkosten, Kosten der Installation für eine Ladevorrichtung für Elektrofahrzeuge. | 499

Es werden bei den Gesamtkosten auch Kosten berücksichtigt, die im Rahmen von Urlaubsfahrten anfallen, ausgenommen Vignetten und Parkgebühren. Fallen diese Kosten jedoch im Rahmen von betrieblichen Fahrten an, sind diese nicht bei der Berechnung der Gesamtaufwendungen zu berücksichtigen, da es sich um Reisekosten handelt. | 500

Ebenso mit einzubeziehen sind die jeweiligen Umsatzsteuerbeträge, es sei denn, es wurde keine Umsatzsteuer entrichtet, z. B. beim Kauf eines Fahrzeuges von Privat, bei der Kfz-Steuer und Kfz-Versicherung. | 501

Bei der Ermittlung der Gesamtkosten bei einem Arbeitnehmer ist bei einem Pkw von einer AfA von 12,5 % der Anschaffungskosten entsprechend einer achtjährigen (Gesamt-)Nutzungsdauer auszugehen.[2] Die AfA sieht somit in der Bilanz oder GuV-Rechnung des Unternehmens (siehe Rz. 147 ff.) unterschiedlich aus, wie bei der Berücksichtigung des Arbeitnehmers. | 502

---

1 BMF, Schreiben v. 14.12.2016, BStBl 2016 I S. 1446.
2 BHF, Beschluss v. 29.3.2005 – IX B 174/03, BStBl 2006 II S. 368.

BEISPIEL: ▶ Die Anschaffungskosten eines PKW, der einem Arbeitnehmer zur Verfügung gestellt wird, beträgt 40.000 € zuzüglich 7.600 € Umsatzsteuer.

AfA in der Bilanz bzw. GuV-Rechnung des Unternehmens (Rz. 142 ff.)	AfA bei der Ermittlung der Gesamtkosten für den geldwerten Vorteil des Arbeitnehmers
Nettoverkaufskosten 40.000 € verteilt auf 6 Jahre = 6.666 € pro Jahr	Bruttoanschaffungskosten 47.600 € auf 8 Jahre = 5.950 € pro Jahr

503   Die Gesamtkosten sind jedenfalls dann periodengerecht anzusetzen, wenn der Arbeitgeber die Kosten (z. B. Leasingsonderzahlung) des von ihm überlassenen Kraftfahrzeugs in seiner Gewinnermittlung periodengerecht erfassen muss.[1] Dies bedeutet, dass eine Leasingsonderzahlung auf die Dauer der Nutzung aufgeteilt werden kann.

504   Es ist wird von der Finanzverwaltung nicht beanstandet, wenn auch die vom Arbeitnehmer unmittelbar getragenen oder vom Arbeitgeber weiterbelasteten Kosten den Gesamtkosten zugerechnet werden (siehe Rz. 514).

505   Im Rahmen der Ermittlung der Gesamtkosten sind außergewöhnliche Kosten für den PKW vorab der privaten oder betrieblichen Nutzung zuzurechnen. So gelten Aufwendungen für einen Motorschaden oder veranlasst durch Diebstahl als außergewöhnliche Fahrzeugkosten, die nicht zu den Gesamtkosten zählen.[2]

506   Unfallkosten zählen nicht mehr zu den Gesamtkosten. Für Unfallkosten bis 1.000 € (inkl. Umsatzsteuer) je Schaden ist es nach R 8.1 Abs. 9 Nr. 2 Satz 12 LStR nicht zu beanstanden, wenn sie als Reparaturkosten in die Gesamtkosten einberechnet werden (siehe Rz. 553).

507   Auch Sonderabschreibungen zählen nicht zu den Gesamtkosten.

508–512   (Einstweilen frei)

4. Zuzahlungen des Arbeitnehmers zu den Gesamtkosten

513   Bei der Fahrtenbuchmethode fließen vom Arbeitnehmer selbst getragene individuelle Kraftfahrzeugkosten nicht in die Gesamtkosten ein und erhöhen damit nicht den individuellen Nutzungswert (R 8.1 Abs. 9 Nr. 2 Satz 8 2. Halbsatz LStR).[3] Zahlt der Arbeitnehmer ein pauschales Nutzungsentgelt (z. B. Monats-

---

1 BFH, Urteil v. 3.9. 2015 – VI R 27/14, BStBl 2016 II S. 174.
2 BMF, Schreiben v. 18.11.2009, BStBl 2009 I S. 1326, Rz. 32.
3 BMF, Schreiben v. 4.4.2018, BStBl 2018 I S. 592, Rz. 54.

pauschale, Kilometerpauschale, Leasingraten) ist der individuelle Nutzungswert um diesen Betrag zu kürzen.

Es wird nicht beanstandet, wenn bei der Fahrtenbuchmethode vom Arbeitnehmer selbst getragene Kosten abweichend von R 8.1 Abs. 9 Nr. 2 Satz 8 2. Halbsatz LStR in die Gesamtkosten i. S. von § 8 Abs. 2 Satz 4 EStG einbezogen und wie bei der pauschalen Nutzungswertmethode als Nutzungsentgelt behandelt werden.   514

BEISPIEL ZUR KILOMETERPAUSCHALE (AUS DEM BMF-SCHREIBEN): ▶ Der Arbeitgeber hat seinem Arbeitnehmer ein betriebliches Kraftfahrzeug auch zur Privatnutzung überlassen und den geldwerten Vorteil aus der Kraftfahrzeuggestellung nach der Fahrtenbuchmethode bewertet. In der Nutzungsüberlassungsvereinbarung ist geregelt, dass der Arbeitnehmer ein Nutzungsentgelt i. H. von 0,20 € je privat gefahrenen Kilometer zu zahlen hat. Es handelt sich um ein Nutzungsentgelt.

BEISPIEL ZU EINZELNEN TREIBSTOFFKOSTEN (AUS DEM BMF-SCHREIBEN): ▶ In der Nutzungsüberlassungsvereinbarung ist geregelt, dass der Arbeitnehmer die gesamten Treibstoffkosten zu zahlen hat. Diese betragen 3.000 €. Die übrigen vom Arbeitgeber getragenen Kraftfahrzeugkosten betragen 7.000 €. Auf die Privatnutzung entfällt ein Anteil von 10 %. Der individuelle Nutzungswert ist wie folgt zu ermitteln:

LÖSUNGSVARIANTE: ▶ a) Bei Anwendung der Regelung in R 8.1 Abs. 9 Nr. 2 Satz 8 2. Halbsatz LStR (Gesamtkosten) fließen die vom Arbeitnehmer selbst getragenen Treibstoffkosten nicht in die Gesamtkosten des Kraftfahrzeugs ein. Es handelt sich auch nicht um ein Nutzungsentgelt. Anhand der (niedrigeren) Gesamtkosten ist der individuelle Nutzungswert zu ermitteln (10 % von 7.000 € = 700 €). Ein Werbungskostenabzug i. H. von 2.700 € (90 % von 3.000 €) ist nicht zulässig.

b) Bei Anwendung der Nichtbeanstandungsregelung (vgl. Rz. 146, oder Rz. 55 des BMF-Schreibens) fließen die vom Arbeitnehmer selbst getragenen Treibstoffkosten in die Gesamtkosten des Kraftfahrzeugs ein. Es handelt sich um ein Nutzungsentgelt i. H. von 3.000 €. Anhand der Gesamtkosten ist der individuelle Nutzungswert zu ermitteln (10 % von 10.000 € = 1.000 €). Dieser Nutzungswert ist um das Nutzungsentgelt bis auf 0 € zu mindern. Der den Nutzungswert übersteigende Betrag i. H. von 2.000 € führt nicht zu Werbungskosten.

(Einstweilen frei)   515–518

5. Ermittlung des individuellen privaten Anteils

Anhand des privaten Anteils der Fahrten an der Gesamtkilometerleistung kann der zu versteuernde Anteil berechnet werden, in dem der Prozentuale private Anteil der Fahrten auf die Gesamtkosten angewendet wird. Grundsätzlich ist der Anteil monatlich zu berechnen.   519

520 Soweit die genaue Erfassung des individuellen Nutzungswerts monatlich nicht möglich ist, kann der Erhebung der Lohnsteuer monatlich ein Zwölftel des Vorjahresbetrags zugrunde gelegt werden.[1]

521 Es bestehen aus Sicht der Finanzverwaltung keine Bedenken, stattdessen bei der Ermittlung des individuellen Nutzungswerts je Fahrtkilometer vorläufig 0,001 % des inländischen Bruttolistenpreises für das Kraftfahrzeug anzusetzen. Dies ist besonders dann zu empfehlen, wenn es keine Vorjahreswerte gibt und das Fahrzeug im Laufe des Kalenderjahres zur Verfügung gestellt wird.

522 Nach Ablauf des Kalenderjahres oder nach Beendigung des Dienstverhältnisses ist der tatsächlich zu versteuernde individuelle Nutzungswert zu ermitteln und eine etwaige Lohnsteuerdifferenz nach Maßgabe der §§ 41c, 42b EStG auszugleichen.[2]

523–524 (Einstweilen frei)

6. Elektronisches Fahrtenbuch

525 Die Finanzverwaltung erkennt ein elektronisches Fahrtenbuch im Rahmen der Firmenwagenbesteuerung grundsätzlich an. Dabei ist eine Voraussetzung, dass sich daraus dieselben Erkenntnisse wie aus einem manuellen Fahrtenbuch gewinnen lassen.

526 Beim Ausdrucken von elektronischen Aufzeichnungen müssen nachträgliche Veränderungen der aufgezeichneten Angaben technisch ausgeschlossen, zumindest aber dokumentiert werden.[3]

527 Aus Sicht der Finanzverwaltung bestehen keine Bedenken, ein elektronisches Fahrtenbuch zu führen in dem alle Fahrten automatisch bei Beendigung jeder Fahrt mit Datum, Kilometerstand und Fahrtziel erfasst werden. Es ist dann als zeitnah geführt anzusehen, wenn der Fahrer den dienstlichen Fahrtanlass (Reisezweck und aufgesuchte Geschäftspartner) innerhalb eines Zeitraums von bis zu sieben Kalendertagen nach Abschluss der jeweiligen Fahrt in einem Webportal einträgt und die übrigen Fahrten dem privaten Bereich zugeordnet werden.[4]

---

1 R 8.1 Abs. 9 Nr. 3 Satz 2 LStR; BMF, Schreiben v. 4.4.2018, BStBl 2018 I S. 592, Rz. 28.
2 R 8.1 Abs. 9 Nr. 3 Satz 3 LStR.
3 BFH, Urteil v. 16.11.2005 – VI R 64/04, BStBl 2006 II S. 410.
4 BMF, Schreiben v. 4.4.2018, BStBl 2018 I S. 592, Rz. 26.

Für Privatfahren genügen Kilometerangaben. Das Ausschalten des GPS-Modus   528
ist zulässig. Werden Eingaben geändert, müssen diese erkennbar sein. Ein Da-
tenzugriff der Finanzverwaltung muss gewährleistet werden.

Sofern manuelle Angaben zu Art, Ziel und Zweck der Fahrt nachträglich geän-   529
dert werden können, wird dieses von der Finanzverwaltung nicht anerkannt.
Ein Fahrtenbuch mit Excel-Datei geführt, ist ebenso unzulässig.[1]

Nach ständiger Rechtsprechung ist beim elektronischen Fahrtenbuch keine   530
Zertifizierung durch die Finanzverwaltung notwendig. Das steuerliche Risiko
trägt der Steuerpflichtige.

(Einstweilen frei)   531–533

7. Mängel im Fahrtenbuch

Kleinere Mängel bei der Fahrtenbuchführung sind unschädlich und führen   534
noch nicht zur Anwendung der 1 %-/0,03 %-Bruttolistenpreisregelung.

Von einem kleineren Mangel kann aber nach der Rechtsprechung des Bundes-   535
finanzhofs (BFH) nicht mehr ausgegangen werden, wenn sich bei den Eintragungen der Fahrten im Fahrtenbuch eine größere Differenz ergibt.

Es gilt kein Vertrauensschutz für die Zukunft, wenn das Finanzamt für einzelne   536
Jahre ein nicht ordnungsgemäß geführtes Fahrtenbuch akzeptiert hat.[2] Das
Finanzamt kann jedes Jahr über die Anerkennung des Fahrtenbuchs entschei-
den.

Fehlerquellen können sein: 537

► unverändertes Schriftbild über einen längeren Zeitraum,

► Orte auf Tankrechnungen, Bewirtungsrechnungen passen nicht zu Orten im
  Fahrtenbuch zu diesem Datum,

► fehlende Plausibilität der Betankungen für die gefahrenen Kilometer,

► fehlende Übereinstimmung der Eintragungen im Fahrtenbuch mit dem Terminkalender,

► Kilometerstände auf Reparatur- oder TÜV-Rechnungen passen nicht zu Gesamtkilometer dieses Datums,

---

1 BFH, Urteil v. 16.11.2005 – VI R 64/04, BStBl 2006 I S. 410.
2 FG Münster, Urteil v. 24.8.2005 – 1 K 2899/03 G, U, F, EFG 2006 S. 32.

► Entfernungsangaben werden nur gerundet eingetragen,

► lose Einzelblätter, Standard-Excel,

► keine oder zu wenige Privatfahrten (Prüfung, ob anderes Fahrzeug vorhanden).

538 Wird das Fahrtenbuch nicht ordnungsgemäß geführt, ist die Privatnutzung des Fahrzeugs nach der pauschalen 1 %-Regelung rückwirkend zu besteuern.

539–543 *(Einstweilen frei)*

8. Beispiel Fahrtenbuch

544 Ein Außendienstmitarbeiter erhält einen Dienstwagen und besitzt keine erste Tätigkeitsstätte. Die Versteuerung der Fahrten zwischen Wohnung und erster Tätigkeitsstätte entfällt. Die Privatnutzung soll anhand eines Fahrtenbuchs nachgewiesen werden. Der Bruttolistenpreis beträgt 62.000 € brutto. Die Gesamtkosten belaufen sich auf 14.233 € brutto. Die Gesamtkilometer betragen 8.656 km. Anhand des Fahrtenbuches ergeben sich 3.315 km als Privatfahrten.

Lösung:

Da keine Vorjahreswerte vorhanden sind, ermittelt der Arbeitgeber monatlich für jeden privat gefahrenen Kilometer 0,001 % des Listenpreises. Am Jahresende wird der konkrete Wert ermittelt und Differenz nachversteuert.

Privat gefahrene Kilometer nach Fahrtenbuch: 3.315 km

Unterjährig versteuert: 3.315 km x 62.000 € x 0,001 % =2.055 €

Gesamtkilometer nach Fahrtenbuch: 18.656 km

Gesamtkosten: 14.233 €

Zu versteuern: 2.529,07 € (14.233 €/18.656 km x 3.315 km)

Nachzuversteuern: 474,07 €

Monatlicher geldwerter Vorteil für Folgejahr: 1/12 von 2.529,07 = 210,76 €

545–550 *(Einstweilen frei)*

XI. Unfallkosten beim Dienstwagen

Aufwendungen, die nicht unmittelbar dem Halten und dem Betrieb des Fahrzeugs dienen, sind nach der Rechtsprechung außergewöhnliche Kosten. Dazu zählen auch die Kosten eines Unfallschadens.   551

Unfallkosten auf einer Privatfahrt, die der Arbeitgeber übernimmt, sind danach nicht durch die 1 %-Regelung abgegolten, sondern als zusätzlicher geldwerter Vorteil beim Arbeitnehmer zu erfassen.   552

Reparaturkosten bis zu einem Nettobetrag von 1.000 €, die nach Erstattung durch Dritte noch vom Arbeitgeber getragen werden, dürfen nach R 8.1. Abs. 9 Nr. 2 Satz 12 LStR in die Kraftfahrzeuggesamtkosten einbezogen werden. Sie erhöhen auch nicht den nach der 1 %-Regelung berechneten geldwerten Vorteil für die Dienstwagenbesteuerung. Dies gilt unabhängig davon, ob sich der Unfall auf einer Dienst- oder Privatfahrt ereignet.   553

Bei der Berechnung der 1.000 €-Grenze sind Erstattungen durch die Versicherung zu berücksichtigen. Dies gilt auch, wenn die Zahlung der Versicherungsleistung in späteren Jahren erfolgt.   554

In bestimmten Fällen zahlen die Versicherungen aber keine Schäden. Dies ist z. B. der Fall bei einer Trunkenheitsfahrt des Arbeitnehmers und einem in dieser Situation verschuldeten Unfall. Verzichtet der Arbeitgeber auf einen ihm zustehenden Schadensersatzanspruch, ist nach R 8.1. Abs. 9 Nr. 2 Satz 13 LStR ein zusätzlicher geldwerter Vorteil zu erfassen.   555

Liegt keine Schadensersatzpflicht des Arbeitnehmers vor oder ereignete sich der Unfall auf einer beruflich veranlassten Fahrt (dienstliche Auswärtstätigkeiten oder Fahrten zwischen Wohnung und erster Tätigkeitsstätte), liegt nach R 8.1 Abs. 9 Nr. 2 Satz 16 LStR kein geldwerter Vorteil vor. Dies ist auch der Fall, wenn der Schaden durch einen Dritten oder durch höhere Gewalt eingetreten ist.   556

(Einstweilen frei)   557–560

XII. Poolfahrzeuge

Nicht alle Arbeitgeber stellen ihren Mitarbeitern Fahrzeuge zur Verfügung, die direkt zugeordnet sind. In vielen Unternehmen stehen Arbeitnehmern gleichzeitig mehrere Firmenfahrzeuge zur Verfügung, sog. Poolfahrzeuge. Diese können für dienstliche Fahrten z. B. Kundenbesuchen genutzt werden. In der Regel werden diese Fahrzeuge auf Antrag an einen Mitarbeiter für einen dienstlichen Anlass herausgegeben.   561

562   Ist die Privatnutzung bei diesen Fahrzeugen schriftlich untersagt, so ist für die dienstlichen Fahrten kein geldwerter Vorteil zu ermitteln.

563   Ist eine private Nutzung vom Arbeitgeber gestattet, so ist zunächst für jedes Fahrzeug die Privatnutzung mit monatlich 1 % des Listenpreises anzusetzen.

564   Übersteigt die Zahl der Nutzungsberechtigten die Anzahl der Fahrzeuge in einem Pool, so ist der Bruttolistenpreis aller Fahrzeuge zusammenzurechnen. 1 % davon, ist auf alle Nutzungsberechtigten aufzuteilen.[1]

565   Wird ein Fahrzeug von mehreren Arbeitnehmern für Fahrten zwischen Wohnung und erster Tätigkeitsstätte benutzt, so ist bei der pauschalen Nutzungswertermittlung der geldwerte Vorteil mit 0,03 % der Bruttolistenpreise aller Kraftfahrzeuge und anschließend dieser Wert durch die Zahl der Nutzungsberechtigten zu teilen. Dieser Wert ist beim einzelnen Arbeitnehmer mit der Zahl seiner Entfernungskilometer zu multiplizieren.

566   Abzustellen ist somit nicht auf den durchschnittlichen Bruttolistenpreis der zur Verfügung stehenden Fahrzeuge, sondern auf den durchschnittlichen pauschalen Monatssatz pro Entfernungskilometer, der als Ausgangsgröße auf die individuellen Entfernungskilometer der Fahrten zwischen Wohnung und erster Tätigkeitsstätte des einzelnen Arbeitnehmers anzuwenden ist.

> **BEISPIEL:** In einem Fahrzeugpool befinden sich zwei PKWs. Der Listenpreis für das erste Fahrzeug beträgt 40.000 € und für das zweite Fahrzeug 50.000 €. Die beiden Dienstwagen stehen den Arbeitnehmern A, B und C zur privaten Nutzung und für die Fahrten zur Arbeit zur Verfügung. Die Entfernung zwischen Wohnung und erster Tätigkeitsstätte beträgt bei A 40 km, bei B 25 km und bei C 10 km.

> **LÖSUNG:** Der geldwerte Vorteil für die Privatnutzung beträgt insgesamt 900 € (1 % von 90.000 €, Summe der Listenpreise). Der Betrag wird auf die drei nutzenden Arbeitnehmer verteilt, sodass jeder Arbeitnehmer monatlich 300 € für die Privatnutzung zu versteuern hat. Hinsichtlich der Fahrten zwischen Wohnung und erster Tätigkeitsstätte beträgt der anzusetzende Wert je Entfernungskilometer 27 € (0,03 % von 90.000 €). Dieser Wert wird auf die drei Arbeitnehmer verteilt, so dass jeder Arbeitnehmer einen geldwerten Vorteil von 9 € pro Entfernungskilometer zu versteuern hat. Für A entspricht dies zusätzlich 360 €, für B 225 € und für C 90 €.

567   Nutzt der Arbeitnehmer ein Poolfahrzeug an nicht mehr als fünf Tagen im Monat, so ist der monatliche pauschale Nutzungswert der unentgeltlichen Fahrzeugüberlassung nach § 8 Abs. 2 Satz 2, 3 EStG (Pauschal- oder Fahrtenbuchmethode) nicht anzusetzen. In diesem Fall ist die Nutzung des PKWs zu Privatfahrten und zu Fahrten zwischen Wohnung und erste Tätigkeitsstätte je Fahrtkilometer mit lediglich 0,001 % des inländischen Listenpreises des Kraft-

---

1 BMF, Schreiben v. 4.4.2018, BStBl 2018 I S. 592, Rz. 11.

fahrzeugs zu bewerten. Beispiele für solche Fälle sind z. B. wenn der Arbeitnehmer das Poolfahrzeug erhält, weil sein privater PKW in der Werkstatt ist.

BEISPIEL: Ein Arbeitnehmer nutzt ein dem Unternehmen zugeordnetes Fahrzeug mit einem Bruttolistenpreis von 30.000 € an monatlich fünf Arbeitstagen zu privaten Zwecken. Die im Rahmen der privaten Nutzung gefahrenen Kilometer des Arbeitnehmers betragen im Kalenderjahr 100 km.

LÖSUNG: Der Nutzungswert der privaten Nutzung beträgt: Bruttolistenpreis 30.000 € x 0,001 % x 100 km = 30 €.

(Einstweilen frei)   568–575

XIII. Sonderfälle

1. Gestellung von Fahrern

Erhält der Mitarbeiter den Firmenwagen zusammen mit einem Fahrer gestellt, ist auch für die Nutzung des Fahrers auf Privatfahrten nach R 8.1. Abs. 10 LStR ein geldwerter Vorteil zu versteuern.   576

Der geldwerte lohnsteuerliche Vorteil aus der Fahrergestellung bemisst sich grundsätzlich nach dem um übliche Preisnachlässe geminderten üblichen Endpreis am Abgabeort (§ 8 Abs. 2 Satz 1 EStG) einer vergleichbaren von einem fremden Dritten erbrachten Leistung.[1]   577

Nach R 8.1. Abs. 10 Satz 3 LStR wird aus Vereinfachungsgründen nicht beanstandet, wenn der geldwerte Vorteil aus einer Fahrergestellung wie folgt ermittelt wird: 578

► Stellt der Arbeitgeber dem Arbeitnehmer für Fahrten zwischen Wohnung und erster Tätigkeitsstätte oder Fahrten nach § 9 Abs. 1 Satz 3 Nr. 4a Satz 3 EStG ein Kraftfahrzeug mit Fahrer zur Verfügung, ist der für diese Fahrten nach R 8.1 Abs. 9 Nr. 1 oder 2 LStR ermittelte Nutzungswert des Kraftfahrzeugs um 50 % zu erhöhen. Für die zweite und jede weitere Familienheimfahrt anlässlich einer doppelten Haushaltsführung erhöht sich der auf die einzelne Familienheimfahrt entfallende Nutzungswert nur dann um 50 %, wenn für diese Fahrt ein Fahrer in Anspruch genommen worden ist.

► Stellt der Arbeitgeber dem Arbeitnehmer für andere Privatfahrten ein Kraftfahrzeug mit Fahrer zur Verfügung, ist der entsprechende private Nutzungswert des Kraftfahrzeugs wie folgt zu erhöhen:

---

1 BMF, Schreiben v. 4.4.2018, BStBl 2018 I S. 592, Rz. 39.

- um 50 %, wenn der Fahrer überwiegend in Anspruch genommen wird,
- um 40 %, wenn der Arbeitnehmer das Kraftfahrzeug häufig selbst steuert,
- um 25 %, wenn der Arbeitnehmer das Kraftfahrzeug weit überwiegend selbst steuert.

► Wird der pauschal anzusetzende Nutzungswert i. S. des § 8 Abs. 2 Satz 2, 3 und 5 EStG auf die Gesamtkosten des Kraftfahrzeugs begrenzt, ist der anzusetzende Nutzungswert um 50 % zu erhöhen, wenn das Kraftfahrzeug mit Fahrer zur Verfügung gestellt worden ist.

579 Der Nutzungswert für andere Privatfahrten ist auch dann um 25 % zu erhöhen, wenn dem Arbeitnehmer ein Fahrer zur Verfügung steht, der Arbeitnehmer aber das Fahrzeug tatsächlich ausschließlich selbst steuert.[1]

580 Ist der Fahrer aus Sicherheitsgründen gestellt worden, weil der Arbeitnehmer ein sondergeschütztes (gepanzertes) Fahrzeug zur Verfügung gestellt bekommen hat, ist auf den geldwerten Vorteil des Fahrers zu verzichten.

581–584 *(Einstweilen frei)*

2. Gestellung an Minijobber

585 Grundsätzlich kann ein Minijobber seine Vergütung nicht nur in Form von Barlohn (Gehalt, Stundenlohn) erhalten, sondern auch in Sachzuwendungen (Sachlohn) bezahlt werden. Damit kann auch ein Minijobber einen Firmenwagen gestellt bekommen. Dieser ist nach den gleichen Kriterien zu bewerten, wie für einen Arbeitnehmer, der die Kriterien eines Minijobbers nicht erfüllt. Es ist also die Pauschal- oder Fahrtenbuchmethode zur Bewertung des Sachbezugs anzuwenden. Der ermittelte Betrag ist in die Prüfung der Gehaltsgrenze eines Minijobs einzuberechnen.

586–587 *(Einstweilen frei)*

3. Gestellung an den Gesellschafter-Geschäftsführer

588 Die Ausführungen zur Ermittlung des geldwerten Vorteils gelten uneingeschränkt auch für die lohnsteuerliche Behandlung der Dienstwagenüberlassung an einen (beherrschenden) Gesellschafter-Geschäftsführer einer GmbH. Voraussetzung ist, dass das Anstellungsverhältnis als Arbeitsverhältnis anerkannt wird und der Gesellschafter-Geschäftsführer somit als Arbeitnehmer gilt.

---

1 BMF, Schreiben v. 4.4.2018, BStBl 2018 I S. 592, Rz. 40.

Es gelten hier ebenfalls die oben erörterten Bewertungsmethoden zur Ermittlung des geldwerten Vorteils.

Ein privates Nutzungsverbot ist auch für die Dienstwagenbesteuerung bei einem (beherrschenden) Gesellschafter-Geschäftsführer zu beachten. Dies muss ausdrücklich im Anstellungsvertrag geregelt sein.   589

Nutzt der Gesellschafter-Geschäftsführer den Dienstwagen unbefugt privat, liegt zwar kein Arbeitslohn, aber eine verdeckte Gewinnausschüttung (vGA) vor.[1]   590

(Einstweilen frei)   591–593

4. Gestellung an mitarbeitenden Ehegatten

Voraussetzung für die Anerkennung einer PKW-Überlassung bei Ehegatten-Arbeitsverhältnissen ist, dass die Bedingungen für die Kfz-Gestellung fremdüblich sind. Die Rechtsprechung des BFH erkennt Lohnzahlungen an einen im Betrieb des Steuerpflichtigen mitarbeitenden Angehörigen grundsätzlich als Betriebsausgaben an.[2] Dazu bedarf es einer Gesamtwürdigung aller maßgeblichen Umstände, insbesondere, ob der Vertrag sowohl nach seinem Inhalt als auch nach seiner tatsächlichen Durchführung dem entspricht, was zwischen Fremden üblich ist. Dabei ist allerdings auch zu beachten, dass geringfügige Abweichungen einzelner Sachverhaltsmerkmale vom Üblichen sowohl bezüglich des Vertragsinhalts als auch bezüglich der Vertragsdurchführung für sich allein nicht stets zur steuerlichen Nichtanerkennung des Arbeitsverhältnisses führen müssen.   594

Damit erkennt die BFH-Rechtsprechung auch die Überlassung eines PKWs im Rahmen eines Ehegatten-Arbeitsverhältnisses grundsätzlich an, allerdings nur unter der Voraussetzung, dass die konkreten Konditionen der Kfz-Gestellung im Einzelfall auch fremdüblich sind. So kann z. B. die geringe Höhe der Vergütung sowie zeitlich begrenzte Arbeitsleistung und die der gegenüberstehenden uneingeschränkten Nutzungsmöglichkeit eines hochwertigen PKWs einem Fremdvergleich nicht standhalten.   595

Dies gilt auch für die Überlassung von Firmenwagen an mitarbeitende Ehegatten. Ist die Arbeitnehmereigenschaft anerkannt, auch im Fremdvergleich, liegt bei der Überlassung eines PKWs an den angestellten Ehegatten ein geldwerter   596

---

1 BMF, Schreiben v. 3.4.2012, BStBl 2012 I S. 478.
2 BFH, Urteil v. 17.7.2013 – X R 31/12, BStBl 2013 II S. 1015.

Vorteil vor, der entweder nach der Pauschal- oder Fahrtenbuchmethode zu versteuern ist.

597–600   (*Einstweilen frei*)

5. Überlassung mehrerer Fahrzeuge

601   Werden einem Arbeitnehmer gleichzeitig mehrere Fahrzeuge zur privaten Nutzung überlassen, so ist bei der Pauschalmethode für jedes Fahrzeug 1 % des Bruttolistenpreises anzusetzen.[1] Dies kann der Fall sein, wenn der Arbeitnehmer mehrere Fahrzeuge zur privaten Nutzung erhält und eines davon von einem Familienangehörigen mitgenutzt wird.

602   Ist die Mitbenutzung durch andere im Privathaushalt lebende Personen des Arbeitnehmers ausgeschlossen, kann auch der Wert des überwiegend genutzten Fahrzeuges als Bemessungsgrundlage angesetzt werden. In diesen Fällen ist eine gleichzeitige Benutzung mehrerer Fahrzeuge nicht möglich.

603   Für die Fahrten zur ersten Tätigkeitsstätte ist stets der Listenpreis des für diese Fahrten genutzten Fahrzeuges anzusetzen.[2]

604   Wird das Fahrzeug lediglich im Monat gewechselt, ist für diesen Monat immer der Wert des überwiegend genutzten Fahrzeuges anzusetzen.

605   Wird der geldwerte Vorteil durch ein Fahrtenbuch ermittelt, muss für jedes Fahrzeug ein Fahrtenbuch geführt und die Gesamtkosten sowie das Verhältnis der privaten Fahrten zu den übrigen Fahrten ermittelt werden. Führt der Nutzer des Fahrzeuges nur für ein Fahrzeug ein Fahrtenbuch, muss für die anderen Fahrzeuge nach der Pauschalmethode der geldwerte Vorteil ermittelt werden.

606–609   (*Einstweilen frei*)

XIV. Sozialversicherung

610   Überlässt der Arbeitgeber dem Arbeitnehmer einen PKW unentgeltlich zur privaten Nutzung, so ist der darin liegende Sachbezug als geldwerter Vorteil beitragspflichtig.

611   Die Höhe des Entgelts bestimmt sich nach den Regelungen der Sozialversicherungsentgeltverordnung. Diese verweisen ausdrücklich auf die Vorschriften des Steuerrechts. Somit wird der geldwerte Vorteil für die Sozialversicherung nach den gleichen Grundlagen (Pauschal- oder Fahrtenbuchmethode) ermittelt wie

---

1 BMF, Schreiben v. 4.4.2018, BStBl 2018 I S. 592, Rz. 22.
2 BMF, Schreiben v. 4.4.2018, BStBL 2018 I S. 592, Rz. 22.

im Lohnsteuerrecht. Dies gilt auch für das im Steuerrecht mögliche Wahlrecht zwischen dem 0,03 %-Zuschlag und der 0,002 %-Pauschale, wenn der Dienstwagen dem Arbeitnehmer auch für Fahrten zwischen Wohnung und erster Tätigkeitsstätte zur Verfügung steht.

Die Möglichkeit der Pauschalbesteuerung i. H. von 15 % für Fahrtkosten- **612** zuschüsse führt dazu, dass diese Entgeltbestandteile nicht dem beitragspflichtigen Arbeitsentgelt hinzuzurechnen sind. Die Beträge, die der Arbeitgeber pauschal versteuert, sind auch beitragsfrei zur Sozialversicherung.

BEISPIEL: Ein Arbeitnehmer erhält zur Nutzung für Fahrten zwischen Wohnung und Arbeitsstätte ein Firmenfahrzeug, dessen Listenpreis inkl. Sonderausstattung und Umsatzsteuer 48.000 € beträgt. Die einfache Entfernung beträgt 25 km. Die Ermittlung des geldwerten Vorteils erfolgt nach der Pauschalmethode.

LÖSUNG:

Geldwerter Vorteil für die Privatnutzung (1 % von 48.000 €) =	480,00 €
Monatlicher Zuschlag Fahrten erste Tätigkeitsstätte: 0,03 % von 48.000 € × 25 km =	360,00 €
pauschalbesteuerungsfähiger Abzugsbetrag: 15 Fahrten im Monat: 0,30 € × 25 km × 15 =	112,50 €

Vom geldwerten Vorteil i. H. von 360 € für die Fahrten zwischen Wohnung und Arbeitsstätte können 112,50 € pauschal versteuert werden und abgezogen werden. Der geldwerte steuerpflichtige Vorteil beträgt somit 727,50 €.

Auch für die Sozialversicherung ist dieser Betrag das beitragspflichtige Entgelt.

Steht der Dienstwagen dem Mitarbeiter auch während des Bezugs von Sozial- **613** leistungen zur Verfügung, stellt dies eine arbeitgeberseitige Leistung dar, die grundsätzlich beitragspflichtig zur Sozialversicherung ist. Dies gilt allerdings nicht, wenn die arbeitgeberseitige Leistung zusammen mit der Sozialleistung das vorher erzielte Netto-Arbeitsentgelt um nicht mehr als 50 € übersteigt. Das hat zur Folge, dass eine Dienstwagennutzung, die zusätzlich zur Sozialleistung gewährt wird, bis zum maßgeblichen Netto-Arbeitsentgelt keine Beitragspflicht auslöst.

Einige Arbeitgeber bieten insbesondere ihren außertariflichen Mitarbeitern die **614** Möglichkeit an, einen (geleasten) PKW zur dienstlichen und privaten Nutzung aus dem Arbeitsentgelt zu unterhalten (Entgeltumwandlung, siehe hierzu Rz. 791). Nachdem der Arbeitnehmer den PKW ausgewählt hat, schließt der Arbeitgeber mit einer Leasinggesellschaft einen Leasingvertrag (Finanz-Leasingrate einschließlich Full-Service) ab. Anschließend trifft der Arbeitgeber mit dem Arbeitnehmer eine Vereinbarung über eine Umwandlung des Arbeitsentgelts und über die Regelungen bezüglich der Fahrzeugnutzung. Dabei setzt sich der umzuwandelnde Betrag aus der Full-Service-Leasingrate und der Rate für sonstige laufende Kosten (Benzin, Versicherungen, Steuer usw.) zusammen. Beide Werte ergeben den Gesamtumwandlungsbetrag. Gleichzeitig wird der vom Arbeitnehmer zu versteuernde geldwerte Vorteil für die private Nutzung des PKW durch Anwendung der 1 %-Regelung und für Fahrten zwischen Wohnung und Arbeitsstätte ermittelt.

615   Die Wirksamkeit der Entgeltumwandlung ist allein danach zu beurteilen, ob sie arbeitsrechtlich zulässig und wirksam ist, ohne dass im Beitragsrecht der Sozialversicherung besondere zusätzliche Erfordernisse aufgestellt werden dürfen. Somit ist eine arbeitsrechtlich zulässige und wirksame Entgeltumwandlung zur Überlassung von Kraftfahrzeugen sowie der Verzicht auf Arbeitsentgelt im Allgemeinen nicht tarifgebundener Arbeitnehmer beitragsrechtlich zu berücksichtigen. Dies bedeutet, dass sich in diesen Fällen auch das beitragspflichtige Arbeitsentgelt entsprechend mindert.

BEISPIEL: ▶ Ermittlung der Beitragspflicht bei Entgeltumwandlung zugunsten der PKW-Überlassung für einen Dienstwagen im Wert von 50.000 €.

Bruttoarbeitsentgelt:	5.000 €
Nutzungsentgelt:	700 €
geldwerter Vorteil:	500 €

Das Nutzungsentgelt übersteigt den geldwerten Vorteil.

Das Bruttoentgelt kann um den überschießenden Betrag des Nutzungsentgelts – hier i. H. von 200 € gemindert werden, sofern die Verminderung des „Barlohns" wirksam und zulässig vereinbart wurde. Das beitragspflichtige Bruttoarbeitsentgelt verringert sich somit auf 4.800 €.

616   Lediglich in den Sachverhalten, in denen die Entgeltumwandlung zugunsten der PKW-Überlassung nicht zulässig ist, weil die Tarifverträge dies nicht vorsehen, würde es im vorstehenden Sachverhalt bei einem beitragspflichtigen Arbeitsentgelt von 5.000 € verbleiben.

617   Die Rechtsprechung hat entschieden, dass eine arbeitsrechtlich zulässige und wirksame Entgeltumwandlung zur Überlassung von Kraftfahrzeugen nicht tarifgebundener Arbeitnehmer beitragsrechtlich zu beachten ist. Für die Wirksamkeit einer Entgeltvereinbarung bestehen dabei keine besonderen Formerfordernisse. Die Wirksamkeit der Entgeltumwandlung ist allein danach zu beurteilen, ob sie arbeitsrechtlich zulässig und wirksam ist. Für das Beitragsrecht in der Sozialversicherung bestehen keine besonderen zusätzlichen Erfordernisse. Somit ist eine arbeitsrechtlich zulässige und wirksame Entgeltumwandlung zur Überlassung von Kraftfahrzeugen sowie der Verzicht auf Arbeitsentgelt im

Allgemeinen nicht tarifgebundener Arbeitnehmer beitragsrechtlich zu berücksichtigen. Dies bedeutet, dass sich in diesen Fällen auch das beitragspflichtige Arbeitsentgelt entsprechend mindert. Umgekehrt bedeutet dies: eine arbeitsrechtliche unwirksame Entgeltumwandlung führt nicht zu einer Minderung der sozialversicherungsrechtlichen Bemessungsgrundlage.

XV. Behandlung der Dienstwagenbesteuerung aufgrund der Corona-Pandemie

618

Aufgrund der Corona-Krise werden Fahrten der Mitarbeiter zur ersten Tätigkeitstätte oftmals auf ein Minimum reduziert. Viele Mitarbeiter fahren auch gar nicht die erste Tätigkeitsstätte, sondern arbeiten im Home-Office. Arbeitgeber fragen sich, ob sich bei der lohnsteuerlichen Behandlung des Dienstwagens etwas ändert.

Die steuerliche Behandlung eines Dienstwagens regelt das BMF-Schreiben vom 4.4.2018[1]. Eine Sonderregelung wegen der Corona-Krise gibt es bisher nicht.

619

Darf ein Firmenwagen privat genutzt werden, so liegt für den Mitarbeiter ein geldwerter Vorteil und damit Arbeitslohn vor. Bei Anwendung der 1 %-Regelung wird pauschal für jeden Kalendermonat 1 % des inländischen Bruttolistenpreises im Zeitpunkt der Erstzulassung zzgl. der Kosten für Sonderausstattungen als Arbeitslohn angesetzt. Damit sind die Privatfahrten, z. B. im Urlaub, am Wochenende oder Freizeit abgedeckt.

Der pauschale Nutzungswert für Privatfahrten ist auch dann anzusetzen, wenn das Kraftfahrzeug tatsächlich nur gelegentlich überlassen wird. Gleiches gilt, wenn der Mitarbeiter das Fahrzeug aktuell nur selten für private Fahrten nutzt. Allein auf die Möglichkeit kommt es an.

Die Monatsbeträge brauchen nach Ansicht der Finanzverwaltung nicht angesetzt zu werden:

620

▶ für volle Kalendermonate, in denen Mitarbeitern kein betriebliches Kraftfahrzeug zur Verfügung steht, oder

▶ wenn Mitarbeitern das Kraftfahrzeug aus besonderem Anlass oder zu einem besonderen Zweck nur gelegentlich für nicht mehr als fünf Kalendertage im Kalendermonat überlassen wird. In diesem Fall sind der pauschale Nutzungswert für Privatfahrten und der pauschale Nutzungswert für Fahrten zwischen Wohnung und erster Tätigkeitsstätte je Fahrtkilometer mit

---

1 BMF, Schreiben v. 4.4.2018, BStBl 2018 I S. 592.

0,001 %des inländischen Listenpreises des Kraftfahrtzeugs zu bewerten. Zum Nachweis der Fahrtstrecke müssen die Kilometerstände festgehalten werden.

Wird Mitarbeitern ein Kraftfahrzeug mit der Maßgabe zur Verfügung gestellt, es für Privatfahrten *nicht* zu nutzen, ist von dem Ansatz des pauschalen Nutzungswertes abzusehen, wenn das Nutzungsverbot durch entsprechende Unterlagen (z. B. eine arbeitsvertragliche oder andere arbeits- oder dienstrechtliche Rechtsgrundlage) nachgewiesen wird.

621 Zu den Privatfahrten kommt noch die Bewertung der Fahrten zur ersten Tätigkeitsstätte hinzu. Kann ein Dienstwagen für Fahrten zwischen Wohnung und erster Tätigkeitsstätte genutzt werden, ist dieser Vorteil grundsätzlich mit 0,03 % des Bruttolistenpreises pro Entfernungskilometer zu bewerten. Dies ist ein monatlicher Ansatz und gilt unabhängig von der Anzahl der monatlichen Fahrten. Unterbrechungen der Fahrten durch Urlaub oder Krankheit sind im Nutzungswert pauschal berücksichtigt. Es erfolgt keine unterjährige oder untermonatliche Änderung. Das gilt auch für die aktuelle Situation im Rahmen der Corona-Krise.

Ein Arbeiten im häuslichen Arbeitszimmer oder im Home-Office führt nicht dazu, dass dieses zur ersten Tätigkeitsstätte wird und dadurch der geldwerte Vorteil auf Null sinkt. Ein Büro in der privaten Wohnung des Mitarbeiters kann nie erste Tätigkeitsstätte werden. Es verbleibt somit auch beim Arbeiten von zu Hause bei dem Ansatz des 0,03 %-Wertes.

622 Unter bestimmten Voraussetzungen ist jedoch eine Einzelbewertung der tatsächlichen Fahrten mit 0,002 % des Bruttolistenpreises je Entfernungskilometer möglich. Diese Bewertungsmethode kommt insbesondere bei einer selten aufgesuchten ersten Tätigkeitsstätte in Betracht. Der Mitarbeiter hat in diesem Fall gegenüber dem Arbeitgeber monatlich fahrzeugbezogen schriftlich zu erklären, an welchen Tagen (mit Datumsangabe) das betriebliche Kraftfahrzeug tatsächlich für Fahrten zwischen Wohnung und erster Tätigkeitsstätte genutzt wurde.

Allerdings muss der Arbeitgeber zu Beginn des Kalenderjahres eine Entscheidung zur Bewertung treffen und die Anwendung der 0,03 %-Regelung oder der Einzelbewertung für jedes Kalenderjahr einheitlich festlegen. Diese Entscheidung gilt für das ganze Jahr und kann nicht unterjährig gewechselt werden.

Arbeitnehmer, die seit Januar 2020 die Fahrten zur ersten Tätigkeitsstätte nach der Einzelbewertung ermittelt haben, profitieren von den verringerten Fahrten in der derzeitigen Situation. Der geldwerte Vorteil wird somit geringer.

Bei Arbeitgebern oder Arbeitnehmern, die seit Januar 2020 den geldwerten Vorteil in den Vormonaten des Jahres 2020 pauschal mit 0,03 % ermittelt haben, ist ein Wechsel derzeit nicht möglich. Der geldwerte Vorteil bleibt also trotz weniger Fahrten gleich hoch.

Im Rahmen ihrer Einkommensteuerveranlagung sind die Mitarbeiter nicht an die im Lohnsteuerabzugsverfahren angewandte 0,03 %-Regelung gebunden und können für das gesamte Kalenderjahr zur Einzelbewertung wechseln. Sie können also dem Finanzamt erklären, dass der Arbeitgeber die Bewertung der Fahrten zur ersten Tätigkeitsstätte mit 0,03 % vom Bruttolistenpreis vorgenommen hat. Allerdings wegen der Verlegung der Arbeit in das Home-Office für einen bestimmten Zeitraum, weniger Fahrten anzusetzen sind. Dies muss der Arbeitnehmer dann dem Finanzamt erklären.

Als Alternative zu der pauschalen Ermittlung kommt die Ermittlung der privaten Nutzungsvorteile anhand eines ordnungsgemäßen Fahrtenbuchs in Betracht. Ein unterjähriger Wechsel zwischen der 1 %-Regelung und der Fahrtenbuchmethode für dasselbe Kraftfahrzeug ist aber nicht zulässig. Auch hier ist die Entscheidung zu Beginn des Kalenderjahres zu treffen.   623

(Einstweilen frei)   624–625

C. Elektromobilität

Für die Überlassung oder Verwendung von Elektro- oder Hybridfahrzeugen gel- 626
ten besondere Regelungen, die sowohl bei der Pauschal- als auch bei der Fahrtenbuchmethode sowohl bei Unternehmen als auch bei Arbeitnehmern zu berücksichtigen sind. Zum 1.1.2019 gab es zudem eine bedeutende Änderung.

I. Definition eines Elektrofahrzeuges

Elektrofahrzeug ist ein Kraftfahrzeug, das ausschließlich durch einen Elektro- 627
motor angetrieben wird, der ganz oder überwiegend aus mechanischen oder
elektrochemischen Energiespeichern (z. B. Schwungrad mit Generator oder Batterie) oder aus emissionsfrei betriebenen Energiewandlern (z. B. wasserstoffbetriebene Brennstoffzelle) gespeist wird.[1]

Nach dem Verzeichnis des Kraftfahrtbundesamtes zur Systematisierung von 628
Kraftfahrzeugen und ihren Anhängern (Stand: März 2020[2]) weisen danach z. B.
folgende Codierungen im Feld 10 der Zulassungsbescheinigung ein Elektrofahrzeug in diesem Sinne aus: 0004 und 0015.

Hybridelektrofahrzeug ist ein Hybridfahrzeug, das zum Zwecke des mecha- 629
nischen Antriebs aus folgenden Quellen im Fahrzeug gespeicherte Energie/
Leistung bezieht:

▶ einem Betriebskraftstoff,

▶ einer Speichereinrichtung für elektrische Energie/Leistung (z. B. Batterie,
   Kondensator, Schwungrad mit Generator).[3]

Hybridelektrofahrzeuge müssen zudem extern aufladbar sein. Nach dem Ver- 630
zeichnis des Kraftfahrtbundesamtes zur Systematisierung von Kraftfahrzeugen
und ihren Anhängern (Stand: März 2020[4]) weisen danach folgende Codierungen im Feld 10 der Zulassungsbescheinigung ein Hybridelektrofahrzeug in diesem Sinne aus: 0016 bis 0019 und 0025 bis 0031.

---

1 BMF, Schreiben v. 5.6.2014, BStBl 2014 I S. 835, Rz. 1.
2 Verzeichnis zur Systematisierung von Kraftfahrzeugen und ihren Anhängern Stand: März 2020,
  S. 82.
3 BMF, Schreiben v. 5.6.2014, BStBl 2014 I S. 835, Rz. 2.
4 Verzeichnis zur Systematisierung von Kraftfahrzeugen und ihren Anhängern Stand: März 2020,
  S. 82.

ABB 24:

Elektrofahrzeug	Hybridfahrzeug
▸ ausschließlich durch einen Elektromotor angetrieben gespeist	Bezieht zum Zwecke des mechanischen Antriebs aus folgenden Quellen im Fahrzeug gespeicherte Energie/Leistung aus
▸ ganz oder überwiegend aus mechanischen oder elektrochemischen Energiespeichern (z. B. Schwungrad mit Generator oder Batterie) oder	▸ einem Betriebskraftstoff;
	▸ einer Speichereinrichtung für elektrische Energie/Leistung (z. B. Batterie, Kondensator, Schwungrad mit Generator)
▸ aus emissionsfrei betriebenen Energie-wandlern (z. B. wasserstoffbetriebene Brennstoffzelle)	▸ Muss extern aufladbar sein

---

631   Zu den begünstigten Fahrzeugen rechnen auch Elektrofahrräder, wenn diese verkehrsrechtlich als Kraftfahrzeug einzuordnen sind. So gelten Elektrofahrräder, deren Motor auch Geschwindigkeiten über 25 Kilometer pro Stunde unterstützt und versicherungspflichtig sind, als Kraftfahrzeuge.

632–635   *(Einstweilen frei)*

II. Kaufprämie bei der Anschaffung eines Fahrzeuges

636   Der Gesetzgeber hat für die Anschaffung von Elektro- oder Hybridfahrzeugen eine Kaufprämie eingeführt. Förderfähig sind reine Batterieelektrofahrzeuge, von außen aufladbare Hybridelektrofahrzeuge und Brennstoffzellenfahrzeuge sowie Fahrzeuge, die keine CO_2-Emmissionen aufweisen und höchstens 50g CO_2 pro Kilometer verursachen.

Die Fördersätze sehen wie folgt aus:

Fördersätze für Elektrofahrzeuge – Nettolistenpreis *unter* 40.000 €			
	Bundesanteil	Herstelleranteil	Kaufprämie
Betterieelektro- oder Brennstoffzellenfahrzeug	6.000 €	3.000 €	9.000 €
Von außen aufladbares Hybridelektrofahrzeug	4.500 €	2.250 €	6.750 €

Fördersätze für Elektrofahrzeuge – Nettolistenpreis *über* 40.000 €			
	Bundesanteil	Herstelleranteil	Kaufprämie
Betterieelektro- oder Brennstoffzellenfahrzeug	5.000 €	2.500 €	7.500 €
Von außen aufladbares Hybridelektrofahrzeug	3.750 €	1.875 €	5.625 €

Der Umweltbonus wird zur Hälfte von der Bundesregierung übernommen. Der volle Bonus geht von einer Haltedauer bei Kauf von sechs Monate und bei Leasing von einer Leasingzeit von zwei Jahren aus. 637

Der weitere Betrag wird vom Autohersteller übernommen. Der Eigenanteil des Automobilherstellers am Umweltbonus ist im Kauf- bzw. Leasingvertrag mindestens in der Höhe des Bundesanteils am Umweltbonus auszuweisen. Maßgeblich sind der BAFA-Listenpreis und der Netto-Kaufpreis des Basismodells (gem. Kauf- oder Leasingvertrag), aus dem sich die Differenz ergeben muss. 638

Die Förderung wird nur dann gewährt, wenn der Automobilhersteller dem Käufer mindestens den gleichen Anteil vom Netto-Listenpreis des Basismodells (BAFA-Listenpreis) als Nachlass gewährt. Der Netto-Listenpreis des Basismodells darf 65.000 € netto nicht überschreiten. 639

Dieser Bonus gilt für Fahrzeuge, die bis 2025 angeschafft werden. 640

(Einstweilen frei) 641–643

1. Antragsberechtigung

644 Antragsberechtigt sind:

► Privatpersonen

► Unternehmen

► Stiftungen

► Körperschaften

► Vereine

645 Nicht antragsberechtigt sind:

► der Bund

► die Bundesländer sowie deren Einrichtungen und

► Kommunen

► Automobilhersteller, die sich an der Finanzierung des Umweltbonus beteiligen sowie deren Tochtergesellschaften und alle anderen Tochtergesellschaften der Muttergesellschaft des Automobilherstellers, auf die diese Muttergesellschaft mittelbar oder unmittelbar Einfluss ausüben kann.

646 Förderfähig ist der Erwerb (Kauf oder Leasing) eines neuen, erstmals zugelassenen, **elektrisch betriebenen Fahrzeuges** gemäß § 2 des Elektromobilitätsgesetzes, sowie der Erwerb eines **Elektrofahrzeuges bei der zweiten Zulassung** im Inland. Das Fahrzeug muss zum ersten Mal zugelassen sein oder im Falle der zweiten Zulassung zuvor maximal zwölf Monate erstzugelassen gewesen sein.

Zusätzlich ist der Erwerb eines **akustischen Warnsystems (AVAS)** förderfähig, welches zum Zeitpunkt des Erwerbs serienmäßig vom Hersteller oder durch eine autorisierte Werkstatt in ein gemäß dieser Richtlinie zu förderndes Fahrzeug eingebaut wurde. Elektrofahrzeuge sind bei geringen Geschwindigkeiten sehr leise und damit insbesondere für blinde und sehbehinderte Menschen schwer oder gar nicht wahrnehmbar. Bei dem Acoustic Vehicle Alerting System (kurz: AVAS) handelt es sich um eine akustische Zusatzeinrichtung.

647 Das Fahrzeugmodell muss sich auf der Liste der förderfähigen Fahrzeuge befinden. Diese finden Sie unter http://go.nwb.de/dfa81.

Seit dem 19.8.2020 ist eine Antragstellung nur noch für Fahrzeuge möglich, die nach dem 4.11.2019 oder später erstzugelassen wurden.

Das Fahrzeug muss im Inland auf den Antragsteller erstzugelassen werden und mindestens sechs Monate zugelassen bleiben.

Für Fahrzeuge, die nach dem 4.11.2019 erstzugelassen worden sind, muss die Antragstellung spätestens ein Jahr nach der Zulassung auf die Antragstellerin/ den Antragsteller erfolgen.

Neufahrzeuge die nach dem 3.6.2020 und bis zum 31.12.2021 erstmalig zugelassen und beantragt werden, können eine Innovationsprämie erhalten, bei dem der Bundesanteil am Umweltbonus verdoppelt wird.

Auch Gebrauchtwagen sind mittlerweile förderfähig. Das Fahrzeug muss nach dem 4.11.2019 oder später erstzugelassen sein. Die Erstzulassung kann auch in einem anderen EU-Staat erfolgt sein. Das junge gebrauchte Fahrzeug darf maximal zwölf Monate erstzugelassen gewesen sein und darf eine maximale Laufleistung von 15.000 km aufweisen. Das Gebrauchtfahrzeug darf nicht bereits durch den BAFA-Umweltbonus oder einer vergleichbaren staatlichen Förderung gefördert worden sein.

Der maximale förderfähige Bruttogesamtfahrzeugpreis für Gebrauchtfahrzeuge beträgt wegen des typischen Wertverlusts auf dem Wiederverkaufsmarkt 80 % des Listenpreises des Neufahrzeugs (brutto, inklusive Sonderausstattung). Davon ist der Bruttoherstelleranteil noch abzuziehen. Übersteigt der Kaufpreis Ihres Gebrauchtfahrzeuges den maximalen förderfähigen Bruttogesamtfahrzeugpreis, ist eine Förderung ausgeschlossen.

Für die Gebrauchtfahrzeuge muss der Förderantrag spätestens zwölf Monate nach der Zweitzulassung gestellt werden.

Das junge gebrauchte Fahrzeug kann mit der Innovationsprämie (Verdoppelung des Bundesanteils) bezuschusst werden, wenn die Erstzulassung nach dem 4.11.2019 und die Zweitzulassung nach dem 3.6.2020 und bis zum 31.12.2021 erfolgt und beantragt wurde.

(Einstweilen frei)   648–650

2. Förderfähige Fahrzeuge

Förderfähig ist der Erwerb (Kauf oder Leasing) eines neuen, erstmals zugelassenen, elektrisch betriebenen Fahrzeuges gemäß § 2 des Elektromobilitätsgesetzes. Danach muss es sich um ein   651

► reines Batterieelektrofahrzeug,

► von außen aufladbares Hybridelektrofahrzeug (Plug-In Hybrid) oder

► Brennstoffzellenfahrzeug

der Klassen M1 und N1 beziehungsweise N2 soweit diese mit einer Fahrerlaubnis der Klasse B im Inland geführt werden dürfen, handeln.

652 Ebenso förderfähig sind Fahrzeuge, gleich welchen Antriebs, die keine oder weniger als 50 g CO2-Emissionen pro km vorweisen.

653 Das Fahrzeug muss mit mindestens vier Rädern für die Personenbeförderung und höchstens acht Sitzplätzen ausgestattet sein (Klasse M1) bzw. für die Güterbeförderung mit einer zulässigen Gesamtmasse bis zu 3,5 Tonnen (Klasse N1). Fahrzeuge der Klasse N2 sind nur dann förderfähig, wenn sie mit einer Fahrerlaubnis der Klasse B geführt werden dürfen.

654 Es muss sich um ein Neufahrzeug mit einem Netto-Listenpreis für das Basismodell bis maximal 65.000 € handeln und es muss erstmalig in Deutschland zugelassen werden.

655 Der Automobilhersteller muss sich bereit erklären, seinen Eigenbeitrag mindestens in der Höhe des Bundesanteils am Umweltbonus zu leisten.

656 Das Fahrzeugmodell muss sich auf der Liste der förderfähigen Elektrofahrzeuge befinden. Diese ist unter http://go.nwb.de/ghqin abrufbar.

657–659 *(Einstweilen frei)*

3. Fördervoraussetzungen

660 Der BAFA-Listenpreis wird um 3.000 € bzw. 2.500 € für ein reines Batterieelektrofahrzeug sowie ein Brennstoffzellenfahrzeug oder um 2.250 € bzw. 1.875 € für ein von außen aufladbares Hybridelektrofahrzeug reduziert. Somit ergibt sich der Schwellenwert, der für die Prüfung des Eigenanteils des Automobilherstellers am Umweltbonus maßgeblich ist. Wenn der Netto-Kaufpreis des Basismodells unter Berücksichtigung aller vom Automobilhersteller bzw. Händler gewährten Nachlässe und Rabatte den Schwellenwert unterschreitet, dann ist der Eigenanteil des Automobilherstellers am Umweltbonus nachgewiesen.

661 Der Nettokaufpreis des Basismodells ist der im Kauf- bzw. Leasingvertrag oder in der Rechnung ausgewiesene Listenpreis des Basismodells abzüglich gewährter Preisnachlässe (inkl. Eigenanteil des Herstellers am Umweltbonus sowie bei Abtretung beim gewerblichen Leasing der Bundesanteil am Umweltbonus). Der Eigenanteil des Automobilherstellers am Umweltbonus ist im Kauf- oder Leasingvertrag in Abzug zu bringen. Grundlage für den Nachweis der Erbringung des Eigenanteils des Automobilherstellers am Umweltbonus ist der BAFA-Listenpreis.

662 Der Netto-Listenpreis für das Basismodell darf maximal 65.000 € betragen.

Bei dem BAFA-Listenpreis handelt es sich um den Netto-Listenpreis des Basis-   663
modells in Deutschland zur Markteinführung. Etwaige Sonderausstattung sind
nicht Bestandteil des Basismodells. Die Meldung des BAFA-Listenpreises erfolgt
vor Aufnahme auf die Liste der förderfähigen Elektrofahrzeuge durch den Automobilhersteller.

Es muss sich um ein Neufahrzeug oder um einen jungen Gebrauchtwagen   664
handeln, das erstmalig auf den Antragsteller zugelassen ist. Neben den Neu-
fahrzeugen sind auch sogenannte junge gebrauchte Elektrofahrzeuge förderfähig. Das Fahrzeug muss zum ersten Mal zugelassen sein oder im Falle der
zweiten Zulassung zuvor maximal zwölf Monate erstzugelassen gewesen sein.

Die Erstzulassung, die in jedem Mitgliedstaat der EU erfolgen kann, hat dabei
nach dem 4.11.2019 zu erfolgen. Junge gebrauchte Fahrzeuge, deren Erstzulassung nach dem 4.11.2019 und die Zweitzulassung nach dem 3.6.2020 und bis
zum 31.12.2021 erfolgt, erhalten eine Innovationsprämie, bei der der bisherige
Bundesanteil am Umweltbonus verdoppelt wird und der Herstelleranteil unverändert bleibt.

Im Falle der Zweitzulassung muss das Fahrzeug eine maximale Laufleistung
von 15.000 km aufweisen und darf nachweislich noch nicht durch den Umweltbonus oder eine vergleichbare staatliche Förderung in einem anderen EU-
Staat gefördert worden sein.

Um den maximal förderfähigen Bruttogesamtfahrzeugpreis für Gebrauchtfahr-   665
zeuge zu bestimmen, werden wegen des typischen Wertverlusts auf dem Wie-
derverkaufsmarkt 80 % des Listenpreises des Neufahrzeugs (brutto, inklusive
Sonderausstattung) angesetzt und der Bruttoherstelleranteil davon abgezogen.
Dies gilt entsprechend für Leasingfahrzeuge. Jeder Antragsteller muss einen
Nachweis über den Bruttoneufahrzeugpreis des Gebrauchtwagens erbringen.

Der Nachweis kann entweder anhand

► der Neufahrzeugrechnung,

► eines Gutachtens der Deutschen Automobil Treuhand (DAT),

► durch eine Neufahrzeugkonfiguration mit identischer Ausstattung

erbracht werden.

Auch Leasingfälle fallen unter die Förderung. Antragsteller muss derjenige sein,   666
auf den das Fahrzeug zugelassen wird. Auch muss der Eigenanteil des Automobilherstellers mindestens in der Höhe des Bundesanteils am Umweltbonus
aus dem Leasingvertrag hervorgehen. Beim gewerblichen Leasing kann die

Auszahlung des Bundesanteils an den Händler/Leasinggeber abgetreten werden.

667–670   (*Einstweilen frei*)

4. Antragstellung

671   Die Förderung erfolgt mittlerweile in einem eistufigen Verfahren.

672   Der Antrag ist über das Online-Portal des Bundesamt für Wirtschaft- und Ausfuhrkontrolle (BAFA) zu stellen. Bevor ein Antrag gestellt wird, muss das Fahrzeug erworben und zugelassen sein.

673   Je nachdem, ob Sie Ihr Fahrzeug gekauft oder geleast haben, müssen im Online-Portal folgende Unterlagen eingereicht werden:

Kauf

► die Rechnung

► Zulassungsbescheinigung Teil II (entfällt bei Anträgen ab dem 1.9.2020)

► die Erklärung der wahrheitsgemäßen Angaben

im Falle einer Zweitzulassung:

► Einen Nachweis über den Listenpreis des Neufahrzeugs in Form eines Gutachtens der Deutschen Automobil Treuhand (DAT), einer Neufahrzeugrechnung oder einer Neufahrzeugkonfiguration mit identischer Ausstattung

► Nachweispaket von Gebrauchtwagen

Leasing

► Leasingvertrag

► verbindliche Bestellung

► Kalkulation der Leasingrate

► Zulassungsbescheinigung Teil II (entfällt bei Anträgen ab dem 1.9.2020)

► die Erklärung der wahrheitsgemäßen Angaben

im Falle einer Zweitzulassung:

► Einen Nachweis über den Listenpreis des Neufahrzeugs in Form eines Gutachtens der Deutschen Automobil Treuhand (DAT), einer Neufahrzeugrechnung oder einer Neufahrzeugkonfiguration mit identischer Ausstattung

► Nachweispaket von Gebrauchtwagen

674   (*Einstweilen frei*)

Nach positiver Prüfung erfolgt die Auszahlung des Bundesanteils am Umwelt- 675
bonus auf das Konto des Antragstellers.

(Einstweilen frei) 676

5. Lohnsteuerliche Behandlung der Prämie

In der Praxis gibt es Fälle, dass der Arbeitnehmer den PKW auf sich zulässt und 680
der Arbeitgeber das Fahrzeug least. Erwerber bzw. Leasingpartner ist der Arbeitgeber. Halter ist aber der Arbeitnehmer. Antragsberechtigt ist der Arbeitnehmer, weil er Halter ist. Das bedeutet, der Arbeitnehmer darf den Antrag auf
die Prämie stellen. Da die Prämie nicht vom Arbeitgeber gezahlt und weiterge-
geben wird, liegt m. E. kein lohnsteuerpflichtiger Arbeitslohn vor.

(Einstweilen frei) 681–684

III. Kraftfahrzeugsteuer

Das Kraftfahrzeugsteuergesetz (KraftStG) sieht spezielle Regelungen für reine 685
Elektrofahrzeuge vor: Diese sind nach § 3d KraftStG für einen befristeten Zeitraum von der Kraftfahrzeugsteuer befreit. Daran anschließend ermäßigt sich
die zu zahlende Kraftfahrzeugsteuer um 50 % gemäß § 9 Abs. 2 KraftStG. Nach
dem Bundestag hat am 9.10.2020 auch der Bundesrat die Verlängerung der
zehnjährigen Steuerbefreiung für Elektrofahrzeuge gebilligt. Reine Elektrofahrzeuge, die in der Zeit vom 18.5.2011 bis 31.12.2025 erstmals zugelassen wurden, sind damit weiterhin von der Kfz-Steuer befreit. Bisher galt die Befreiung
nur für Zulassungen oder Umrüstungen bis Ende 2020. Die Befreiung ist bis
zum 31.12.2030 befristet, um einen Anreiz für die frühzeitige Anschaffung eines Elektrofahrzeugs zu schaffen.

Elektrofahrzeuge i. S. des Kraftfahrzeugsteuergesetzes sind Fahrzeuge, welche 686
ausschließlich mit Elektromotoren angetrieben werden, die ganz oder überwiegend aus mechanischen oder elektrochemischen Energiespeichern (Batterien)
oder aus emissionsfrei betriebenen Energiewandlern (wasserstoffbetriebene
Brennstoffzellen) gespeist werden.

Hybridfahrzeuge, die neben einem Elektromotor auch durch einen Verbren- 687
nungsmotor angetrieben werden, gelten nicht als Elektrofahrzeuge i. S. des
Kraftfahrzeugsteuergesetzes. Diese Fahrzeuge sind nicht steuerbegünstigt.

Dazu gehören auch Elektrofahrzeuge, die mit einem Verbrennungsmotor als 688
Reichweitenverlängerer ausgestattet sind (sog. Range-Extender-Fahrzeuge).

689   Die Befreiung von der Kraftfahrzeugsteuer erfolgt ohne Antrag. Die Feststellung, ob es sich bei einem Fahrzeug um ein begünstigtes Elektrofahrzeug im Sinne des Kraftfahrzeugsteuergesetzes handelt, wird aufgrund der von den Zulassungsbehörden übermittelten fahrzeugspezifischen Daten getroffen.

690   Die Steuerbefreiung von Elektrofahrzeugen beträgt zehn Jahre bei Erstzulassung zwischen dem 18.5.2011 und dem 31.12.2025 gemäß § 3d Abs. 1 KraftStG.

691–695   *(Einstweilen frei)*

IV. Gestellung von Elektro- und Hybridfahrzeugen an Arbeitnehmer zur privaten Nutzung mit Anschaffung vom 1.1.2013 bis 31.12.2018

696   Stellt ein Arbeitgeber einem Arbeitnehmer ein Elektro- oder Hybridelektrofahrzeug auch zur privaten Nutzung zur Verfügung, so entsteht grundsätzlich ein geldwerter Vorteil nach den Grundsätzen der Firmenwagenüberlassung. Die Ermittlung des geldwerten Vorteils kann entweder nach der 1 %-Methode oder nach der Fahrtenbuchmethode (§ 8 Abs. 2 Sätze 2 bis 5 i. V. mit § 6 Abs. 1 Nr. 4 Satz 2 EStG, siehe Rz. 231 ff.) erfolgen.

697   Dies gilt auch für die Bewertung der Nutzungsentnahme, wenn ein Unternehmer einen betrieblichen Elektro- oder Hybridkraftwagen privat nutzt (siehe Rz. 46 ff.).

698   Da die Kosten für E-Autos aufgrund der teuren Batterien sehr hoch sind und so zu einer hohen Bemessungsgrundlage führen, wurde bereits 2013 ein Nachteilsausgleich geregelt. Bei der Anwendung der 1 %-Methode und bei der Fahrtenbuchmethode darf nach den Vorschriften von § 6 Abs. 1 Nr. 4 Sätze 2 und 3 EStG ein Teil der Batteriekosten abgezogen werden. Dies gilt für den Zeitraum der Anschaffungen vom 1.1.2013 bis 31.12.2018. Dadurch mindert sich der zu versteuernde geldwerte Vorteil bzw. die zu berücksichtigende Entnahme.

699–702   *(Einstweilen frei)*

1. Bewertung nach der Pauschalmethode

703   Bei Anwendung der 1 %-Methode nach § 4 Abs. 5 Satz 1 Nr. 6 Satz 3, § 6 Abs. 1 Nr. 4 Satz 2 und § 8 Abs. 2 Satz 3 und 5 EStG können pro KWh-Leistung je nach Anschaffungsjahr Beträge für die Kosten der Batteriesysteme vom Bruttolistenpreis abgezogen werden. Die geminderten Bruttolistenpreise sind dann Bemessungsgrundlage für die Pauschalmethode. Die Beträge sinken je Anschaffungs-

jahr. Der maximale Abzugsbetrag ist ebenfalls begrenzt. Werden Elektro- und Hybridelektrofahrzeuge gebraucht erworben, richtet sich der Minderungsbetrag nach dem Jahr der Erstzulassung des Kraftfahrzeugs. Der notwendige kWh-Wert kann dem Feld 22 der Zulassungsbescheinigung entnommen werden.

Die Regelung ist für PKWs von Bedeutung, die nach dem 1.1.2013 und vor dem 1.1.2019 angeschafft, geleast oder zur Nutzung überlassen werden, wenn es sich um Elektrofahrzeuge und Hybridfahrzeuge handelt. Sie gilt darüber hinaus, wenn Hybridfahrzeuge die Voraussetzungen für die Halbierung des Bruttolistenpreises nach § 6 Abs. 1 Nr. 4 EStG nicht erfüllen (Mindestreichweite 40 km oder 50 g CO2 je km).   704

Es gelten je nach Anschaffungsjahr folgende Beträge: 705

Jahr	Minderungsbetrag je kwh	Maximalbetrag
2013	500 €	10.000 €
2014	450 €	9.500 €
2015	400 €	9.000 €
2016	350 €	8.500 €
2017	300 €	8.000 €
2018	250 €	7.500 €

Nach Abzug des Betrages ist der Wert auf volle Hundert abzurunden und dann wird auf diesen Wert der entsprechende Pauschalsteuersatz von 1 %, 0,03 % bzw. 0,002 % angewandt.

BEISPIEL: Der Arbeitgeber hat im Jahr 2018 ein Elektrofahrzeug mit einer Batteriekapazität von 16 Kilowattstunden (kWh) erworben und stellt dieses Fahrzeug seinem Arbeitnehmer auch für Privatfahrten zur Verfügung. Der Bruttolistenpreis beträgt 45. €. Die Privatfahrten sind mit der 1-Prozent-Regelung zu bewerten und zu versteuern.

LÖSUNG: Der Bruttolistenpreis ist um 4.000 € (16 kWh x 250 €) zu mindern. Der für den Ansatz der 1 %-Regelung geminderte und auf volle 100 € abgerundete Bruttolistenpreis beträgt 41.000 €. Der geldwerte Vorteil für den Arbeitnehmer beträgt monatlich 410 €.

BEISPIEL: Der Arbeitgeber hat im Jahr 2018 ein Elektrofahrzeug mit einer Batteriekapazität von 32 Kilowattstunden (kWh) erworben und stellt dieses Fahrzeug seinem Arbeitnehmer auch für Privatfahrten zur Verfügung. Der Bruttolistenpreis beträgt 85.000 €. Die Privatfahrten sind mit der 1 %-Regelung zu bewerten und zu versteuern.

LÖSUNG: ▸ Der Bruttolistenpreis ist um 7.500 € (32 kWh x 250 €, gedeckelt auf 7.500 €) zu mindern. Der für den Ansatz der 1 %-Regelung geminderte und auf volle 100 € abgerundete Bruttolistenpreis beträgt 77.500 €. Der geldwerte Vorteil für den Arbeitnehmer beträgt monatlich 775 €.

706   Eine Minderung der Bemessungsgrundlage ist nach Auffassung der Finanzverwaltung nur dann vorzunehmen, wenn der Listenpreis die Kosten des Batteriesystems beinhaltet. Wird das Batteriesystem des Elektro- oder Hybridelektrofahrzeugs nicht zusammen mit dem Kraftfahrzeug angeschafft, sondern ist für dessen Überlassung ein zusätzliches Entgelt, z. B. in Form von Leasingraten, zu entrichten, kommt eine Minderung der Bemessungsgrundlage nicht in Betracht. Die für die Überlassung der Batterie zusätzlich zu entrichtenden Entgelte sind grundsätzlich als Betriebsausgaben abziehbar.

BEISPIEL: ▸ Der Arbeitgeber hat im Jahr 2018 ein Elektrofahrzeug mit einer Batteriekapazität von 16 kWh erworben. Der Bruttolistenpreis beträgt 45.650 €. Für die Batterie hat der Steuerpflichtige monatlich zusätzlich eine Mietrate von 109 € zu zahlen. Der private Nutzungsanteil wird nach der Pauschalmethode ermittelt.

LÖSUNG: ▸ Der Bruttolistenpreis (45.650 €) ist nicht zu mindern und wird – auf volle 100 € abgerundet – für die Ermittlung des Entnahmewerts zugrunde gelegt. Die Nutzungsentnahme beträgt 456 € pro Monat.

707   Aus Vereinfachungsgründen lässt es die Finanzverwaltung zu, die Nutzungsentnahme ausgehend vom Listenpreis für das Kraftfahrzeug mit Batteriesystem zu berechnen, wenn das gleiche Kraftfahrzeug am Markt jeweils mit oder ohne Batteriesystem angeschafft werden kann.

BEISPIEL: ▸ Im Beispiel zuvor kann der Arbeitgeber das Fahrzeug auch zusammen mit dem Batteriesystem erwerben. Der Bruttolistenpreis betrüge 51.640 €. Der private Nutzungsanteil könnte auch wie folgt ermittelt werden:

Der Bruttolistenpreis (51.640 €) ist um 8.000 € (16 kWh × 250 € = 4.000 €) zu mindern und auf volle 100 € abzurunden. Der für die Ermittlung des Entnahmewerts geminderte Bruttolistenpreis beträgt 47.600 €. Die Nutzungsentnahme beträgt 476 € pro Monat.

708   Grundsätzlich gilt auch bei Elektro- und Hybridfahrzeugen die Kostendeckelung. Das heißt, es werden die pauschalen Wertansätze auf die für das genutzte Kraftfahrzeug insgesamt tatsächlich entstandenen Gesamtkosten begrenzt. Zu den Gesamtkosten des Kraftfahrzeugs gehören auch die Absetzungen für Abnutzung. Für den Vergleich des pauschal ermittelten Nutzungswerts/geldwerten Vorteils mit den Gesamtkosten ist die Bemessungsgrundlage für die Absetzungen für Abnutzung um den Abschlag zu mindern (siehe Rz. 141).

Enthalten die Anschaffungskosten für das Elektro- oder Hybridelektrofahrzeug   709
keinen Anteil für das Batteriesystem und ist für die Überlassung der Batterie
ein zusätzliches Entgelt (z. B. Miete oder Leasingrate) zu entrichten, sind die für
das genutzte Kraftfahrzeug insgesamt tatsächlich entstandenen Gesamtkosten um dieses zusätzlich entrichtete Entgelt zu mindern. In diesem Fall sind
auch weitere Kosten für das Batteriesystem, wie z. B. Reparaturkosten, War-
tungspauschalen oder Beiträge für spezielle Batterieversicherungen abzuziehen, wenn sie vom Arbeitgeber zusätzlich zu tragen sind.

(Einstweilen frei)   710–715

2. Bewertung nach der Fahrtenbuchmethode

Wird bei einem Elektro- oder Hybridfahrzeug im vorgenannten Zeitraum (siehe   716
Rz. 696) die Fahrtenbuchmethode nach § 6 Abs. 1 Nr. 4 Satz 1 oder 3 EStG für
die Ermittlung des privaten Nutzungsanteils verwendet, ist die Bemessungsgrundlage für die Afa-Beträge entsprechend um die o. g. Werte zu mindern.
Auch die Kosten für kostenfrei zur Verfügung gestellten Ladestrom sind aus
den Gesamtkosten herauszurechnen.

BEISPIEL: Der Arbeitgeber hat im Jahr 2018 ein Elektrofahrzeug mit einer Batteriekapazität von 16 kWh erworben und stellt dieses Fahrzeug seinem Arbeitnehmer
auch für Privatfahrten zur Verfügung. Der Anschaffungspreis beträgt 45.000 €. Es
wird ein Fahrtenbuch geführt. Die berufliche Nutzung beträgt 85 %. Für Versicherungen (1.000 €), Strom (800 €) und Wartung (300 €) sind Aufwendungen von 2.100 €
entstanden.

LÖSUNG: Für die Ermittlung der Gesamtkosten ist zunächst der Anschaffungspreis
um 4.000 € (16 kWh x 250 €) zu mindern. Die Bemessungsgrundlage für die AfA-
Beträge lautet 41.000 €. Verteilt auf acht Jahre ergibt dies einen Abschreibungsbetrag von 5.125 € jährlich. In die Gesamtkosten sind noch die Wartung und Versicherung einzubeziehen. Das sind zusätzlich 1.300 €. Die 800 € Strom sind nicht
einzubeziehen, weil dieser steuerfrei zur Verfügung gestellt wurde. Es entstehen damit Gesamtkoste von 6.425 €. Es ergibt sich ein privater Nutzungsanteil von 15 %,
also 963,75 €.

HINWEIS:

Wird die Batterie nicht erworben, sondern geleast oder gemietet, sind die Gesamtkosten um das Entgelt für Leasing oder Miete zu mindern.

BEISPIEL: Der Arbeitgeber hat im Januar 2018 ein Elektrofahrzeug mit einer Batteriekapazität von 16 kWh erworben und stellt es seinem Arbeitnehmer zur privaten Nutzung zur Verfügung. Der Bruttolistenpreis beträgt 42.000 €, die tatsächlichen Anschaffungskosten (netto) 35.600 €. Für die Batterie hat der Arbeitgeber monatlich
zusätzlich eine Mietrate von 79 € zu zahlen. Die private Nutzung des Arbeitnehmers

wird durch ein ordnungsgemäßes Fahrtenbuch ermittelt und beträgt 17 %. Der private Nutzungsanteil ermittelt sich wie folgt:

Für die Ermittlung der Gesamtkosten sind Absetzungen für Abnutzung i. H. von 4.450 € (35.600 € verteilt auf acht Jahre) und weitere Aufwendungen für Versicherung (1.000 €) und Strom (890 €) anzusetzen. Die auf die Batteriemiete entfallenden Aufwendungen sind nicht zu berücksichtigen. Die Summe der geminderten Gesamtaufwendungen beträgt 6.340 €. Die Nutzungsentnahme nach der Fahrtenbuchmethode beträgt 1.077,80 € (17 %).

717 Enthalten die Miet-/Leasinggebühren für Kraftfahrzeuge die Kosten des Batteriesystems, sind diese aufzuteilen. Die anteilig auf das Batteriesystem entfallenden Miet-/Leasinggebühren mindern die Gesamtkosten. Es bestehen nach Ansicht der Finanzverwaltung keine Bedenken, wenn als Aufteilungsmaßstab hierfür das Verhältnis zwischen dem Listenpreis (einschließlich der Kosten für das Batteriesystem) und dem um den Abschlag geminderten Listenpreis angesetzt wird.

BEISPIEL: ▶ Der Arbeitgeber hat im Januar 2018 ein Elektrofahrzeug mit einer Batteriekapazität von 16 kWh geleast und überlässt dies dem Arbeitnehmer zur privaten Nutzung. Der Bruttolistenpreis beträgt 53.000 € die monatliche Leasingrate 499 €. Die berufliche Nutzung beträgt gemäß ordnungsgemäßem Fahrtenbuch 83 %. Der private Nutzungsanteil ermittelt sich wie folgt:

Für die Ermittlung der Gesamtkosten sind die Leasingraten unter Anwendung des Verhältnisses zwischen Listenpreis und dem um den pauschalen Abschlag geminderten Listenpreis aufzuteilen:

Listenpreis 53.000 €/geminderter Listenpreis 49.000 € entspricht einer Minderung von 7,5 % Leasingraten 499 € × 12 Monate = 5.988 € davon 7,5 % = 449,10 €.

Danach sind bei den Gesamtkosten Leasingaufwendungen i. H. von 5.538,90 € anzusetzen. Daneben sind Aufwendungen für Versicherung (1.000 €) und Strom (890 €) angefallen. Die Summe der geminderten Gesamtaufwendungen beträgt 7.428,90 €. Die Nutzungsentnahme nach der Fahrtenbuchmethode beträgt 1.262,91 € (17 %).

718–724 *(Einstweilen frei)*

V. Gestellung von Elektro- und Hybridfahrzeugen an Arbeitnehmer zur privaten Nutzung mit Anschaffung vom 1.1.2019 bis 31.12.2030

Da die Förderung für Elektro- und Hybridfahrzeuge noch keine wesentlichen Erfolge (Steigerung der Zulassungszahlen) gezeigt hat, ist zum 1.1.2019 eine Änderung der Bewertung der privaten Nutzung von Elektro- und Hybridfahrzeugen in Kraft getreten. § 6 Abs. 1 Nr. 4 Satz 2 EStG wurde neugefasst. Zum 1.1.2020 wurde die Änderung noch einmal erweitert. Die Bemessungsgrundlage bei der Pauschalmethode wird für reine Elektrofahrzeuge wird 2020 auf 25 % gemindert und für Elektro- und Hybridfahrzeuge ab 2019 halbiert. Dies gilt ebenso für die Kosten für Leasingraten oder Mieten und die AfA-Beträge in der Fahrtenbuchmethode. 725

Es wird somit ab 2020 unterschieden, ob es sich bei dem überlassenen Fahrzeug um ein reines Elektrofahrzeug ohne CO_2-Ausstoß oder um ein Hybridfahrzeug handelt.

Zu beachten ist, dass die Halbierung des Bruttolistenpreises und die geminderten Gesamtkosten nur für solche Hybridfahrzeuge gilt, wenn diese unter § 3 Abs. 2 Elektromobilitätsgesetz fallen. Danach darf das Fahrzeug eine Kohlendioxidemission von höchstens 50 g je gefahrenen Kilometer haben oder eine Reichweite unter ausschließlicher Nutzung der elektrischen Antriebsmaschine von mindestens 40 km haben. Dies gilt für Fahrzeuge bis zur Anschaffung bis 31.12.2021. 726

Für Anschaffungen ab dem 1.1.2022 bis zum 31.12.2024 muss das Hybridfahrzeug für die Halbierung der Bemessungsgrundlage eine Reichweite von 60 km erreichen.

Für Anschaffungen ab 1.1.2025 bis 31.12.2030 muss das Fahrzeug eine Reichweite von 80 km aufweisen.

Für reine Elektrofahrzeuge, die ab 1.1.2019 angeschafft wurden, gilt ab 2020 eine geminderte Bemessungsgrundlage von 25 %. Diese Minderung gilt für alle Anschaffungen, die bereits 2019 erfolgt sind und gilt für Anschaffungen bis zum 31.12.2030. Allerdings dürfen die reinen Elektrofahrzeuge nur einen maximalen Bruttolistenpreis von 60.000 € haben. Für das Jahr 2019 gilt für reine Elektrofahrzeuge eine Halbierung der Bemessungsgrundlage. Für teurere Elektrofahrzeuge gilt die Halbierung auch ab 2020 weiter. 727

Bei Kauf nach dem 31.12.2018 und vor dem 1.1.2031	Bewertung mit einem **Viertel** der steuerlichen BMG **Voraussetzung:** ► Keine CO_2 je gefahrene km und ► BLP des KFZ nicht mehr als 60.000 €.
Bei Kauf nach dem 31.12.2018 und vor dem 1.1.2022	Bewertung mit der **Hälfte** des steuerlichen BMG **Voraussetzung:** Bei externen aufladbaren Hypridelektrofahrzeugen die: ► CO_2 von höchstens 50 g je gefahrenen km oder ► Reichweite von mind. 40 km.
Bei Kauf nach dem 31.12.2021 und vor dem 1.1.2025	Bewertung mit der **Hälfte** des steuerlichen BMG **Voraussetzung das Fahrzeug hat:** ► CO_2 von höchstens 50 g je gefahrenen km oder ► eine Reichweite von mind. 60 km.
Bei Kauf nach dem 31.12.2024 und vor dem 1.1.2031	Bewertung mit der **Hälfte** der steuerlichen BMG **Voraussetzung das Fahrzeug hat:** ► CO_2 von höchstens 50 g je gefahrenen km oder ► eine Reichweite von mind. 80 km.

Der Nachweis der Voraussetzungen insbesondere der Reichweiten bei den Hybridfahrzeugen ist durch die EU-Übereinstimmungsbescheinigung, die jedes Fahrzeug erhält, zu erbringen.

Es ergibt sich folgende Übersicht:

ABB 25:

Elektrofahrzeug	Hybridfahrzeug
► ausschließlich durch einen Elektromotor angetrieben gespeist	Bezieht zum Zwecke des mechanischen Antriebs aus folgenden Quellen im Fahrzeug gespeicherte Energie/Leistung aus
► ganz oder überwiegend aus mechanischen oder elektrochemischen Energiespeichern (z. B. Schwungrad mit Generator oder Batterie) oder	► einem Betriebskraftstoff;
	► einer Speichereinrichtung für elektrische Energie/Leistung (z. B. Batterie, Kondensator, Schwungrad mit Generator)
► aus emissionsfrei betriebenen Energiewandlern (z. B. wasserstoffbetriebene Brennstoffzelle)	► Muss extern aufladbar sein
	► Reichweite von 40 km oder 50 g/km CO_2

(Einstweilen frei)   728–730

1. Bewertung nach der Pauschalmethode

Für Hybridfahrzeuge gilt mit einer Anschaffung seit 1.1.2019 bei der privaten   731
Nutzung durch den Arbeitnehmer statt wie bisher 1 % des inländischen Bruttolistenpreises nur noch 1 % des halbierten inländischen Bruttolistenpreises als
Bemessungsgrundlage, wenn dieser eine Reichweite von mindestens 40 km
hat oder einen CO2-Ausstoß von max. 50 g je km. Die gleiche Halbierung erfolgt bei den Fahrten zur ersten Tätigkeitsstätte (also bei 0,03 % und 0,002 %).[1]
Für reine Elektrofahrzeuge wird ab 2020 der Bruttolistenpreis auf 25 % gemindert, wenn das Fahrzeug nicht mehr als 60.000 € kostet.

---

1 Entwurf eines Gesetzes zur Vermeidung von Umsatzsteuerausfällen beim Handel mit Waren im
  Internet und zur Änderung weiterer steuerlicher Vorschriften, BR-Drucks. 372/18.

ABB 26:

Bemessungsgrundlage
50 % des Bruttolistenneupreis
davon 1 %, 0,03 %, 0,002 %

BEISPIEL: Der Arbeitgeber least ab 1.2.2020 ein reines Elektrofahrzeug, welches der Arbeitnehmer privat nutzen darf. Der Bruttolistenneupreis beträgt 50.000 €.

LÖSUNG: Viertel des Bruttolistenneupreises

50.000 / 4 = 12.500

1 % = 125 € geldwerter Vorteil

BEISPIEL: Der Arbeitnehmer hat im obigen Beispiel eine erste Tätigkeitsstätte, die von der Wohnung 30 km entfernt ist.

LÖSUNG: Zum geldwerten Vorteil von 125 € kommt noch ein Zuschlag hinzu.

0,03 % von 12.500 € x 30 km = 112,50 €.

732–733   (*Einstweilen frei*)

2. Bewertung nach der Fahrtenbuchmethode

734   Daneben wird auch für Elektro- und Hybridelektrofahrzeuge weiterhin die Fahrtenbuchmethode zulässig sein. Hierbei werden die Anschaffungskosten für das Kraftfahrzeug in Form der als Betriebsausgaben abzuziehenden Absetzungen für Abnutzung (AfA) bei den insgesamt entstandenen Aufwendungen berücksichtigt. Entsprechend der Halbierung der Bemessungsgrundlage für die Anwendung der Listenpreisregelung sind die hier zu berücksichtigenden Aufwendungen (Absetzung für Abnutzung) bei den entsprechenden Hybridfahrzeugen zu halbieren (§ 6 Abs. 1 Nr. 4 Satz 3 Nr. 2 EStG). Bei reinen Elektrofahrzeugen sind die Kosten ab 2020 auf 25 % zu mindern. Für das Jahr 2019 gilt hier noch eine Halbierung der Kosten.

ABB 27:

Bemessungsgrundlage
Anteil der Gesamtkosten
für Privatfahrten
Enthalten:
50 % der Afa Beträge
50 % der Leasingraten
50 % der Mieten

Nutzt der Steuerpflichtige ein geleastes oder gemietetes Hybrid-Kraftfahrzeug, **735** sind entsprechend die Leasing- oder Mietkosten nur zur Hälfte bei den Gesamtkosten zu berücksichtigen.

BEISPIEL: Der Arbeitgeber hat im Januar 2019 ein Hybridfahrzeug mit einer Reichweite von 40 km erworben und überlässt es an einen Mitarbeiter zur privaten Nutzung. Der Bruttolistenpreis beträgt 62.000 € die tatsächlichen Anschaffungskosten (netto) 55.600 €. Die berufliche Nutzung beträgt gemäß ordnungsgemäßem Fahrtenbuch 83 %.

LÖSUNG: Der private Nutzungsanteil ermittelt sich wie folgt:

Für die Ermittlung der Gesamtkosten sind Absetzungen für Abnutzung i. H. von 4.633,33 € (9.266,67 € / 2 (55.600 € verteilt auf 6 Jahre / 2)) und weitere Aufwendungen für Versicherung (1.000 €) und Strom (890 €) anzusetzen. Die Summe der geminderten Gesamtaufwendungen beträgt 6.523,33 €. Die Nutzungsentnahme nach der Fahrtenbuchmethode beträgt 1.108, 97 € (17 %).

BEISPIEL: Der Arbeitgeber least im Januar 2019 ein Hybridfahrzeug mit einer Reichweite von 50 km zu einer Leasingrate von 690 € im Monat. Der Arbeitnehmer darf das Fahrzeug privat nutzen und führt ein Fahrtenbuch.

LÖSUNG: In die Gesamtkosten sind die Leasingraten nur zu 50 % also nur i. H. von 345 € monatlich einzubeziehen.

(Einstweilen frei) **736**

3. Anwendungszeitraum

738 Die Neuregelung ist für Elektro- und Hybridelektrofahrzeuge, die extern aufladbar sind, anzuwenden, die im Zeitraum vom 1.1.2019 bis zum 31.12.2030 angeschafft oder geleast werden. Allerdings gilt die Minderung auf 25 % bei Elektrofahrzeugen erst ab 2020. Anschaffung ist jeder Erwerbsvorgang gegen Entgelt, bei dem das Eigentum übergeht. Maßgeblich ist also die Überlassung an den Arbeitgeber. Beim Leasing kommt es auf den Beginn des Leasingvertrages an. Nicht ausschlaggebend ist die Bestellung des Fahrzeuges oder der Zulassungszeitpunkt. Die Herstellung von Fahrzeugen ist nicht vom Wortlaut umfasst. Allerdings hat das BMF mit Schreiben vom 18.12.2018 bekannt gegeben, dass für die Anwendung der Neuregelung auch die erstmalige Überlassung des PKWs an einen Arbeitnehmer zur privaten Nutzung ausreichend ist. Dies bedeutet, dass in Herstellungsfällen oder in Fällen mit einer Anschaffung bis zum 31.12.2018 die Neuregelung anwendbar ist, wenn der Arbeitgeber den PKW erst nach dem 31.12.2018 an einen Arbeitnehmer zur privaten Nutzung erstmalig überlässt.

739 Für vor diesem Zeitraum angeschaffte oder geleaste Elektro- und Hybridelektrofahrzeuge, die extern aufladbar sind, gilt der bisherige Nachteilsausgleich (§ 6 Ab. 1 Nr. 4 Satz 2 Nr. 1 oder Satz 3 Nr. 1 EStG) unverändert weiter. Hier wird die Bemessungsgrundlage aufgrund der erhöhten Kosten für die Akkumulatoren gesenkt (siehe Rz. 705).

740 *(Einstweilen frei)*

741 Fahrzeuge, die nicht die Vorgaben für Hybridfahrzeuge erfüllen, sind ebenfalls nach der alten Nachteilsausgleichsregelung zu bewerten.

> **ZUSAMMENFASSENDES BEISPIEL:** Der Arbeitnehmer erhält ein Hybridfahrzeug zur privaten Nutzung, welches vom Arbeitgeber im Jahr 2019 angeschafft wird. Das Fahrzeug hat einen Bruttolistenpreis von 50.000 €. Die Reichweite liegt bei 30 km bzw. der CO2-Wert bei über 59 g je Kilometer. Die Leistungen der Batteriesysteme liegen bei 15 kWh. Der Mitarbeiter wird nach der Pauschalmethode versteuert und hat einen Weg von der Wohnung zur ersten Tätigkeitsstätte von 30 km.

> **LÖSUNG:** Eine Halbierung des Bruttolistenpreises darf nicht erfolgen. Es gilt der alte Nachteilsausgleich.
>
> Minderung des Bruttolistenpreises: 200 € x15 = 3000 €.
>
> Bemessungsgrundlage: 47.000 €
>
> 1 % = 470 €
>
> 0,03 % x 47.000 x 30 km = 423 €
>
> Gesamt zu versteuern und zu verbeitragen: 893 €.

ABWANDLUNG: Der Arbeitnehmer erhält ein Hybridfahrzeug zur privaten Nutzung, welches vom Arbeitgeber im Jahr 2019 angeschafft wird. Das Fahrzeug hat einen Bruttolistenpreis von 50.000 €. Die Reichweite liegt bei 50 km. Der Mitarbeiter wird nach der Pauschalmethode versteuert und hat einen Weg von der Wohnung zur ersten Tätigkeitsstätte von 30 km.

LÖSUNG NEUES RECHT: **Die Voraussetzungen für die Halbierung des Bruttolistenpreises sind erfüllt.**

Hälfte des Bruttolistenpreises = 25.000 €

Bemessungsgrundlage: 25.000 €

1 % = 250 €

0,03 % x 25.000 € x 30 km = 225 €.

Gesamt zu versteuern und zu verbeitragen: 475 €.

Differenz im Vergleich zur alten Lösung = 418 €, im Jahr 5.016 €.

Es ist zu erwarten, dass die Finanzverwaltung noch ein BMF-Schreiben zur Neuregelung veröffentlichen wird. | 742

(Einstweilen frei) | 743–744

VI. Befreiung für kostenfreies Laden an Ladestationen

Im § 3 Nr. 46 EStG wird eine zeitliche befristete (1.1.2017 bis 31.12.2030) Lohnsteuerfreiheit geregelt. Diese gilt für zusätzlich zum ohnehin geschuldeten Arbeitslohn vom Arbeitgeber gewährte Vorteile für das elektrische Aufladen eines privaten Elektrofahrzeugs oder Hybridelektrofahrzeugs i. S. des § 6 Abs. 1 Nr. 4 Satz 2 2. Halbsatz EStG an einer ortsfesten betrieblichen Einrichtung des Arbeitgebers oder eines verbundenen Unternehmens und für die zur privaten Nutzung überlassene betriebliche Ladevorrichtung. | 745

Letztendlich ist die Regelung so gefasst, dass das kostenlose „Betanken" an Ladestationen beim Arbeitgeber (auf dessen Parkplatz, in dessen Garage, Parkhaus) sowohl für private Elektro- und Hybridfahrzeuge als auch für solche Dienstwagen, die zur privaten Nutzung überlassen wurden, jeweils steuerfrei ist. Damit berücksichtigt der Gesetzgeber auch solche Arbeitnehmer, die den geldwerten Vorteil für die private Nutzung des betrieblichen Kraftfahrzeugs nach der sogenannten Fahrtenbuchmethode ermitteln. Mit der Änderung wird das elektrische Aufladen eines vom Arbeitnehmer auch privat genutzten betrieblichen Kraftfahrzeugs in die Steuerfreiheit einbezogen. | 746

Bei Anwendung der individuellen Nutzungswertermittlung i. S. des § 8 Abs. 2 Satz 4 EStG (Fahrtenbuchmethode) bleiben unter entsprechender Anwendung | 747 von R 8.1 Abs. 9 Nr. 2 Satz 8 2. Halbsatz LStR Kosten für den vom Arbeitgeber verbilligt oder unentgeltlich gestellten, nach § 3 Nr. 46 EStG steuerfreien Ladestrom bei der Ermittlung der insgesamt durch das Kraftfahrzeug entstehenden Aufwendungen i. S. des § 8 Abs. 2 Satz 4 EStG (Gesamtkosten) außer Ansatz.

748 Der Begriff „im Betrieb des Arbeitgebers" wurde präzisiert. Es handelt sich dabei um jede ortsfeste betriebliche Einrichtung des Arbeitgebers oder eines verbundenen Unternehmens i. S. des § 15 des Aktiengesetzes.

749 Die Steuerbefreiung gilt auch für Leiharbeitnehmer im Betrieb des Entleihers.

750 Die Steuerbefreiung gilt insbesondere nicht für Ladestrom an:

▶ Geschäftsfreunde des Arbeitgebers und deren Arbeitnehmer,

▶ Kunden des Arbeitgebers.

751 Ferner wird auch eine verbilligte oder unentgeltliche Übereignung von Ladevorrichtungen an einen Arbeitnehmer begünstigt. Dies ist der Fall, wenn der Arbeitnehmer einen Elektrodienstwagen erhält und dieser auch an der Wohnung des Arbeitnehmers geladen werden muss. Der Arbeitgeber kann die Kosten für die Anschaffung und Errichtung der Ladevorrichtung für die Garage, Wohnhaus, Parkplatz des Arbeitnehmers übernehmen, auch wenn die Vorrichtung beim Arbeitnehmer verbleiben soll. Die Kosten für die Installation können durch den Arbeitgeber mit 25 % pauschal lohnversteuert werden. Gleiches gilt für Arbeitgeberzuschüsse zur Anschaffung einer Ladeeinrichtung durch den Arbeitnehmer (§ 40 Abs. 2 Satz 1 Nr. 6 EStG).

752 In beiden Fällen ist jedoch Voraussetzung sein, dass die Vorteile zusätzlich zum ohnehin geschuldeten Arbeitslohn gewährt werden. Eine Entgeltumwandlung ist nicht begünstigt. Geht die Ladevorrichtung nicht ins Eigentum des Arbeitnehmers über, muss keine Versteuerung durch den Arbeitgeber erfolgen.

753 Die Grundsätze für die steuerliche Behandlung von Ladestrom hat die Finanzverwaltung im BMF-Schreiben v. 29.9.2020 überarbeitet. Das ursprüngliche Schreiben vom 14.12.2016 wurde neu veröffentlicht.[1]

754 Nutzt der Arbeitnehmer sein privates Elektrofahrzeug oder Hybridelektrofahrzeug für Dienstfahrten, kann er anstelle der tatsächlichen Kosten die gesetzlich festgelegten pauschalen Kilometersätze (§ 9 Abs. 1 Satz 3 Nr. 4a Satz 2 EStG) aus Vereinfachungsgründen auch dann ansetzen, wenn der Arbeitnehmer nach § 3 Nr. 46 EStG steuerfreie Vorteile oder nach § 40 Abs. 2 Satz 1 Nr. 6

---

1 BStBl 2020 I S. 972.

EStG pauschal besteuerte Leistungen und Zuschüsse vom Arbeitgeber für dieses Elektrofahrzeug oder Hybridelektrofahrzeug erhält.

Aus Vereinfachungsgründen ist der Arbeitgeber nicht verpflichtet, die steuerfreien Vorteile i. S. des § 3 Nr. 46 EStG im Lohnkonto des Arbeitnehmers aufzuzeichnen. § 41 Abs. 1 Satz 3 EStG sowie § 4 Abs. 2 Nr. 4 LStDV sind insoweit nicht anzuwenden. 755

Erhebt der Arbeitgeber die Lohnsteuer pauschal nach § 40 Abs. 2 Satz 1 Nr. 6 EStG, sind die Aufwendungen des Arbeitgebers für den Erwerb der Ladevorrichtung, die Zuschüsse des Arbeitgebers und die bezuschussten Aufwendungen des Arbeitnehmers für den Erwerb und die Nutzung der Ladevorrichtung nachzuweisen. Der Arbeitgeber hat diese Unterlagen als Belege zum Lohnkonto aufzubewahren. 756

Mit einem ergänzenden Schreiben v. 26.10.2017[1] gab die Finanzverwaltung bekannt, dass die Steuerfreiheit für das Beziehen von Strom an den Ladestationen des Arbeitgebers nicht nur für Fahrzeuge gilt, sondern auch für Fahrräder. Damit ist also gleichgültig, ob der Arbeitnehmer sein Fahrzeug oder sein E-Bike bzw. Pedelec an der Stromladestation des Arbeitnehmers während der Arbeitszeit auflädt. 757

Das BMF-Schreiben vom 29.9.2020 trifft auch Aussagen zum pauschalen Auslagenersatz. Entstehen einem Arbeitnehmer im Zusammenhang mit der Nutzung eines Firmenwagens Kosten (z. B. Benzinkosten, Kosten für die Waschanlage, Nachfüllen von Öl etc.), die ihm bei Belegvorlage vom Arbeitgeber ersetzt werden, liegt steuer- und sozialversicherungsfreier Auslagenersatz nach § 3 Nr. 50 EStG vor. Handelt es sich um regelmäßig wiederkehrende Kosten ist ein pauschaler Auslagenersatz steuer- und beitragsfrei, wenn der Arbeitnehmer die entstandenen Kosten für einen repräsentativen Zeitraum von drei Monaten im Einzelnen nachweist. Dies gilt z. B. für Telefonkosten, die über den privaten Anschluss oder privaten Handyvertrag anfallen. 758

Erhält ein Arbeitnehmer von seinem Arbeitgeber ein Dienstwagen auf Elektro- oder Hybridbasis zur privaten Nutzung überlassen, können ebenfalls Auslagen entstehen, wenn der Arbeitnehmer das Fahrzeug auf seine eigenen Kosten irgendwo lädt, z. B. zu Hause an der eigenen oder arbeitgeberfinanzierten Ladestation. Für diesen Fall existieren meist in der Praxis keine Auslagenbelege und die Erstattung der Auslagen gestaltet sich für die Arbeitgeber schwierig. Zur Vereinfachung des steuer- und beitragsfreien Auslagenersatzes für das elektrische Aufladen eines Firmenwagens (ausschließlich PKW) beim Arbeit- 759

---

1 BStBl 2017 I S. 1439.

nehmer lässt die Finanzverwaltung monatliche Pauschalen zu. Hat der Arbeitnehmer eine zusätzliche Lademöglichkeit beim Arbeitgeber so kann der Arbeitgeber im Zeitraum vom 1.1.2017 bis 31.12.2020 folgende Auslagenpauschalen erstatten:

► für Elektrofahrzeuge 20 € monatlich,

► für Hybridelektrofahrzeuge 10 € monatlich.

760   Hat der Arbeitnehmer keine zusätzliche Lademöglichkeit beim Arbeitgeber gelten folgende Pauschalen:

► für Elektrofahrzeuge 50 € monatlich,

► für Hybridelektrofahrzeuge 25 € monatlich.

761   Für den Zeitraum vom 1.1.2021 bis 31.12.2030 werden die Pauschalen angehoben:

► **mit** zusätzlicher Lademöglichkeit beim Arbeitgeber:

   – 30 € für Elektrofahrzeuge und

   – 15 € für Hybridelektrofahrzeuge;

► **ohne** Lademöglichkeit beim Arbeitgeber:

   – 70 € für Elektrofahrzeuge und

   – 35 € für Hybridelektrofahrzeuge.

Durch den pauschalen Auslagenersatz sind sämtliche Kosten des Arbeitnehmers für den Ladestrom abgegolten. Ein zusätzlicher Auslagenersatz der nachgewiesenen tatsächlichen Kosten für den von einem Dritten bezogenen Ladestrom ist nicht zulässig. Übersteigen die vom Arbeitnehmer in einem Kalendermonat getragenen Kosten für den von einem Dritten bezogenen Ladestrom die maßgebende Pauschale, kann der Arbeitgeber dem Arbeitnehmer anstelle der maßgebenden Pauschale auch die anhand von Belegen nachgewiesenen tatsächlichen Kosten als steuerfreien Auslagenersatz nach § 3 Nr. 50 EStG erstatten.

Dies gilt entsprechend für die Anrechnung von selbst getragenen individuellen Kosten des Arbeitnehmers für Ladestrom auf den Nutzungswert.

PRAXISHINWEIS:

Durch diese Formulierung ist der Arbeitgeber gezwungen, sich monatlich zu entscheiden, ob dem Arbeitnehmer eine Pauschale für mögliche Auslagen gezahlt wird oder ob der Arbeitnehmer seine Belege direkt abrechnet, wenn er Aufwendungen für das Beziehen von Strom hat. Problematisch wird der Belegnachweis ggf. an der häuslichen Steckdose. Hier müsste der Arbeitnehmer Zählerstände aufzeichnen oder einen separaten Stromzähler für das Aufladen des Fahrzeuges nutzen.

Voraussetzung ist, dass die geldwerten Vorteile und Leistungen sowie die Zuschüsse zusätzlich zum ohnehin geschuldeten Arbeitslohn erbracht werden. Der steuerliche Vorteil ist damit insbesondere im Rahmen von Gehaltsverzicht oder -umwandlungen ausgeschlossen.

(Einstweilen frei)   762–769

VII. Behandlung eines Elektro- oder Hybridfahrzeuges bei einem Unternehmen

Durch die bereits in der gegenwärtigen Gesetzesfassung bestehenden Verweise auf § 6 Abs. 1 Nr. 4 Satz 2 oder 3 EStG entfaltet die Änderung auch Wirkung bei der Ermittlung der nicht abzugsfähigen Betriebsausgaben für Fahrten zwischen Wohnung und Betriebsstätte und für Familienheimfahrten im Rahmen einer doppelten Haushaltsführung bei einem Unternehmer mit einem betrieblichen Elektro- und Hybridelektrofahrzeug nach § 4 Abs. 5 Satz 1 Nr. 6 EStG (Rz. 101 ff.).   770

1. Pauschalmethode

Der private Nutzungsanteil für die Nutzung eines unternehmerisch genutzten Fahrzeuges kann anhand der 1 %-Regelung nach § 6 Abs. 1 Nr. 4 Satz 2 EStG nur ermittelt werden, wenn eine betriebliche Nutzung des Fahrzeugs nachweislich mehr als 50 % beträgt, das Fahrzeug also notwendiges Betriebsvermögen darstellt. Die pauschale Regelung gilt auch für gemietete oder geleaste Fahrzeuge. Für die Anwendung der 1 %-Regelung ist es unerheblich, wem das Fahrzeug zivilrechtlich oder steuerrechtlich zuzuordnen ist. Es gelten grds. die Ausführungen zu Rz. 80 ff.   771

BEISPIEL: W ist Gewerbetreibender. In seinem Betriebsvermögen befindet sich ein Hybridfahrzeug mit 50 km Reichweite, welches er im Februar 2019 angeschafft hat. Dieser Wagen wird unstrittig über 50 % betrieblich genutzt. Der Bruttolistenpreis zum Zeitpunkt der Erstzulassung im Februar 2019 belief sich auf 62.459 €. Daneben sind noch Zulassungskosten i. H. von 125 € und Überführungskosten von 790 € angefallen. Zur Ermittlung der privaten Nutzungsentnahme möchte W gerne die 1 %-Methode anwenden. W wohnt am Betriebssitz.

LÖSUNG: ▸ Die Ermittlung der Nutzungsentnahme anhand der 1 %-Methode ist nach § 6 Abs. 1 Nr. 4 Satz 2 EStG möglich, da der Pkw zu mehr als 50 % betrieblich genutzt wird. Als Bemessungsgrundlage ist der auf volle 100 € abgerundete aber halbierte Bruttolistenpreis von 62.459 € anzusetzen. 62.459/2 = 31.229,50 €, abgerundet auf: 31.200 € = Bemessungsgrundlage. Die angefallenen Nebenkosten beeinflussen die Bemessungsgrundlage nicht. Es ergeben sich folgende ertragsteuerlichen Konsequenzen für das Jahr:

1 % x 31.200 € x 11 Monate (ab Februar) = 3.432 € sind als Entnahme den Einnahmen (nach § 4 Abs. 1 Satz 1 EStG) hinzuzurechnen.

772 Aufwendungen für die Wege zwischen Wohnung und Betriebsstätte i. S. des § 4 Abs. 5 Satz 1 Nr. 6 EStG sind keine Reisekosten. Ihr Abzug richtet sich gemäß § 4 Abs. 5 Satz 1 Nr. 6 EStG nach den Regelungen in § 9 Abs. 1 Satz 3 Nr. 4 Satz 2 bis 6 EStG zur Entfernungspauschale (siehe Rz. 101 ff.).

BEISPIEL: ▸ Ein selbständiger Ingenieur hat in seinem Betriebsvermögen ein Hybridfahrzeug mit 50 km Reichweite im Februar 2019 mit einem Bruttolistenpreis von 75.000 € angeschafft. Die Entfernung zwischen Wohnung und Büro beträgt 10 km. Er sucht das Büro im Jahr 2019 in elf Monaten, an 200 Tagen auf. Die private Nutzungsentnahme wird nach der 1 %-Methode ermittelt.

LÖSUNG: ▸ Bezüglich der Aufwendungen für Fahrten zwischen Wohnung und Betrieb sind die Regelungen über die nicht abziehbaren Betriebsausgaben anzuwenden. Zu überprüfen ist, ob bezüglich dieser Touren fiktiv ein Betrag dem Betriebsergebnis hinzuzurechnen ist.

Für die Berechnung ist der Bruttolistenneupreis zu halbieren, er beträgt somit 37.500 €.

Die Berechnung lautet: 0,03 % x 37.500 € x 11 Monate (ab Februar) x 10 km = 1.237,50 €

- 200 Tage x 10 km x 0,30 € = 600,00 €.

Der Betrag von 637,50 € darf die Betriebsausgaben nicht mindern. Der Betrag von 637,50 € ist dem Gewinn hinzuzurechnen.

Die private Nutzungsentnahme beträgt 1 % von 37.500 € für 11 Monate, also 4.125 € im Jahr.

773–776 (Einstweilen frei)

2. Fahrtenbuchmethode

Die private Nutzung des Unternehmers kann auch durch Fahrtenbuchmethode   777
ermittelt werden. Insbesondere für eine Nutzung unter 50 % ist die Anwendung der Fahrtenbuchmethode üblich, weil die Pauschalmethode nicht anwendbar ist.

Die Beträge der AfA oder die Leasingraten sind entsprechend bei einem Elek-   778
trofahrzeug ab 2020 auf 25 % zu mindern und bei einem Hybridfahrzeug ab
2019 in den Gesamtkosten zu halbieren.

BEISPIEL: Der Unternehmer nutzt einen betrieblichen Elektrowagen (notwendiges Betriebsvermögen) auch privat. Die Anschaffungskosten des Fahrzeugs betragen am 1.2.2019 33.000 € zzgl. 6.270 € Umsatzsteuer. Die Gesamtkosten für das Fahrzeug betragen nach der Buchhaltung 2.000 € ohne Umsatzsteuer für Strom. Davon sind 1.000 € nicht mit Vorsteuer belastete Kosten (Kfz-Versicherung).

Gemäß Fahrtenbuch betragen die gefahrenen Kilometer 29.633 km. Davon betreffen 9.354 km Privatfahrten und 4.255 km für 200 Fahrten zwischen Wohnung und Betrieb (aufgerundete km einfache Entfernung 11 km).

LÖSUNG: Ermittlung der jährlichen Kfz-Kosten nach Fahrtenbuch:

Abschreibung (33.000 €/2 für 6 Jahre) 2.750 € (1/11 im Jahr 2019) = 2.520 €

+ Kosten mit Vorsteuer 1.000 €

= Zwischensumme 3.520€

+ Kosten ohne Vorsteuer 1.000 €

= Gesamtkosten 4.520 €

Kilometersatz: 4.520 €/29.633 km = 0,15 €/km

Der Hinzurechnungsbetrag zu den Einnahmen ermittelte sich wie folgt:

Privatanteil: 9.354 km × 0,15 €/km = 1.403,10 €

Dieser Anteil ist als Entnahme den Einnahmen hinzuzurechnen
(§ 4 Abs. 1 Satz 1 EStG).

Kosten für Fahrten zum Betrieb: 4.255 km × 0,15 €/km = 638,25 €

./. Entfernungspauschale: (180 Tage × 11 km × 0,30 €) ./. 594 € als Betriebsausgabe

Summe nicht abzugsfähige Betriebsausgaben 44,25 €

HINWEIS:

Ab 2020 kann die Abschreibung für das Fahrzeug nur zu 25 % eingerechnet werden.

> **BEISPIEL LEASING:** Der Unternehmer least ab 1.3.2019 ein Hybridfahrzeug mit einer Leasingrate von 699 € im Monat und ermittelt den privaten Anteil über ein Fahrtenbuch.
>
> In den Gesamtkosten sind die Leasingraten zu halbieren, also mit 349,50 € zu berücksichtigen.

779–784 *(Einstweilen frei)*

VIII. Umsatzsteuerliche Behandlung

785 Die umsatzsteuerliche Behandlung wird unter Rz. 1145 ff. detailliert erörtert. Es erfolgt keine Minderung bei der Berechnung der Umsatzsteuer für private Fahrten.

> **BEISPIEL:** Der Unternehmer schafft am 1.3.2019 einen Hybridwagen an. Der Bruttolistenneupreis beträgt 65.000 €. Das Fahrzeug wird privat genutzt. Die betriebliche Nutzung liegt über 50 %. Die Privatnutzung wird mit der Pauschalmethode bewertet.
>
> Für die Bewertung der ertragsteuerlichen Entnahme für die Privatnutzung ist der halbierte Bruttolistenneupreis anzusetzen: 65.000/2 = 32.500 €
>
> 1 % = 325 € monatliche Entnahme
>
> Für die Umsatzsteuer ist die Bemessungsgrundlage nicht zu mindern. Es gilt also 65.000 €.

786–790 *(Einstweilen frei)*

D. Gehaltsumwandlung und Leasing

Bei der Gestellung von Fahrzeugen ist auch eine Gehaltsumwandlung möglich. 791
Grundsätzlich ist diese rein rechtlich nur möglich, bei Arbeitnehmern, die nicht
nach Tarifvertrag bezahlt werden, weil die Tarifverträge eine Gehaltsumwandlung meist ausschließen.

Die Modelle sehen oft wie folgt aus: Der Arbeitnehmer darf in der Regel den 792
PKW auswählen. Der Arbeitgeber schließt mit einer Leasinggesellschaft einen
Leasingvertrag ab. Dabei wir eine Finanz-Leasingrate einschließlich Full-Service
(Versicherung, Wartung, Kilometer, ggf. Tanken) vereinbart. Anschließend trifft
der Arbeitgeber mit dem Arbeitnehmer eine Vereinbarung über eine Umwandlung des Arbeitsentgelts und über die Regelungen bezüglich der Fahrzeugnutzung. Dabei setzt sich der umzuwandelnde Betrag aus der Full-Service-Leasingrate und der Rate für sonstige laufende Kosten (Benzin, Versicherungen, Steuer
usw.) zusammen. Beide Werte ergeben den Gesamtumwandlungsbetrag.
Gleichzeitig wird der vom Arbeitnehmer zu versteuernde geldwerte Vorteil für
die private Nutzung des PKW durch Anwendung der 1 %-Regelung und für
Fahrten zwischen Wohnung und Arbeitsstätte ermittelt. Vertragspartner des
Leasingvertrages ist grundsätzlich der Arbeitgeber. Dieser zahlt auch die Raten
an die Leasinggesellschaft und trägt die Haftung.

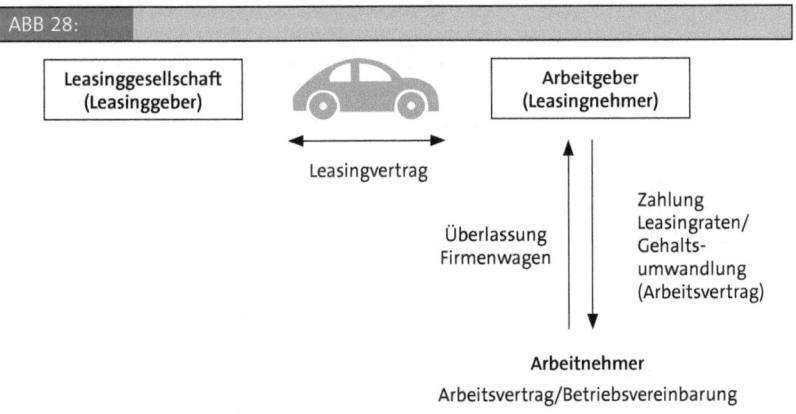

ABB 28:

Leasinggesellschaft (Leasinggeber) — Arbeitgeber (Leasingnehmer)

Leasingvertrag

Überlassung Firmenwagen

Zahlung Leasingraten/ Gehaltsumwandlung (Arbeitsvertrag)

Arbeitnehmer
Arbeitsvertrag/Betriebsvereinbarung

BEISPIEL: Der Arbeitnehmer hat ein Fahrzeug mit einer Leasingrate (Full-Service)
i. H. von 600 € ausgewählt, welches der Arbeitgeber von der Leasinggesellschaft
least. Der Bruttolistenpreis beträgt 50.000 €. Der Arbeitnehmer hat keine erste Tätigkeitsstätte und ein vereinbartes Bruttogehalt von 5.000 € monatlich. Die Gestellung
des Fahrzeuges soll im Rahmen der Gehaltsumwandlung erfolgen.

LÖSUNG:

5.000 € Bruttogehalt

Minderung durch Leasingrate - 600 € =	4.400 €
zzgl. 1 % von 50.000 €	+ 500 €
steuer- und sozialversicherungspflichtig:	4.900 €

793 Das BMF hat sich mit Schreiben vom 4.4.2018 ebenfalls zur lohnsteuerlichen Behandlung von Dienstwagen, die gleichzeitig zur privaten Nutzung im Rahmen einer Gehaltsumwandlung überlassen sind und vom Arbeitgeber geleast wurden, geäußert.

794 Least der Arbeitgeber ein Kraftfahrzeug von der Leasinggesellschaft und überlässt es dem Arbeitnehmer im Rahmen einer Gehaltsumwandlung auch zur privaten Nutzung, liegt eine Dienstwagengestellung nach § 8 Abs. 2 Satz 2 bis 5 EStG vor, die mit der Pauschal- oder Fahrtenbuchmethode zu bewerten ist, wenn folgende Voraussetzungen vorliegen:

► Der Anspruch des Arbeitnehmers auf die Kraftfahrzeugüberlassung resultiert aus dem Arbeitsvertrag oder aus einer anderen arbeitsrechtlichen Rechtsgrundlage, weil

► er im Rahmen einer steuerlich anzuerkennenden Gehaltsumwandlung mit Wirkung für die Zukunft vereinbart ist. Voraussetzung ist, dass der Arbeitnehmer unter Änderung des Arbeitsvertrags auf einen Teil seines Barlohns verzichtet und ihm der Arbeitgeber stattdessen Sachlohn in Form eines Nutzungsrechts an einem betrieblichen Kraftfahrzeug des Arbeitgebers gewährt[1] oder

► er arbeitsvertraglicher Vergütungsbestandteil ist. Davon ist insbesondere auszugehen, wenn von vornherein bei Abschluss eines Arbeitsvertrags eine solche Vereinbarung getroffen wird oder wenn die Beförderung in eine höhere Gehaltsklasse mit der Überlassung eines betrieblichen Kraftfahrzeugs des Arbeitgebers verbunden ist.

► In Leasingfällen setzt das Vorliegen eines betrieblichen Kraftfahrzeugs des Arbeitgebers i. S. des § 8 Abs. 2 Satz 2 bis 5 EStG zudem voraus, dass der Arbeitgeber und nicht der Arbeitnehmer gegenüber der Leasinggesellschaft zivilrechtlich Leasingnehmer ist.[2]

---

1 Vgl. BFH, Urteil v. 6.3.2008 – VI R 6/05, BStBl 2008 II S. 530.
2 BMF, Schreiben v. 4.4.2018, BStBl 2018 I S. 592, Rz. 46.

Liegt nach diesen Grundsätzen eine nach § 8 Abs. 2 Satz 2 bis 5 EStG zu bewertende private Nutzungsüberlassung vor, darf der Arbeitgeber die pauschalen Kilometersätze im Rahmen einer Auswärtstätigkeit mit diesem Kraftfahrzeug nicht – auch nicht teilweise – steuerfrei erstatten.[1]   795

Eine Nutzungsüberlassung an den Arbeitnehmer liegt nicht vor, wenn das Fahrzeug vom Arbeitgeber geleast wurde, aber dem Arbeitnehmer aufgrund einer gesonderten Vereinbarung im Innenverhältnis zum Arbeitgeber zuzurechnen ist. Dies ist der Fall, weil der Arbeitnehmer gegenüber dem Arbeitgeber wesentliche Pflichten und Rechte des Leasingnehmers hat. In einem solchen Fall gibt der Arbeitgeber nur vergünstigte Leasingkonditionen an den Arbeitnehmer weiter. Dieser Vorteil ist nach § 8 Abs. 2 Satz 1 EStG zu bewerten.[2] Eine Gehaltsumwandlung mit zusätzlichem geldwerten Vorteil liegt nicht vor.   796

Der Bundesfinanzhof hat am 1.8.2019 mit drei Urteilen zur Lohnsteuerpauschalierung und Steuerbefreiungen für erbrachte Leistungen des Arbeitgebers mit dem Kriterium zusätzlich zum ohnehin geschuldeten Arbeitslohn geurteilt (Az: VI R 32/18, VI R 21/17, VI R 40/17).   797

Nach der bisherigen Rechtsprechung des BFH wurden Leistungen des Arbeitgebers „zusätzlich zum ohnehin geschuldeten Arbeitslohn" erbracht, wenn sie zu den Lohnzahlungen hinzukommen, die entweder durch Vereinbarung, eine dauernde Übung oder sonst arbeitsrechtlich geschuldet sind. Der zusätzlich geleistete Lohn ist danach derjenige, „auf den der Arbeitnehmer arbeitsrechtlich keinen Anspruch hat, der folglich freiwillig vom Arbeitgeber erbracht wird." Hieran hält der BFH nicht länger fest.   798

Diese Rechtsprechung hat der BFH aufgegeben.   799

Nunmehr geht der BFH davon aus, dass der zusätzlich zum ohnehin geschuldeten Arbeitslohn „der Arbeitslohn ist, den der Arbeitgeber nur verwendungs- bzw. zweckgebunden leistet".

Auf die Frage, ob der Arbeitnehmer auf den fraglichen Lohnbestandteil arbeitsrechtlich einen Anspruch hat, kommt es daher nicht mehr an. Ausdrücklich betont der BFH, dass Freiwilligkeit und Zusätzlichkeit einander nicht ausschließen. „Vielmehr kann auch zu einer Zahlung, auf die im Zeitpunkt der Zahlung ein verbindlicher Rechtsanspruch besteht, eine weitere ebenfalls arbeitsrechtlich geschuldete Leistung hinzutreten.   800

---

1 BMF, Schreiben v. 4.4.2018, BStBl 2018 I S. 592, Rz. 48.
2 BFH, Urteil v. 18.12.2014 – VI R 75/13, BStBl 2015 II S. 670.

801 Auch ein arbeitsvertraglich vereinbarter „Lohnformenwechsel" (nicht zu verwechseln mit einer „Gehaltsumwandlung") ist nach Ansicht des BFH nicht begünstigungsschädlich. „Setzen Arbeitgeber und Arbeitnehmer den ohnehin geschuldeten Arbeitslohn für künftige Lohnzahlungszeiträume arbeitsrechtlich wirksam herab, kann der Arbeitgeber diese Minderung durch verwendungsgebundene Zusatzleistungen (wie z. B. Kinderbetreuungskosten) steuerbegünstigt ausgleichen."

802 Diese Auffassung wird von der Finanzverwaltung bisher nicht geteilt (R 3.33 Abs. 5 Satz 2 der Lohnsteuer-Richtlinien; BMF-Schreiben in BStBl 2013 I S. 728).

Die Rechtsprechung unterteilt daher zwischen einer Anrechnung auf das Gehalt und einem Lohnformwechsel. Nur bei einem Lohnformwechsel liegt nach Ansicht der Rechtsprechung das Zusätzlichkeitskriterium vor. In diesen Fällen liegt zunächst eine wirksame Vereinbarung zwischen Arbeitgeber und Arbeitnehmer vor, in der das zuvor vereinbarte Bruttogehalt abgemindert wird. Der Arbeitnehmer hat somit nur noch Anspruch auf ein gemindertes Bruttogehalt. In einem zweiten Schritt erhält der Arbeitnehmer nun Zuschüsse, die ggf. steuerbefreit sind. Die Rechtsprechung sieht dies als einen Wechsel der Lohnform an. Würden die Voraussetzungen wegfallen, hätte der Arbeitnehmer nur einen Anspruch auf das geminderte Bruttogehalt und nicht auf eine automatische Erhöhung. Insofern ist der Zuschuss zusätzlich zum ohnehin geschuldeten Arbeitslohn gezahlt.

Bei einer Anrechnung hingegen hat der Arbeitnehmer immer Anspruch auf einen vereinbarten auszuzahlenden Betrag. Wie sich dieser zusammensetzt ist gleichgültig. In diesen Fällen bestehen meist Automatismen, die das Bruttogehalt automatisch anheben, wenn der Zuschuss wegfällt. So bleibt der auszuzahlende Betrag immer gleich.

803 Die Finanzverwaltung hat die Rechtsprechung nicht angewandt und das Kriterium „zusätzlich zum ohnehin geschuldeten Arbeitslohn" mit BMF-Schreiben vom 5.2.2020 und mittlerweile auch im § 8 Abs. 4 EStG definiert. Im Sinne des Einkommensteuergesetzes werden Leistungen des Arbeitgebers oder auf seine Veranlassung die eines Dritten (Sachbezüge oder Zuschüsse) für eine Beschäftigung nur dann „zusätzlich zum ohnehin geschuldeten Arbeitslohn" erbracht, wenn

1. die Leistung nicht auf den Anspruch auf Arbeitslohn angerechnet,

2. der Anspruch auf Arbeitslohn nicht zugunsten der Leistung herabgesetzt,

3. die verwendungs- oder zweckgebundene Leistung nicht anstelle einer bereits vereinbarten künftigen Erhöhung des Arbeitslohns gewährt und

4. bei Wegfall der Leistung der Arbeitslohn nicht erhöht

wird. Dies gilt im Hinblick auf den Grundsatz der Gleichmäßigkeit der Besteuerung unabhängig davon, ob der Arbeitslohn tarifgebunden ist.

Die Rechtsprechung des BFH wird somit nicht von der Finanzverwaltung umgesetzt.

(Einstweilen frei) 804

E. Private Nutzung von Fahrrädern

Mittlerweile hat bei Arbeitnehmern auch die Überlassung von Fahrrädern zur privaten Nutzung große Bedeutung. 805

In der Praxis gibt es unterschiedliche Fallgestaltungen:

1. Der Arbeitgeber überlässt das Fahrrad zusätzlich zum ohnehin geschuldeten Arbeitslohn. In diesen Fällen trägt der Arbeitgeber die Kosten für die Anschaffung, Miete oder Leasing des Rades.

2. Der Arbeitgeber stellt das Fahrrad im Rahmen eines Mitarbeiterleasings zur Verfügung. Hier wird in der Regel das Bruttogehalt des Mitarbeiters in Höhe der Leasingrate gemindert.

Beide Varianten werden seit 2019 unterschiedlich steuerlich behandelt.

1. Gehaltsumwandlung

Für Fahrräder, die im Rahmen einer Gehaltsumwandlung an den Mitarbeiter überlassen werden, gilt die Pflicht zur Bewertung eines geldwerten Vorteils. Die Überlassung ist nicht steuerfrei nach § 3 Nr. 37 EStG. Die Steuerfreiheit nach § 3 Nr. 37 EStG gilt nur für Fahrradüberlassungen außerhalb einer Gehaltsumwandlung. In diesen Fällen muss der Arbeitgeber das Fahrrad zusätzlich zum ohnehin geschuldeten Arbeitslohn gewähren und die Kosten dafür tragen. Diese Erörterungen folgen unter 2.

Mit BMF-Schreiben v. 17.11.2017 hat die Finanzverwaltung zur lohnsteuerlichen Behandlung der Überlassung von (Elektro-)Fahrrädern an Arbeitnehmer in Leasingfällen Stellung genommen.

Grundsätzlich liegt in der Überlassung eines Fahrrades durch den Arbeitgeber, welches auch privat genutzt werden kann, ein geldwerter Vorteil vor. 806

Die Finanzverwaltung geht von folgenden Vertragsgestaltungen aus: 807

▶ ein Rahmenvertrag zwischen dem Arbeitgeber und einem Anbieter, der regelmäßig die gesamte Abwicklung betreut,

▶ Einzelleasingverträge zwischen dem Arbeitgeber (Leasingnehmer) und einem Leasinggeber über die (Elektro-)Fahrräder mit einer festen Laufzeit von zumeist 36 Monaten,

▶ ein Nutzungsüberlassungsvertrag zwischen dem Arbeitgeber und dem Arbeitnehmer hinsichtlich des einzelnen (Elektro-)Fahrrads für ebendiese Dauer, der auch eine private Nutzung zulässt,

▶ eine Änderung des Arbeitsvertrags, in dem einvernehmlich das künftige Gehalt des Arbeitnehmers für die Dauer der Nutzungsüberlassung um einen festgelegten Betrag (in der Regel in Höhe der Leasingrate des Arbeitgebers) herabgesetzt wird (sog. Gehaltsumwandlung)

808 Zudem sehen die Vertragsgestaltungen regelmäßig vor, dass ein Dritter (z. B. Leasinggeber, Dienstleister oder Verwertungsgesellschaft) dem Arbeitnehmer das von ihm genutzte (Elektro-) Fahrrad bei Beendigung der Überlassung durch den Arbeitgeber zu einem Restwert von z. B. 10 % des ursprünglichen Kaufpreises zum Erwerb anbieten kann.

809 Ein geldwerter Vorteil liegt danach in der Überlassung des Fahrrades zur privaten Nutzung vor, wenn der Anspruch auf die Überlassung des (Elektro-)Fahrrads aus dem Arbeitsvertrag oder aus einer anderen arbeitsrechtlichen Rechtsgrundlage resultiert.

810 Dies ist dann der Fall, wenn der Anspruch

▶ im Rahmen einer steuerlich anzuerkennenden Gehaltsumwandlung mit Wirkung für die Zukunft vereinbart ist. Voraussetzung ist, dass der Arbeitnehmer unter Änderung des Arbeitsvertrags auf einen Teil seines Barlohns verzichtet und ihm der Arbeitgeber stattdessen Sachlohn in Form eines Nutzungsrechts an einem (Elektro-)Fahrrad des Arbeitgebers gewährt

oder

▶ arbeitsvertraglicher Vergütungsbestandteil ist. Davon ist insbesondere auszugehen, wenn von vornherein bei Abschluss eines Arbeitsvertrags eine solche Vereinbarung getroffen wird oder wenn die Beförderung in eine höhere Gehaltsklasse mit der Überlassung eines (Elektro-)Fahrrads des Arbeitgebers verbunden ist.

811 Eine Gestellung eines (Elektro-)Fahrrads durch den Arbeitgeber in diesem Sinne setzt zudem voraus, dass der Arbeitgeber und nicht der Arbeitnehmer gegenüber dem Leasinggeber zivilrechtlich Leasingnehmer ist.

812 Die Bewertung des geldwerten Vorteils erfolgt nach den gleichlautenden Erlassen der obersten Finanzbehörden der Länder v. 9.1.2020.

813 Nach dem Erlass ist ein Elektrofahrrad verkehrsrechtlich als Kraftfahrzeug einzuordnen, wenn es sich um Elektrofahrräder, deren Motor auch Geschwindigkeiten über 25 Kilometer pro Stunde unterstützt (sog. S-Pedelecs – Pedal Electric Cycle). S-Pedelecs sind Fahrräder mit einem Elektroantrieb, mit dem das Rad über 25 km/h fahren kann (Unterstützung meist bis 45 km/h, Motorleistung 250 Watt und mehr). Solche Räder gelten verkehrsrechtlich als Klein-

kraftrad und es besteht Versicherungspflicht. Es gilt die Bewertung des geldwerten Vorteils wie für Dienstwagen nach § 8 Abs. 2 Sätze 2 bis 5 i. V. mit § 6 Abs. 1 Nr. 4 Satz 2 EStG.

Die Bewertung kann somit auch mit der geminderten Bemessungsgrundlage für Elektrofahrzeuge erfolgen. Für Anschaffungen von Fahrrädern ab 2019 wendet die Finanzverwaltung bei Anwendung der Pauschalmethode auch die Minderung der Bemessungsgrundlage (unverbindliche Preisempfehlung des Fahrrades) an. Da hier nach der gesetzlichen Änderung für reine Elektrofahrzeuge nur noch ein Bruttolistenpreis von 25 % anzusetzen ist, gilt dies auch für Fahrräder. Für alle Fahrräder, die vor dem 1.1.2019 angeschafft wurden, gilt die unverbindliche Preisempfehlung als Bemessungsgrundlage für die Pauschalmethode. Eine Kürzung erfolgt nicht.

Ein normales Fahrrad ist anzunehmen, wenn auch mit Batterieunterstützung keine Leistung von 25 Kilometer pro Stunde erreicht werden kann. Darunter fallen die normalen Pedelecs. Pedelecs (Pedal Electric Cycle) sind Fahrräder, die nach der StVO mit einem max. 250 Watt starken Motor betrieben werden dürfen, welcher auf 25 km/h begrenzt ist. Für derartige Räder gilt keine Kennzeichen- bzw. Versicherungspflicht. **814**

Auch hier gilt für alle ab 2019 angeschafften Räder die Bewertung für Elektrofahrzeuge mit der Minderung der Bemessungsgrundlage (unverbindliche Preisempfehlung) auf 50 % und ab 2020 auf 25 %. Für alle Fahrräder, die vor 2019 angeschafft wurden, muss der volle Kaufpreis angesetzt werden.

Die Freigrenze für Sachbezüge i. H. von 44 € nach § 8 Abs. 2 Satz 11 EStG ist nicht anzuwenden. **815**

Erwirbt der Arbeitnehmer nach Beendigung der Vertragslaufzeit das von ihm bis dahin genutzte (Elektro-)Fahrrad von dem Dritten (Leasinggesellschaft, Fahrradhändler) zu einem geringeren Preis als dem um übliche Preisnachlässe geminderten üblichen Endpreis am Abgabeort i. S. des § 8 Abs. 2 Satz 1 EStG für ein solches (Elektro-)Fahrrad, ist der Unterschiedsbetrag als Arbeitslohn von dritter Seite zu versteuern. **816**

Zur Ermittlung dieses geldwerten Vorteils ist grundsätzlich eine Einzelbewertung vorzunehmen. **817**

Die Finanzverwaltung beanstandet nicht, den üblichen Endpreis i. S. des § 8 Abs. 2 Satz 1 EStG eines (Elektro-)Fahrrads, das dem Arbeitnehmer aufgrund des Dienstverhältnisses nach 36 Monaten Nutzungsdauer übereignet wird, aus Vereinfachungsgründen mit 40 % der auf volle 100 € abgerundeten unverbindlichen Preisempfehlung des Herstellers, Importeurs oder Großhändlers im Zeit- **818** punkt der Inbetriebnahme des (Elektro-)Fahrrads einschließlich der Umsatzsteuer zu bewerten. Ein niedrigerer Wert kann z. B. durch ein Gutachten nachgewiesen werden.

819 In den Fällen der Übereignung des Fahrrades gilt zur Frage der Anwendung des § 37b Abs. 1 EStG durch den Zuwendenden (z. B. Leasinggeber, Dienstleister oder Verwertungsgesellschaft) und zur Höhe der Bemessungsgrundlage das BMF-Schreiben zur Pauschalversteuerung von § 37b EStG v. 19.5.2015.[1]

820 Dem Kriterium „Zusätzlichkeitsvoraussetzung" genügt es, wenn zu dem sog. Grundgeschäft zwischen dem Zuwendenden (z. B. Leasinggeber, Dienstleister oder Verwertungsgesellschaft) und dem Arbeitnehmer – z. B. ein Kaufvertrag über ein (Elektro-)Fahrrad – der aus einem Rahmenvertrag zwischen dem Zuwendenden und dem Arbeitgeber resultierende geldwerte Vorteil für den Arbeitnehmer – z. B. ein vereinbarter Rabatt oder eine andere Vergünstigung – hinzukommt. § 37b Abs. 1 EStG ist dann grundsätzlich anwendbar.

821 Bemessungsgrundlage der pauschalen Einkommensteuer nach § 37b EStG sind grundsätzlich die Aufwendungen des Zuwendenden. Als Bemessungsgrundlage ist jedoch der gemeine Wert anzusetzen, wenn die Zuwendung in der Hingabe eines Wirtschaftsgutes des Betriebsvermögens besteht und dem Zuwendenden keine oder nur unverhältnismäßig geringe Aufwendungen entstanden sind. Unverhältnismäßig geringe Aufwendungen in diesem Sinne liegen regelmäßig vor, wenn die (Elektro-)Fahrräder durch den Zuwendenden (z. B. Dienstleister oder Verwertungsgesellschaft) vom Leasinggeber für einen weit unter dem gemeinen Wert liegenden Endpreis (z. B. 10 % des ursprünglichen Kaufpreises) erworben werden.

822 In diesen Fällen wird es nicht beanstandet, den gemeinen Wert eines (Elektro-) Fahrrads, das dem Arbeitnehmer aufgrund des Dienstverhältnisses nach 36 Monaten der Nutzungsdauer vom Zuwendenden übereignet wird, aus Vereinfachungsgründen mit 40 % der auf volle 100 € abgerundeten unverbindlichen Preisempfehlung des Herstellers, Importeurs oder Großhändlers im Zeitpunkt der Inbetriebnahme des (Elektro-)Fahrrads einschließlich der Umsatzsteuer anzusetzen. Ein niedrigerer Wert kann durch ein Gutachten nachgewiesen werden.

823 Der Kaufpreis, den der Zuwendungsempfänger (Arbeitnehmer) zahlt, mindert die Bemessungsgrundlage der pauschalen Einkommensteuer.

---

1 BStBl 2015 I S. 468.

ZUSAMMENFASSENDES BEISPIEL: ▶ Ein Arbeitgeber überlässt seinem Mitarbeiter ein E-Bike, welches nicht als verkehrsrechtliches Fahrzeug eingestuft ist, sowohl für Privatfahrten als auch für Fahrten zwischen Wohnung und erster Tätigkeitsstätte. Das Fahrrad wird im Rahmen einer Gehaltsumwandlung überlassen. Die unverbindliche Preisempfehlung des Herstellers des E-Bikes beträgt 3.000 €.

Der Arbeitgeber kann das Bike für eine monatliche Leasingrate von 50 € leasen. Der Arbeitnehmer verzichtet unter Änderung seines Arbeitsvertrags auf 50 € seines Monatsgehalts i. H. von 3.500 €. Nach drei Jahren kann der Arbeitnehmer das Fahrrad von der Leasinggesellschaft für 10 % vom unverbindlichen Preis bei Leasingbeginn kaufen.

VARIANTE 1: DIE ÜBERLASSUNG ERFOLGT VOR 2019. ▶

Lösung:

Der steuerpflichtige Arbeitslohn für die Leasingzeit von drei Jahren beträgt nach dem Verzicht des Arbeitnehmers auf 50 € seines Bruttolohns monatlich 3.450 €. Der geldwerte Vorteil wird nach der 1 %-Methode ermittelt. Der Mitarbeiter hat somit einen geldwerten Vorteil von 30 € (= 3.000 € x 1 %) monatlich zu versteuern.

Durch den geldwerten Vorteil von 30 € aus dem Sachbezug für das E-Bike erhöht sich der Bruttoarbeitslohn auf 3.480 €. Im Ergebnis ergibt sich also für den Arbeitnehmer ein um 20 € geringeres steuerpflichtiges und sozialversicherungspflichtiges Entgelt. Nach Ablauf der Leasingzeit erwirbt der Arbeitnehmer das Fahrrad für 300 €. Dies stellt einen zusätzlichen geldwerten Vorteil dar, weil die Finanzverwaltung einen Wert von 1.200 € (40 % vom damaligen Preis) nach drei Jahren annimmt. Die Differenz von 900 € muss also versteuert werden. Dies kann die Leasinggesellschaft nach § 37b Abs. 1 EStG mit 30 % übernehmen.

VARIANTE 2: DIE ÜBERLASSUNG ERFOLGT AB DEM 1.1 2019. ▶

Lösung:

Der steuerpflichtige Arbeitslohn für die Leasingzeit von drei Jahren beträgt nach dem Verzicht des Arbeitnehmers auf 50 € seines Bruttolohns monatlich 3.450 €. Der geldwerte Vorteil wird nach der 1 %-Methode ermittelt. Da es sich bei dem Fahrrad um ein Elektrofahrzeug handelt, wird die Minderung der unverbindlichen Preisempfehlung angewandt. Die unverbindliche Preisempfehlung wird mit 25 % angesetzt und auf volle Hundert abgerundet. Der Mitarbeiter hat somit einen geldwerten Vorteil von 7,00 € (= 750 € auf 700 € abgerundet x 1 %) monatlich zu versteuern.

Durch den geldwerten Vorteil von 7,00 € aus dem Sachbezug für das E-Bike erhöht sich der Bruttoarbeitslohn auf 3.457 €. Im Ergebnis ergibt sich also für den Arbeitnehmer ein um 43 € geringeres steuerpflichtiges und sozialversicherungspflichtiges Entgelt. Nach Ablauf der Leasingzeit erwirbt der Arbeitnehmer das Fahrrad für 300 €. Dies stellt einen zusätzlichen geldwerten Vorteil dar, weil die Finanzverwaltung einen Wert von 1.200 € (40 % vom damaligen Preis) nach drei Jahren annimmt. Die Differenz von 900 € muss also versteuert werden. Dies kann die Leasinggesellschaft nach § 37b Abs. 1 EStG mit 30 % übernehmen.

824 ## 2. Gewährung ohne Gehaltsumwandlung

Die Überlassung von betrieblichen Fahrrädern des Arbeitgebers an Arbeitnehmer zur privaten Nutzung ist seit 1.1.2019 steuerfrei nach § 3 Nr. 37 EStG, wenn die Überlassung zusätzlich zum ohnehin geschuldeten Arbeitslohn erfolgt und das Fahrrad kein Kraftfahrzeug nach § 6 Abs. 1 Nr. 4 Satz 2 EStG ist. Die Steuerfreiheit ist bis 31.12.2030 verlängert worden.

Voraussetzung ist, dass der Arbeitgeber das Fahrrad dem Mitarbeiter zusätzlich zum ohnehin geschuldeten Arbeitslohn überlässt. Dies bedeutet, dass der Arbeitgeber die Kosten tragen muss und diese nicht über das Bruttogehalt mit einer Minderung an den Arbeitnehmer weiter belasten darf.

BEISPIEL: Arbeitgeber überlässt ein betriebliches Fahrrad mit Wert von 2.000 € zur privaten Nutzung an seinen Mitarbeiter. Es liegt keine Gehaltsumwandlung vor. Es liegt kein verkehrsrechtliches Fahrzeug vor. Die Überlassung des Fahrrades erfolgt zusätzlich zum ohnehin geschuldeten Arbeitslohn. Diese ist steuerfrei nach § 3 Nr. 37 EStG.

Bei der Steuerfreiheit ist es egal, wann das Fahrrad angeschafft wurde. Dies bedeutet, der Arbeitgeber kann das Fahrrad auch schon im Jahr 2018 erworben haben.

825 Es ergibt sich folgender Überblick:

	AG finanziert, also zusätzlich zum Arbeitslohn	Gehaltsumwandlung (damit nicht zusätzlich zum Arbeitslohn)
Fahrrad angeschafft/Überlassung **vor** 2019 (für die Jahre **vor** 2019)	1 %-Regel (volle unverbindliche Preisempfehlung)	1 %-Regel (volle unverbindliche Preisempfehlung)
Fahrrad angeschafft/Überlassung **vor** 2019 (für die Jahre **ab** 2019)	Steuerfrei gem. § 3 Nr. 37 EStG, sozialversicherungsfrei	1 %-Regel (volle unverbindliche Preisempfehlung)
Fahrrad angeschafft/Überlassung erstmals **ab 2019** (für die Jahre **ab** 2019)	Steuerfrei gem. § 3 Nr. 37 EStG, sozialversicherungsfrei	1 % x ½ (unverbindliche Preisempfehlung) ¼ ab 2020

	AG finanziert, also zusätzlich zum Arbeitslohn	Gehaltsumwandlung (damit nicht zusätzlich zum Arbeitslohn)	826
Elektrofahrrad mit **Kfz**-Versicherungspflicht (Geschwindigkeit über 25 km/h) angeschafft/Überlassung **vor** 2019 (für die Jahre **vor** 2019)	1 %-Regel + 0,03 %-Regel (volle unverbindliche Preisempfehlung)	1 %-Regel + 0,03 %-Regel (volle unverbindliche Preisempfehlung)	
Elektrofahrrad mit **Kfz**-Versicherungspflicht (Geschwindigkeit über 25 km/h) angeschafft/Überlassung **vor** 2019 (für die Jahre **ab** 2019)	1 % + 0,03 % (volle unverbindliche Preisempfehlung)	1 % + 0,03 % (volle unverbindliche Preisempfehlung)	
Elektrofahrrad mit **Kfz**-Versicherungspflicht (Geschwindigkeit über 25 km/h) angeschafft/Überlassung **ab** 2019 (für die Jahre **ab** 2019)	1 % + 0,03 % (¼ unverbindliche Preisempfehlung)	1 % + 0,03 % (½ unverbindliche Preisempfehlung) ¼ ab 2020	

Das heißt die Bewertung und Versteuerung der geldwerten Vorteile für die Nutzung von dienstlichen Fahrrädern entfällt.   827

Die im neuen § 3 Nr. 37 EStG geregelte Steuerbefreiung des geldwerten Vorteils aus Überlassung eines betrieblichen Fahrrads vom Arbeitgeber an den Arbeitnehmer honoriert das umweltfreundliche Engagement der Nutzer von Fahrrädern und deren Arbeitgeber, die die private Nutzung, die Nutzung für Fahrten zwischen Wohnung und erster Tätigkeitsstätte und für Familienheimfahrten für ihre Arbeitnehmer unentgeltlich oder verbilligt ermöglichen.   828

Dies ist ein weiterer Baustein zur Förderung der Elektromobilität und der umweltverträglichen Mobilität. Die Steuerbefreiung gilt sowohl für Elektrofahrräder als auch für Fahrräder.   829

Ist ein Elektrofahrrad jedoch verkehrsrechtlich als Kraftfahrzeug einzuordnen (z. B. gelten Elektrofahrräder, deren Motor auch Geschwindigkeiten über 25 Kilometer pro Stunde unterstützen und damit versicherungspflichtig sind, als Kraftfahrzeuge), sind für die Bewertung dieses geldwerten Vorteils die Regelungen der Dienstwagenbesteuerung anzuwenden (§ 8 Abs. 2 Satz 2 bis 5 i. V. mit § 6 Abs. 1 Nr. 4 Satz 2 EStG). Dies gilt auch für die Halbierung der Bemessungsgrundlage für Elektrofahrzeuge bei der Dienstwagenbesteuerung (siehe Rz. 725).   830

831   Die Steuerbefreiung nach § 3 Nr. 37 EStG wird auf die Gewinnermittlung übertragen. Eine Entnahme für die private Nutzung eines betrieblichen Fahrrads, das verkehrsrechtlich kein Kraftfahrzeug ist, bleibt außer Ansatz.

Es erfolgt keine Anrechnung von steuerfreien Leistungen nach § 3 Nr. 37 EStG auf die Entfernungspauschale.

832   3. Übereignung von Fahrrädern an Mitarbeiter

Nach § 40 Abs. 2 Nr. 7 EStG kann zukünftig die Übertragung des Eigentums von betrieblichen Fahrrädern vom Arbeitgeber an Arbeitnehmer mit 25 % pauschal versteuert werden.

Die Übereignung muss aber zusätzlich zum ohnehin geschuldeten Arbeitslohn erfolgen.

Bemessungsgrundlage ist der Wert des Fahrrades zum Zeitpunkt der Übereignung. Hier gilt weiterhin die Regelung der Finanzverwaltung, dass das Fahrrad nach 30 Jahren einen Restwert von 40 % des ursprünglichen Kaufpreises hat. Es gilt eine 25%ige Pauschalsteuer plus Solidaritätszuschlag plus pauschale Kirchensteuer und eine Sozialversicherungsfreiheit.

Dies gilt ab 1.1.2020.

833   4. Lastenfahrräder

Nach § 7c EStG gilt für Elektrolieferfahrzeuge, also Fahrzeuge der EG-Fahrzeugklassen N1 und N2 mit einer technisch zulässigen Gesamtmasse von maximal 7,5 Tonnen, die ausschließlich durch Elektromotoren angetrieben werden, die ganz oder überwiegend aus mechanischen oder elektrochemischen Energiespeichern oder aus emissionsfrei betriebenen Energiewandlern gespeist werden, bei einer Neuanschaffung eine Abschreibung von 50 % der Kosten im Jahr der Anschaffung erhalten. Diese Sonderabschreibung erfolgt zusätzlich zur normalen Abschreibung.

Dies gilt auch für Lastenfahrräder, wenn diese elektrisch betrieben werden und ein Mindest-Transportvolumen von 1 m³ und eine Nutzlast von mindestens 150 kg mit einem elektromotorischen Hilfsantrieb haben.

Die Änderung gilt ab 1.1.2020.

5. Keine Überwälzung der Leasingraten beim Dienstrad auf erkrankten Arbeitnehmer nach Ablauf der Entgeltfortzahlung

834

Das Arbeitsgericht Osnabrück hat zum Aktenzeichen 3 Ca 229/19 über die Frage entschieden, ob ein Arbeitgeber Zahlung der Leasingraten durch die Arbeitnehmerin für den Zeitraum nach Ablauf der sechswöchigen Entgeltfortzahlung bei Krankheit verlangen kann.

Sachverhalt:

835

Der Arbeitgeber vereinbarte mit seiner Arbeitnehmerin die Gestellung von zwei Diensträdern für einen Zeitraum von 36 Monaten. Die Arbeitnehmerin verzichtete für die Gestellung der Diensträder als Sachlohnbezug auf einen Teil ihrer arbeitsvertraglichen Vergütung in Höhe der Leasingraten. Der Dienstradgestellung lag ein dreiseitiger Vertrag zwischen dem Arbeitgeber, der Arbeitnehmerin und dem Leasinggeber zu Grunde. Diese Vertragsbedingungen waren von dem Leasinggeber als allgemeine Geschäftsbedingungen gestellt. Danach war der Arbeitgeber berechtigt, bei Ruhen des Arbeitsverhältnisses (z. B. wegen Elternzeit) oder für den Zeitraum ohne Lohnbezug das Dienstrad schriftlich mit einer Frist von 14 Tagen zurückzufordern. Sofern der Arbeitgeber von seinem Recht auf Herausgabe des Dienstrades keinen Gebrauch machte, war der Arbeitnehmer verpflichtet, für die Dauer der Unterbrechung der Gehaltszahlung die Leasingraten an den Arbeitgeber zu zahlen.

Entscheidung:

836

Das Arbeitsgericht hält die Vertragsklausel mit Verpflichtung zur Übernahme der Leasingkosten durch die Arbeitnehmerin für unwirksam. Sie fällt dadurch ersatzlos weg.

Die Klausel ist entgegen den Anforderungen an allgemeine Geschäftsbedingungen nach § 305c BGB als intransparent zu beurteilen. Die Verpflichtung zur Übernahme der Leasingraten bei Wegfall der Vergütung ist in dem Vertrag nicht ausreichend deutlich gemacht und widersprüchlich formuliert. Aufgrund des vertraglichen Hinweises auf „erhöhte Kosten (z. B. Leasingkosten)" musste die Arbeitnehmerin nicht damit rechnen, dass diese für sie nicht nur bei vorzeitiger Beendigung des Arbeitsverhältnisses oder Insolvenz des Arbeitnehmers anfallen, sondern auch in Zeiten ohne Gehaltszahlung.

Des Weiteren stellt die Vertragsklausel eine unangemessene Benachteiligung des Arbeitnehmers i. S. von § 307 BGB dar. Es mag mit den wesentlichen Grundgedanken des Entgeltfortzahlungsgesetzes vereinbar sein, dass bei entsprechender Vertragsgestaltung der Arbeitgeber das Dienstrad bei Ablauf des

837

sechswöchigen Entgeltfortzahlungszeitraumes von dem erkrankten Arbeitnehmer zurückfordert. Das Dienstrad ist Teil des (Sach-) Bezuges. Der verständige Arbeitnehmer muss aber nicht damit rechnen, dass darüber hinaus der Arbeitgeber in diesen Fällen auch die Leasingkosten und damit sein Unternehmerrisiko auf den erkrankten Arbeitnehmer abwälzt.

Das Arbeitsgericht hält auch die voraussetzungslose Abkehr von dem Herausgabeverlangen seitens des Arbeitgebers und die dann entstehende Pflicht des Arbeitnehmers zur Zahlung der Leasingkosten für unangemessen.

838 Im Übrigen weist das Arbeitsgericht darauf hin, dass in der Dienstrad-Vereinbarung für eine dritte, am Arbeitsverhältnis nicht beteiligte Person (z. B. Ehegatte) unter Ausnutzung der steuerrechtlichen Belange des Arbeitnehmers eine Steuerverkürzung gesehen werden könnte.

839–848 *(Einstweilen frei)*

F. Aktuelle Rechtsprechung

I. Übernahme von Ordnungsgeldern wegen Falschparkens

Der BFH entschied im Urteil vom 13.8.2020 zum Aktenzeichen VI R 1/17, dass kein Arbeitslohn vorliegt, wenn der Arbeitgeber als Halter eines Kfz ein Verwarnungsgeld wegen einer Ordnungswidrigkeit i. S. des § 56 Abs. 1 Satz 1 OWiG, die der Mitarbeiter begangen hat (hier: Falschparken) übernimmt. Denn als Halter des Kfz zahlt der Arbeitgeber das Verwarnungsgeld als eigene Schuld.   849

Sachverhalt:

Der Arbeitgeber betreibt einen Paketzustelldienst. Die Arbeitnehmer haben die Aufgabe, Pakete unmittelbar bei den Kunden abzuholen oder den Kunden Pakete unmittelbar zuzustellen. Um eine möglichst schnelle Zustellung zu gewährleisten, halten die Fahrer ihre Fahrzeuge in unmittelbarer Nähe zu den Kunden an. Insbesondere in Innenstädten ist dies jedoch mit den zur Verfügung stehenden Parkmöglichkeiten nicht immer möglich.   850

In mehreren Städten hat die Arbeitgeberin daher bei der zuständigen Behörde Ausnahmegenehmigungen nach § 46 StVO beantragt, die unter bestimmten Auflagen (bspw. Abstand von 10 m zu Signalanlagen, keine Gefährdung anderer Verkehrsteilnehmer) ein kurzfristiges Halten zum Be- und Entladen in ansonsten nicht freigegebenen Bereichen wie Halteverbots- oder Fußgängerzonen gestattet. Die Genehmigung ist kostenpflichtig, gilt für ein bestimmtes Fahrzeug, welches anhand des amtlichen Kennzeichens identifiziert werden kann, und wird für ein Jahr erteilt. Die für diese Genehmigung zu entrichtende Gebühr wird an die Stadt gezahlt und als Betriebsausgabe abgezogen.   851

Solche Genehmigungen werden jedoch nicht von allen Städten erteilt. Ist eine Ausnahmegenehmigung nicht erhältlich, wird es zur Gewährleistung eines reibungslosen Betriebsablaufes und im Interesse der Kunden im Einzelfall hingenommen, dass die Fahrer ihre Fahrzeuge auch in Halteverbotsbereichen oder Fußgängerzogen kurzfristig anhalten und hierfür Verwarnungsgelder festgesetzt werden.   852

Die Verwarnungsgelder werden entweder direkt gegen den Arbeitgeber als Halter der Fahrzeuge festgesetzt und zusammen mit einem Überweisungsvordruck übersandt oder es wird ein Zeugenfragebogen mit einem Überweisungsvordruck übersandt, mit der Aufforderung zur Vermeidung weiterer Ermittlungen die Personalien des Fahrers mitzuteilen oder das Verwarnungsgeld inner-   853 halb von einer Woche zu bezahlen. In beiden Fällen bezahlt der Arbeitgeber die Verwarnungsgelder innerhalb der festgesetzten Frist zur Vermeidung eines Bußgeldverfahrens.

854 Für andere Mitarbeiter, die einen Firmenwagen nutzen und nicht im Paketzustelldienst tätig sind, werden Verwarnungsgelder wegen Falschparkens nicht übernommen. Diese sind von den Mitarbeitern selbst zu zahlen. Es werden auch keine Verwarnungs- oder Bußgelder für andere Verstöße der Fahrer gegen die Straßenverkehrsordnung, wie etwa überhöhte Geschwindigkeit, übernommen. Diese sind von den Fahrern selbst zu tragen.

855 Bis zum Ergehen des BFH-Urteils v. 11.11.2013 – VI R 36/12,[1] führte der Arbeitgeber für die übernommenen Verwarnungsgelder keine Lohnsteuer ab. Nach Ergehen dieses Urteil meldete der Arbeitgeber die Lohnsteuer pauschal nach § 40 Abs. 1 EStG an und führte diese nach einem festen Pauschsteuersatz ab. Dagegen erhob der Arbeitgeber zugleich Widerspruch und klagte.

Entscheidung:

856 Die Richter des BFH entschieden wie die Richter des Finanzgerichts zugunsten des Arbeitgebers.

Die gezahlten Verwarnungsgelder wegen Falschparkens ihrer Arbeitnehmer bei der Zustellung der Pakete führen bei diesen nicht zu steuerpflichtigem Arbeitslohn. Damit ist auch keine pauschalierte Lohnsteuer auf die Verwarnungsgelder beim Finanzamt anzumelden und abzuführen.

857 Das Unternehmen erfülle mit der Zahlung lediglich eine eigene Verbindlichkeit. Zwar hätten die Fahrer die Ordnungswidrigkeit begangen. Die Verwarnungsgelder seien jedoch gegen das Unternehmen als Halter der Wagen festgesetzt worden. Damit erfülle der Arbeitgeber eine eigene Schuld und übernehme nicht eine Schuld des Arbeitnehmers. Aus diesem Grund kann allein aufgrund der Übernahme der Verwarngelder kein geldwerter Vorteil entstanden sein.

858 Damit, so die Richter, liegt kein Arbeitslohn für eine Tätigkeit des Arbeitnehmers i. S. von § 19 Abs. 1 Nr. 1 EStG vor.

859 *(Einstweilen frei)*

---

1 BStBl 2014 II S. 278.

Der Arbeitgeber zahlt nur solche Verwarnungsgelder, die   860

▶ wegen Verstößen gegen Park- und Haltevorschriften im ruhenden Verkehr anfallen (nicht wegen anderer Verstöße) und

▶ von ihren Fahrern (nicht von anderen Angestellten)

▶ bei der Auslieferung und Abholung von Paketen (nicht bei anderen Gelegenheiten) begangen werden und

▶ in den Gebieten, für die sie keine Ausnahmegenehmigung nach § 46 StVO erhalten hat.

Vorrangig ist er bemüht, Ausnahmegenehmigungen zu erhalten, um ein   861
rechtswidriges Verhalten der Fahrer zu vermeiden. Diese Bemühungen haben letztlich auch zu einem Rückgang der festgesetzten Verwarnungsgelder geführt.

HINWEIS: 862

Der Fall wurde an das Finanzgericht zurückverwiesen, da noch geprüft werden muss, ob dem Arbeitgeber ein (vertraglicher oder gesetzlicher) Regressanspruch gegen den Mitarbeiter wegen der Parkverstöße zusteht. Denn wenn der Arbeitgeber auf einen realisierbaren (einredefreien und fälligen) Schadensersatzanspruch gegen den Mitarbeiter verzichtet, fließt diesem im Zeitpunkt des Erlasses ein geldwerter Vorteil zu. Der Verzicht auf die Weiterbelastung der Kosten für das Falschparken könne auch nicht als Leistung im ganz überwiegenden betrieblichen Interesse des Arbeitgebers angesehen werden. Der BFH hält aber an der im Urteil vom 7.7.2004 (VI R 29/00, BStBl 2005 II S. 367) vertretenen Auffassung fest, dass ein rechtswidriges Tun (und seien es auch nur Bagatellen wie Parkverstöße) keine beachtliche Grundlage einer betriebsfunktionalen Zielsetzung sein kann.

(Einstweilen frei)   863–866

II. Keine Anwendung der 1 %-Regelung bei Fahruntüchtigkeit

Muss ein geldwerter Vorteil für die Nutzung eines Firmenwagens versteuert   867
werden, auch wenn die Nutzung des Fahrzeugs untersagt ist, wenn aufgrund einer Erkrankung die Fahrtüchtigkeit beeinträchtigt sein könnte?

Das Finanzgericht Düsseldorf hat mit Urteil v. 24.1.2017 – 10 K 1932/16 E,[1]   868
diese Frage entschieden.

---

1 NWB IAAAG-38578.

Sachverhalt:

869 Dem Arbeitnehmer wurde ein Firmenwagen zur Verfügung gestellt, den er auch zu privaten Zwecken nutzen durfte. Der hierin liegende geldwerte Vorteil wurde für das Streitjahr 2014 zunächst nach der 1 %-Regelung versteuert. Dem Arbeitnehmer wurde vom behandelnden Arzt ein Fahrverbot erteilt. Im Einspruchsverfahren im Rahmen der Einkommensteuerveranlagung machte der Arbeitnehmer geltend, dass der Arbeitslohn zu kürzen sei, da er den Firmenwagen für fünf Monate nicht habe nutzen können. Ihm sei ein Fahrverbot durch den behandelnden Arzt erteilt worden und erst fünf Monate später durch die Fahrschule „... GmbH" aufgehoben worden. Der Wagen sei auch nicht von Dritten genutzt worden, da der Arbeitnehmer verwitwet sei. Zudem habe der Arbeitgeber die Nutzung untersagt. In der Dienstwagenrichtlinie fand sich folgende Regelung: Die Nutzung des Fahrzeugs ist untersagt, wenn der Mitarbeiter oder ein von ihm beauftragter Fahrer nach pflichtgemäßer Prüfung aller Umstände nicht mit Sicherheit ausschließen kann, dass seine Fahrtüchtigkeit durch den Genuss von Alkohol oder Medikamenten eingeschränkt ist. Dies gilt auch für Übermüdung oder Krankheit. Das Finanzamt versteuerte dennoch den geldwerten Vorteil.

Entscheidung:

870 Das Finanzgericht gab dem Arbeitnehmer Recht und hat ihm zugestanden, für die Zeit seiner Fahruntüchtigkeit keinen geldwerten Vorteil im Rahmen der 1 %-Regelung versteuern zu müssen.

871 Die unentgeltliche Nutzung eines Dienstwagens zu privaten Zwecken führt beim Arbeitnehmer zu einem geldwerten Vorteil und damit zu steuer- und beitragspflichtigem Arbeitsentgelt (§ 8 Abs. 2 Satz 2 EStG). Lohnsteuerlich kann die Privatnutzung nach der 1 %-Regelung oder nach der Fahrtenbuchmethode bewertet werden. Der geldwerte Vorteil ist monatlich zu erfassen.

872 Der Nutzungsvorteil für jeden angefangenen Kalendermonat mit dem vollen Betrag von 1 % des Bruttolistenpreises zu erfassen ist. Eine zeitanteilige Aufteilung – etwa weil der Arbeitnehmer den Firmenwagen erst gegen Ende eines Monats zur Verfügung gestellt bekommen hat – findet nach herrschender Auffassung nicht statt, so die Richter.

873 Soweit das Fahrverbot im Laufe des Monats angeordnet und aufgehoben wurde, musste folglich eine Versteuerung stattfinden.

874 Für die restlichen Monate, sind die Richter der Auffassung, dass keine Versteuerung eines geldwerten Vorteils stattfinden darf.

Grundsätzlich werden auch solche Sachverhalte versteuert, in denen der Arbeitgeber lediglich behauptet, das Fahrzeug nicht privat zu nutzen. Hier reicht die objektive Möglichkeit der Nutzung für eine Versteuerung aus. 875

Nicht gemeint sind, so die Richter, dagegen Situationen, in denen „der Steuerpflichtige zur privaten Nutzung des betrieblichen Fahrzeugs nicht (länger) befugt ist. So war es auch beim Arbeitnehmer. 876

Unter welchen Bedingungen und in welchem Umfang ein Arbeitnehmer befugt ist, einen Firmenwagen zu nutzen, richtet sich nach den zwischen dem Arbeitgeber und dem Arbeitnehmer getroffenen Vereinbarungen, d. h. hier nach der „Vereinbarung über die geschäftliche und private Nutzung eines firmeneigenen Dienstwagens". Nach dieser war es dem Arbeitnehmer untersagt, den Wagen, bei Fahruntüchtigkeit zu nutzen. Dies konnte durch die Atteste zumindest glaubhaft gemacht werden. 877

Es lagen zudem keinerlei Anhaltspunkte für die Annahme vor, dass eine dritte Person zur Nutzung des Wagens für Privatfahrten befugt war oder diesen genutzt hatte. Aus diesem Grund musste keine Versteuerung des geldwerten Vorteils für das ganze Jahr erfolgen. 878

(Einstweilen frei) 879–883

III. Feststellung des Bruttolistenpreises bei Importfahrzeugen

Die Richter des BFH haben mit Urteil v. 9.11.2017 – III R 20/16,[1] geurteilt, wie der inländische Bruttolistenpreis, bei einem Importfahrzeug zu ermitteln ist. 884

Sachverhalt:

Der Unternehmer erzielte u.a. Einkünfte aus Gewerbebetrieb. Im Betriebsvermögen befand sich ein Ford Mustang Shelby GT 500 Coupé, den der Unternehmer zu einem Bruttopreis von 78.900 € von der Autohaus-GmbH erwarb. Es handelte sich um einen amerikanischen Wagen, der importiert wurde. Die Autohaus-GmbH hatte ihrerseits das Fahrzeug zum Bruttopreis von 75.999 € erworben. Die private Nutzung des Fahrzeugs ermittelte der Unternehmer mittels der 1 %-Regelung. Als Bemessungsgrundlage zog er mangels inländischen Listenpreises den amerikanischen Listenpreis i. H. von umgerechnet 53.977 € heran. Dem folgte das Finanzamt nicht, sondern zog die tatsächlichen Anschaffungskosten i. H. von 78.900 € als Bemessungsgrundlage heran. 885

---

1 BStBl 2018 II S. 278.

Entscheidung:

886   Ist die private Nutzung eines betrieblichen Fahrzeugs nach der 1 %-Regelung zu bewerten, ist, so die Richter, ist der inländische Bruttolistenpreis zu schätzen, wenn das Fahrzeug ein Importfahrzeug ist und weder ein inländischer Bruttolistenpreis vorhanden ist noch eine Vergleichbarkeit mit einem bau- und typengleichen inländischen Fahrzeug besteht

887   Die Schätzung des Bruttolistenpreises war dem Grunde nach zulässig. § 162 Abs. 1 AO lässt eine Schätzung von Besteuerungsgrundlagen auch unabhängig von den in § 162 Abs. 2 AO genannten Fällen der Verletzung der Mitwirkungspflicht durch den Steuerpflichtigen zu.

888   Dies kommt insbesondere dann in Betracht, wenn ein sachtypischer Beweisnotstand besteht, aufgrund dessen es dem Beweisbelasteten nicht möglich oder nicht zumutbar ist, einen zur vollen Überzeugungsbildung führenden Nachweis zu führen.

889   Ein solcher Beweisnotstand ergab sich nach Ansicht der Richter, weil nach den Feststellungen des Finanzgerichtes für das Fahrzeug Ford Mustang Shelby GT 500 Coupé kein inländischer Listenpreis vorhanden und es auch nicht mit einem bau- und typengleichen inländischen Fahrzeug vergleichbar war.

890   Nach Auffassung der Richter, kann der ausländische Listenpreis nicht anstelle des inländischen Listenpreises angesetzt werden. Denn der ausländische Listenpreis spiegelt nicht die Preisempfehlung des Herstellers wider, die für den Endverkauf des tatsächlich genutzten Fahrzeugmodells auf dem inländischen Neuwagenmarkt gilt.

891   Der ausländische Listenpreis berücksichtigt insbesondere nicht, so die Richter weiter, die für den Endverkauf im Inland notwendigen Kosten für die Bereitstellung des Fahrzeugs auf dem deutschen Markt, für die aufgrund inländischer Zulassungsvorschriften notwendigen technischen Umrüstungen und für ausstattungsbedingte Nach- oder Umrüstungen, die das Fahrzeug an die inlandstypischen Anforderungen der Kunden anpassen.

892   Der inländische Bruttolistenpreis ist nach Auffassung der Richter nicht zu hoch geschätzt, wenn die Schätzung sich an den typischen Bruttoabgabepreisen orientiert, die Importfahrzeughändler, welche das betreffende Fahrzeug selbst importieren, von ihren Endkunden verlangen.

Bei Importfahrzeugen ist nicht auf den ausländischen Bruttolistenpreis für die Bewertung des Nutzungsvorteils bei einer privaten Nutzung abzustellen.

(Einstweilen frei) 893–896

IV. Erschütterung des Anscheinsbeweises bei einem betrieblich genutzten Fahrzeug

Das Finanzgericht Münster hat mit Urteil v. 21.3.2018 – 7 K 388/17 G[1] geurteilt, ob für die Privatnutzung eines im Betriebsvermögen einer Personengesellschaft gehaltenen PKW der bestehende Anscheinsbeweis durch weitere Fahrzeuge im Privatvermögen der Gesellschafter erschüttert werden kann.   897

Sachverhalt:

Der Arbeitgeber in Form einer GmbH & Co. KG hielt im Betriebsvermögen einen BMW X3, den unstreitig verschiedene Arbeitnehmer für Technikereinsätze, Botengänge, Auslieferungen und als Ersatzfahrzeug nutzten. Ein Fahrtenbuch wurde hierfür nicht geführt.   898

Im Klagezeitraum standen dem einen Gesellschafter für private Fahrten ein Mercedes Benz S 420 und im späteren Zeitraum August ein BMW 750 Ld zur Verfügung. Der andere Gesellschafter fuhr privat einen BMW Z4 und später gesundheitsbedingt keine Fahrzeuge mehr.   899

Dem weiteren Gesellschafter stand im gesamten Streitzeitraum ein BMW 530d Touring für Privatfahrten zur Verfügung. Für seine Ehefrau war zunächst ein Opel Corsa und später ein Citroen C3 verfügbar.   900

Ein weiterer Gesellschafter war bzw. ist ledig und wohnt in unmittelbarer Nähe des Betriebsgeländes unter derselben Adresse wie seine Eltern (zwei andere Gesellschafter). Im Zeitraum stand ihm zur Privatnutzung ein BMW 320d Touring und einen BMW Z4 zur Verfügung. Der bis zu diesem Zeitpunkt genutzte BMW 320d Touring stand später sämtlichen Familienmitgliedern zur privaten Nutzung zur Verfügung.   901

Das Finanzamt setzte für den BMW X3 einen Privatnutzungsanteil an und berechnete diesen nach der sog. 1 %-Regelung, sowohl für Ertragsteuern als auch die Umsatzsteuer. Für eine private Nutzung des Pkw spreche der Beweis des ersten Anscheins. Die Gesellschaft wandte sich dagegen mit der Begründung,   902

---

1 EFG 2018 S. 968.

dass allen Gesellschaftern ausreichend Fahrzeuge zur Verfügung gestanden hätten, die dem Betriebsfahrzeug in Status und Gebrauchswert zumindest vergleichbar seien.

Entscheidung:

903 Die Richter des Finanzgerichtes Münster gaben der klagenden Gesellschaft Recht.

904 Die Richter sind der Auffassung, dass zu Recht kein privater Nutzungsanteil für den BMW X3 erklärt wurde. Für die vom Finanzamt berücksichtigte private Nutzung des betrieblichen BMW X3 ist der Anscheinsbeweis erschüttert worden.

905 Eine private Nutzung des Fahrzeugs wurde nicht nachgewiesen.

906 Für ertragsteuerliche Zwecke ist die private Nutzung eines Kraftfahrzeugs, das zu mehr als 50 % betrieblich genutzt wird, für jeden Kalendermonat mit 1 % des inländischen Listenpreises im Zeitpunkt der Erstzulassung zuzüglich der Kosten für Sonderausstattung einschließlich Umsatzsteuer als Entnahme anzusetzen, so § 6 Abs. 1 Nr. 4 Satz 2 1. Halbsatz EStG.

907 Diese durch das Jahressteuergesetz 1996 eingeführte Regelung soll nach den Gesetzesmaterialien die Bewertung der privaten Nutzung eines betrieblichen Fahrzeugs vereinfachen. Eine Vereinfachung wird dadurch erreicht, dass aufgrund der pauschalen Bewertung individuelle Gegebenheiten weitestgehend außer Betracht bleiben.

908 Da es sich bei der privaten Nutzung des Fahrzeugs um ein Tatbestandsmerkmal dieser Vorschrift handelt, kommt die 1 %-Regelung nur zur Anwendung, wenn eine private Nutzung auch tatsächlich stattgefunden hat. Die private Nutzung eines Fahrzeugs liegt vor, wenn es für Zwecke eingesetzt wird, die dem nach § 12 Nr. 1 EStG steuerlich unbeachtlichen Bereich privater Lebensführung zuzurechnen sind.

909 Die Richter sind der Auffassung, dass es grundsätzlich der allgemeinen Lebenserfahrung entspricht, dass ein betriebliches Kraftfahrzeug, das zum privaten Gebrauch geeignet und zur Verfügung steht, auch privat genutzt wird. Insoweit besteht nach der Rechtsprechung des Bundesfinanzhofes ein Anscheinsbeweis.

910 Ausnahmsweise kann dieser Anscheinsbeweis erschüttert werden. Hierzu ist, so die Richter, zwar nicht der Vollbeweis des Gegenteils erforderlich. Der Steuerpflichtige muss also nicht beweisen, dass eine private Nutzung nicht stattgefunden hat.

Allerdings, so die Richter weiter, ist für eine Erschütterung erforderlich, aber 911
auch ausreichend, dass von dem Steuerpflichtigen ein Sachverhalt dargelegt –
und im Zweifelsfall nachgewiesen – wird, der die ernsthafte Möglichkeit eines
anderen als des der allgemeinen Erfahrung entsprechenden Geschehens ergibt.

Durch die finanzgerichtliche Rechtsprechung sind der Anscheinsbeweis, der für 912
eine private Nutzung spricht, und die Umstände, die zu einer Erschütterung
dieses Anscheinsbeweises führen können, präzisiert worden.

Danach sind die Richter der Ansicht, dass die allgemeine Lebenserfahrung auch 913
dann für eine private Nutzung eines betrieblichen Fahrzeugs spricht, wenn
dem Steuerpflichtigen zwar für private Fahrten ein Fahrzeug zur Verfügung
steht, aber dieses Fahrzeug dem betrieblichen Fahrzeug in Status und Gebrauchswert nicht vergleichbar ist. Allerdings ist unter diesen Umständen der
für eine private Nutzung sprechende Anscheinsbeweis umso leichter zu er-
schüttern, je geringer die Unterschiede zwischen den Fahrzeugen ausfallen.
Die Richter sind der Auffassung, dass bei einer Vergleichbarkeit der Fahrzeuge
keine nachvollziehbare Veranlassung ersichtlich ist, für private Fahrten das betriebliche Fahrzeug zu nutzen.

Außerdem, so die Richter weiter, kann der Steuerpflichtige sich zur Erschütte- 914
rung des Anscheinsbeweises nicht auf ein für private Fahrten zur Verfügung
stehendes Fahrzeug berufen, wenn ihm dieses Fahrzeug beispielsweise aufgrund seiner Familienverhältnisse nicht ständig und uneingeschränkt zur Verfügung steht. Demzufolge kann der Anscheinsbeweis für die private Nutzung
eines betrieblichen Fahrzeugs nicht unter Verweis auf ein in Status und Gebrauchswert vergleichbares Fahrzeug entkräftet werden, wenn auch der Ehegatte des Steuerpflichtigen das vergleichbare und für private Fahrten verfüg-
bare Fahrzeug regelmäßig nutzt. Durch die regelmäßige Nutzung durch den
Ehegatten wird der Steuerpflichtige von der Nutzung ausgeschlossen, ihm
steht das für private Fahrten gedachte Fahrzeug nicht uneingeschränkt zur
Verfügung.

Nach dem Gesamtergebnis des Verfahrens und unter Berücksichtigung sämt- 915
licher Umstände des Einzelfalls und insbesondere des überzeugenden und
glaubhaften Vortrags des einen Gesellschafters in der mündlichen Verhand-
lung sind die Richter davon überzeugt, dass eine private Nutzung des BMW X3
nicht stattgefunden hat.

Die Gesellschaft hat den für eine Privatnutzung sprechenden Anscheinsbeweis 916
erschüttert. Eine private Nutzung des betrieblichen BMW X3 wurde durch das
Finanzamt nicht nachgewiesen.

917 Zwar, so die Richter, spricht auf den ersten Blick die allgemeine Lebenserfahrung für eine private Nutzung des BMW X3. Es handelt sich, nach Ansicht der Richter, hierbei um ein Fahrzeug, das typischerweise für den privaten Gebrauch geeignet ist. Dieses Fahrzeug ist ein kompaktes Sport- und Nutzfahrzeug mit einem einer Limousine ähnlichen Fahrtkomfort, das an das Erscheinungsbild eines Geländewagens angelehnt ist. Darüber hinaus ist weder dem Akteninhalt noch dem Vortrag zu entnehmen, dass es sich um ein Werkstattfahrzeug handelt, das typischerweise nicht zum privaten Gebrauch geeignet ist, weil es beispielsweise nach seiner äußeren Erscheinung typischerweise nicht privat genutzt wird. Die Richter sind der Ansicht, dass allein aufgrund einer Anhängerkupplung nicht von einem typischerweise nicht für den privaten Gebrauch geeigneten Fahrzeug auszugehen ist.

918 Allerdings ist nach Auffassung der Richter dieser für eine private Nutzung sprechende Anscheinsbeweis zur Überzeugung des erkennenden Senats erschüttert worden. Den Kommanditisten standen während des gesamten Streitzeitraums Fahrzeuge zur Verfügung, die dem betrieblichen Fahrzeug (BMW X3) in Status und Gebrauchswert zumindest vergleichbar sind. Auch eine Betrachtung der Familienverhältnisse der Kommanditisten führt zur Überzeugung der Richter dazu, dass ihnen die in Status und Gebrauchswert vergleichbaren Fahrzeuge für private Fahrten tatsächlich zur Verfügung standen. Die Richter gelangen auf der Grundlage des Gesamtergebnisses des Verfahrens zu der Überzeugung, dass die Ehegatten der Kommanditisten die diesen zur Verfügung stehenden Fahrzeuge nicht (regelmäßig) nutzten und somit von der Nutzung dieser Fahrzeuge ausschlossen.

919 Schließlich hat das Finanzamt keine Umstände vorgetragen, die eine tatsächliche private Nutzung des BMW X3 durch die Gesellschafter oder deren erwachsene Angehörige belegen.

> **PRAXISHINWEIS:**
>
> Der Anscheinsbeweis der privaten Nutzung eines Fahrzeuges aus dem Betriebs- oder Gesellschaftsvermögen kann erschüttert werden, wenn nachgewiesen wird, das vergleichbare Fahrzeuge dem Inhaber oder Gesellschafter zur uneingeschränkten Nutzung im Privatvermögen zur Verfügung standen.

920–926 *(Einstweilen frei)*

V. Dienstwagen auch für Ehegatten im Minijob möglich

Der BFH hat mit Urteilen vom 10.10.2018 zu den Aktenzeichen X R 44-45/17 entschieden, dass die Kosten für einen Dienstwagen nicht als Betriebsausgaben abzugsfähig sind, wenn dieser dem Ehegatten im Rahmen eines geringfügigen Beschäftigungsverhältnisses (Minijob) überlassen wird. **927**

Sachverhalt:

Im Streitfall beschäftigte der Arbeitgeber seine Ehefrau im Rahmen eines Minijobs als Büro-, Organisations- und Kurierkraft für 400 € monatlich. Die regelmäßige Arbeitszeit beträgt neun Wochenstunden an drei Tagen zu je drei Stunden, und zwar dienstags im Home-Office und donnerstags und freitags als Kurierfahrerin. Bei der Tätigkeit habe es sich insbesondere um die Abwicklung der Bankgeschäfte, die Vorbereitung der Buch- und Lohnbuchhaltung sowie das Mahnwesen gehandelt. Darüber hinaus seien von ihr auch allgemeine Bürotätigkeiten gefordert gewesen, so z. B. die Beschaffung des Büromaterials bzw. sonstige Einkäufe für das Einzelhandelsgeschäft. Sollten Abweichungen von der vereinbarten Arbeitszeit erfolgen, werden diese gesondert aufgezeichnet. **928**

Der Arbeitgeber überließ seiner Frau hierfür einen PKW, den sie auch privat nutzen durfte. Der geldwerte Vorteil der privaten Nutzung wurde mit 385 € durch die 1 %-Methode des Kfz-Listenneupreises monatlich angesetzt und vom Arbeitslohn der Ehefrau abgezogen. **929**

Im Rahmen einer Betriebsprüfung bestanden keine Zweifel daran, dass das Arbeitsverhältnis tatsächlich durchgeführt worden sei. So habe es auch schriftliche Vereinbarungen – Arbeitsvertrag und Vereinbarung über die Kraftfahrzeuggestellung – gegeben. Allerdings halte das Arbeitsverhältnis einem Fremdvergleich nicht stand. Das Finanzamt erkannte das Arbeitsverhältnis nicht an. **930**

Zur Begründung führte der Prüfer aus: Eine freie und unbegrenzte PKW-Nutzung, wie sie die Ehefrau ohne Kostenübernahme oder Kostenbeteiligung habe wahrnehmen dürfen, stelle einen variablen Arbeitslohn dar, da die Ehefrau durch den Umfang der PKW-Nutzung die Höhe ihres Arbeitslohnes letztendlich selbst habe bestimmen können. Eine solche vertragliche Gestaltung des Arbeitslohnes wäre mit einem fremden Dritten nicht vereinbart worden. Dementsprechend sei das Arbeitsverhältnis zwischen dem Kläger und seiner Ehefrau steuerrechtlich nicht anzuerkennen. **931**

932 Der Prüfer erhöhte den Gewinn des Klägers um die Kosten für den PKW und den Lohnaufwand für die Ehefrau. Denn nach Ansicht des Finanzamts wäre eine solche Vereinbarung nicht mit fremden Arbeitnehmern geschlossen worden.

933 Der Arbeitgeber führte aus: Die Gestellung eines PKWs als Sachbezug, insbesondere als Nur-Sachbezug, sei entgegen der Auffassung des Beklagten nicht ausreichend, um den Betriebsausgabenabzug zu verwehren. Insoweit komme es nicht auf die Art der Entlohnung an, sondern vielmehr nur auf die Frage, ob die Arbeitsleistung in Bezug auf die hierdurch verursachten Kosten im Verhältnis stehe. Es gebe insbesondere keinen allgemeinen Erfahrungssatz, dass in geringfügigen Beschäftigungsverhältnissen als Entlohnung kein Kraftfahrzeug überlassen werde. Im Gegenteil: Auch zwischen fremden Dritten gebe es diese Form der Entlohnung.

934 Selbst wenn insoweit festzustellen sei, dass es sich um eine seltene Vergütungsform handele, so wäre diese nicht unüblich, da der Maßstab des Fremdvergleichs nicht von dem Normaltyp ausgehe, sondern vielmehr dazu diene, die fehlenden Interessengegensätze zu eliminieren und klarzustellen, dass die Vergütung der tatsächlichen Arbeitsleistung diene. Verhindert werden solle durch die Rechtsprechung zum Fremdvergleich schließlich nur, dass Unterhaltsleistungen zum Betriebsausgabenabzug führten. Im Blick auf die tatsächliche Durchführung des Arbeitsverhältnisses wäre davon nur dann auszugehen, wenn die Vergütung das Übliche überschritte.

Entscheidung:

935 Das Finanzgericht Köln bestätigte die Ansicht des Arbeitgebers und erkannte sämtliche Kosten als Betriebsausgaben des Klägers an. Dem widersprachen die Richter des BFH und versagten die Betriebsausgaben.

936 Grundsätzlich sind bei gegenseitigen Verträgen die zivilrechtlichen Vereinbarungen auch für Zwecke der Besteuerung maßgebend, da der natürliche Interessengegensatz der Vertragspartner im Allgemeinen die Vermutung begründet, dass Ausgaben, die auf einem gegenseitigen Vertrag mit unternehmerischem oder betrieblichem Bezug beruhen, auch i. S. des § 4 Abs. 4 EStG durch den Betrieb veranlasst sind.

937 Fehlt es allerdings an einem solchen Interessengegensatz, bedarf es einer am Maßstab des Fremdvergleichs ausgerichteten Überprüfung, inwieweit Zahlungen wirtschaftlich auf dem schuldrechtlich Vereinbarten beruhen und damit durch den Betrieb veranlasst sind, oder ob sie aus sonstigen Rechtsgründen erbracht werden.

Eine derartige Überprüfung, die zu berücksichtigen hat, ob die Vereinbarungen   938
zivilrechtlich wirksam, eindeutig und ernsthaft sind, ihrem Inhalt nach dem
zwischen Fremden Üblichen entsprechen und auch tatsächlich durchgeführt
werden, ist insbesondere bei Verträgen zwischen nahen Angehörigen geboten,
so die Richter. Bei derartigen Verträgen ist neben der betrieblichen Veranlassung auch eine Motivation durch private Zuwendungs- und Unterhaltsüberlegungen nach § 12 Nr. 1 und 2 EStG denkbar.

Maßgebend für die Beurteilung, ob Verträge zwischen nahen Angehörigen be-   939
trieblich i. S. des § 4 Abs. 4 EStG veranlasst oder aber durch private Zuwen-
dungs- oder Unterhaltsüberlegungen i. S. des § 12 Nr. 1 und 2 EStG motiviert
sind, ist die Gesamtheit der objektiven Gegebenheiten.

Zwar ist Voraussetzung, dass die vertraglichen Hauptpflichten klar und eindeu-   940
tig vereinbart sowie entsprechend dem Vereinbarten durchgeführt werden. Jedoch schließt nicht jede geringfügige Abweichung einzelner Sachverhaltsmerkmale vom Üblichen – sowohl bezüglich des Vertragsinhalts als auch bezüglich
der Vertragsdurchführung – für sich allein stets die steuerrechtliche Anerkennung des Vertragsverhältnisses aus.

Vielmehr sind die einzelnen Kriterien des Fremdvergleichs, so die Richter, im   941
Rahmen der gebotenen Gesamtbetrachtung unter dem Gesichtspunkt zu wür-
digen, ob sie den Rückschluss auf eine privat veranlasste Vereinbarung zulas-
sen.[1]

In Bezug auf Arbeitsverhältnisse zwischen nahen Angehörigen geht der BFH in   942
ständiger Rechtsprechung davon aus, dass Lohnzahlungen an einen im Betrieb
des Steuerpflichtigen mitarbeitenden Angehörigen als Betriebsausgaben abziehbar sind, wenn der Angehörige aufgrund eines wirksamen, inhaltlich dem
zwischen Fremden Üblichen entsprechenden Arbeitsvertrags beschäftigt wird,
die vertraglich geschuldete Arbeitsleistung erbringt und der Steuerpflichtige
seinerseits alle Arbeitgeberpflichten, insbesondere die der Lohnzahlung, erfüllt.[2]

Vergütungen aus einem Arbeitsvertrag mit nahen Angehörigen sind danach   943
betrieblich veranlasst, wenn das Gehalt angemessen ist und dem entspricht,
was ein Fremder unter vergleichbaren Umständen als Gegenleistung erhalten
würde.

---

1 Vgl. BFH, Urteil v. 17.7.2013 – X R 31/12, BStBl 2013 II S. 1015.
2 Vgl. BFH, Urteil v. 17.7.2013 – X R 31/12, BStBl 2013 II S. 1015.

944 Rechtsgrundlage des Fremdvergleichs sind dabei die §§ 85 und 88 AO sowie § 76 Abs. 1 FGO. Der Fremdvergleich ermöglicht aufgrund einer Würdigung von Beweisanzeichen den Schluss, aus welchen Gründen ein Leistungsaustausch unter Angehörigen stattgefunden hat, ob aufgrund eines mit dem Tatbestand einer Einkunftsart zusammenhängenden Vertrages oder aus privaten, familiären Gründen. Erst das Ergebnis dieser der Tatsachenfeststellung zuzuordnen Indizienwürdigung ermöglicht die nachfolgende rechtliche Subsumtion, ob es sich bei den Aufwendungen des Steuerpflichtigen um nicht abziehbare private Ausgaben oder aber um Betriebsausgaben handelt.[1]

945 Der BFH erkennt Lohnzahlungen an einen im Betrieb des Steuerpflichtigen mitarbeitenden Angehörigen grundsätzlich als Betriebsausgaben an. Angesichts des bei Angehörigen vielfach fehlenden Interessengegensatzes und der daraus resultierenden Gefahr des steuerlichen Missbrauchs zivilrechtlicher Gestaltungsmöglichkeiten muss jedoch sichergestellt sein, dass die Vertragsbeziehung und die auf ihr beruhenden Leistungen tatsächlich dem betrieblichen und nicht – z. B. als Unterhaltsleistung – dem privaten Bereich (§ 12 Nr. 1 und 2 EStG) zuzurechnen sind.

946 Dazu bedarf es einer Gesamtwürdigung aller maßgeblichen Umstände. Indiz für die Zuordnung der Vertragsbeziehung zum betrieblichen Bereich ist insbesondere, ob der Vertrag sowohl nach seinem Inhalt als auch nach seiner tatsächlichen Durchführung dem entspricht, was zwischen Fremden üblich ist. Damit erkennt die Rechtsprechung des BFH auch die Überlassung eines Pkws im Rahmen eines Ehegatten-Arbeitsverhältnisses grundsätzlich an, allerdings nur unter der Voraussetzung, dass die konkreten Konditionen der Kfz-Gestellung im Einzelfall fremdüblich sind.[2]

947 In diesem Zusammenhang hat der BFH eine Entscheidung des Niedersächsischen Finanzgerichts[3] für nachvollziehbar erachtet, in der die Fremdüblichkeit einer Kfz-Gestellung im Rahmen eines Ehegatte-Arbeitsverhältnisses jedenfalls für den Fall verneint wurde, in dem der Ehegatte mit einfachen Büro- und Reinigungsarbeiten – ohne jegliche Außendienst- bzw. Fahrtätigkeit – betraut war und dem hierfür neben einer geringen Barlohnvergütung die uneingeschränkte Nutzungsmöglichkeit eines hochwertigen Kraftfahrzeugs eingeräumt worden war.[4]

---

1 Vgl. BFH, Urteil v. 21.10.2014 – VIII R 21/12, BStBl 2015 II S. 638.
2 Vgl. BFH, Beschluss v. 21.1.2014 – X B 181/13, BFH/NV 2014 S. 523 NWB TAAAE-56263.
3 FG Niedersachsen, Urteil v. 21.8.2013 – 3 K 475/11 NWB SAAAE-61125.
4 BFH, Beschluss v. 21.1.2014 – X B 181/13, BFH/NV 2014 S. 523 NWB TAAAE-56263.

Vom Grundsatz her steht der steuerlichen Anerkennung eines Ehegatten-Ar- 948
beitsverhältnisses nicht der Umstand entgegen, so die Richter, dass dem Ar-
beitnehmer-Ehegatten in diesem Rahmen ein Firmenfahrzeug zur privaten Verwendung überlassen wird. Voraussetzung ist allerdings, dass die konkreten
Konditionen der Nutzungsüberlassung im zu beurteilenden Einzelfall fremdüblich ausgestaltet sind. Nach Ansicht der Richter muss berücksichtigt werden,
dass ein Arbeitgeber bei lebensnaher und die unternehmerische Gewinnerwar-
tung einzubeziehender Betrachtungsweise typischerweise nur dann bereit ist,
einem Arbeitnehmer ein Firmenfahrzeug zur uneingeschränkten Privatnutzung
zur Verfügung zu stellen, wenn nach einer überschlägigen, allerdings vorsich-
tigen Kalkulation der sich für ihn hieraus ergebende tatsächliche Kostenauf-
wand zuzüglich des vertraglich vereinbarten Barlohns als wertangemessene
Gegenleistung für die Zurverfügungstellung der Arbeitskraft widerspiegelt.
Dies gilt sowohl für Fälle einer bereits zu Beginn des Dienstverhältnisses vereinbarten Nutzungsüberlassung als auch bei einer nachträglichen, ggf. im
Wege der Gehaltsumwandlung erfolgten Fahrzeuggestellung.

Je geringer der Gesamtvergütungsanspruch des Arbeitnehmers ist, so die Rich- 949
ter weiter, desto eher erreicht der Arbeitgeber die Risikoschwelle, nach der sich
wegen einer nicht abschätzbaren intensiven Privatnutzung die Fahrzeugüberlassung als für ihn nicht mehr wirtschaftlich erweist. Kalkuliert der Arbeitgeber
bspw. monatliche Privatfahrten des Arbeitnehmers von 1.000 km bei einem
nutzungsabhängigen Aufwand von 100 €, führte eine tatsächliche Verdopp-
lung der Privatkilometer zu laufendem Zusatzaufwand von ebenfalls 100 €.
Bei einem – unterstellt ausgewogenen – Gesamtvergütungsanspruch des Arbeitnehmers von monatlich 3.000 € hätte die intensivere Privatnutzung einen
relativen tatsächlichen Mehraufwand des Arbeitgebers von lediglich 3,3 % zur
Folge, im Falle eines Gesamtanspruchs im oberen Gehaltssegment von bspw.
8.000 € von sogar nur 1,25 %.

Deutlich anders stellt sich die Situation bei einem geringfügigen Beschäfti- 950
gungsverhältnis i. S. von § 8 Abs. 1 Nr. 1 SGB IV nach Auffassung der Richter
dar. Erfüllt der Arbeitgeber den vereinbarten Vergütungsanspruch von – wie im
Streitfall – monatlich 400 € im Wesentlichen durch die Einräumung der privaten Nutzungsmöglichkeit eines Dienstwagens und erhöht sich der laufende
PKW-Aufwand für die Privatfahrten infolge eines Kalkulationsirrtums von
100 € auf 200 €, stiege dessen relativer Mehraufwand für den Erhalt der Gegenleistung um 25 %, im Falle der Verdreifachung der Privatnutzung sogar um
50 %. Gerade diese Gefahr eines überobligatorischen Entlohnungsaufwands
begründet die Fremdunüblichkeit, wenn im Zuge eines zwischen Ehegatten
bestehenden geringfügigen Beschäftigungsverhältnisses die Vergütung im

Wesentlichen durch die Einräumung einer unbeschränkten und selbstbeteiligungsfreien privaten Nutzungsmöglichkeit eines Firmenfahrzeugs erbracht wird. Während Erhöhungen der prognostizierten Privatnutzung bei regulär beschäftigten Arbeitnehmern mit steigender Gesamtentlohnung für den Arbeitgeber wirtschaftlich an Bedeutung verlieren und eine mögliche Zuzahlung des Arbeitnehmers daher nicht vordergründig das Risiko der Unvorhersehbarkeit des Ausmaßes der privaten Verwendung abdecken dürfte, würde der Arbeitgeber eines geringfügig beschäftigten Arbeitnehmers diesem –wenn überhaupt– ein Fahrzeug nur unter der Bedingung einer Kilometerbegrenzung für private Fahrten oder einer (ggf. erst nach überschrittenem Kilometerlimit greifenden) Zuzahlung stellen. Eine schranken- bzw. zuzahlungsfreie Fahrzeugüberlassung führte somit zu einer ungerechtfertigten Verteilung der Vertragschancen und -risiken eines geringfügigen Beschäftigungsverhältnisses.

951 Status und Alter des überlassenen Dienstwagens sind nach Ansicht der Richter keine ausschlaggebenden Kriterien für den Fremdvergleich. Wollte man etwa nur bei einem hochpreisigen Fahrzeug die Fremdüblichkeit der Nutzungsüberlassung im Rahmen eines geringfügigen Beschäftigungsverhältnisses als gefährdet ansehen, bliebe hierfür jedenfalls bei PKW mit einem Listenpreis jenseits von 45.000 € kein praktischer Anwendungsbereich. Die Entgeltgrenzen des § 8 Abs. 1 Nr. 1 SGB IV würden nachhaltig überschritten. Ähnliche Erwägungen gelten für den vom FG angeführten Umstand, der Klägerin seien keine Neu-, sondern jeweils Gebrauchtfahrzeuge zur Nutzung überlassen worden. Aus Sicht des Arbeitgebers stünde bei einer Neuwagenüberlassung den höheren Anschaffungskosten regelmäßig ein höherer Restwert bzw. eine längere Nutzungszeit kompensierend gegenüber.

952 Für die Fremdüblichkeit spricht auch nicht, dass die Arbeitnehmerin im Umfang des nach der 1 %-Methode ermittelten Nutzungsvorteils auf ihren Barlohnanspruch verzichtete. Dieser Verzicht war notwendiges Mittel, um die Geringfügigkeitsgrenzen des § 8 Abs. 1 Nr. 1 SGB IV einzuhalten, indizierte aber nicht, dass auch einem fremden Arbeitnehmer auf geringfügiger Beschäftigungsbasis ein Firmenfahrzeug im Wege der Entgeltumwandlung überlassen worden wäre.

953–959 *(Einstweilen frei)*

960

Das Verfahren wurde an das Finanzgericht zurückverwiesen. In einem anderen Verfahren (III B 27/17) hat der BFH eine Revision zu dieser Frage nicht zugelassen. Eine derartige Fahrzeugüberlassung ist offensichtlich nicht fremdüblich, so der BFH. Ein Arbeitgeber würde einem familienfremden geringfügig Beschäftigten regelmäßig kein Fahrzeug überlassen, da dieser durch eine umfangreiche Privatnutzung des PKW die Vergütung für die Arbeitsleistung in erhebliche – und für den Arbeitgeber unkalkulierbare – Höhen steigern könnte. Die Kfz-Überlassung entspräche einem nicht von der Arbeitsmenge abhängigen und in hohem Maße variablen Lohn.

VI. Nicht erbrachte Überführungsleistung erhöht Sachbezug nicht

961

Die Richter des BFH haben mit Urteil vom 16.1.2020 zum Aktenzeichen VI R 31/17 die Frage beurteilt, ob ein geldwerter Vorteil vorliegt, wenn dem Arbeitnehmer, anders als einem fremden Endkunden, bei einem Verkauf eines Autos zu Mitarbeiterkonditionen tatsächlich keine Überführungskosten in Rechnung gestellt werden.

Sachverhalt:

962

Die Arbeitgeberin, eine Automobilherstellerin, ermöglicht ihren Mitarbeitern den Erwerb von Fahrzeugen zu vergünstigten Konditionen. Die fertig produzierten Fahrzeuge werden vom Produktionsstandort zunächst in ein Versandzentrum gebracht. Von dort erfolgt die Auslieferung im Wesentlichen nach folgenden Gruppen:

Die Fremdkunden können das Fahrzeug wahlweise bei einer Niederlassung, einem Vertragshändler oder in der sog. Markenwelt in Empfang nehmen. Dabei werden Überführungskosten berechnet.

963

An die Mitarbeiter der Werke werden die Fahrzeuge am jeweiligen Werksstandort oder am Versandzentrum Z ohne Überführungskosten ausgeliefert.

Die Niederlassungs-Mitarbeiter erhalten die Fahrzeuge wahlweise am Versandzentrum Z oder an der jeweiligen Niederlassung. Überführungskosten werden ihnen nur bei Auslieferung in einer Niederlassung außerhalb Z (zu vergünstigten Preisen) berechnet.

In den Lohnsteuer-Anmeldungen wurde neben der vergünstigten Abgabe der Fahrzeuge nur die sich aus der vergünstigten Berechnung der Überführungskosten ergebende Vorteile der Niederlassungs-Mitarbeiter berechnet. In allen anderen Fällen sei kein geldwerter Vorteil mangels berechneter Überführungskosten entstanden. Das Finanzamt beurteilte die Nichtberechnung der Über-

964

führungskosten als geldwerten Vorteil und nahm die Arbeitgeberin durch Haftungsbescheid wegen der sich aus den nicht berechneten Überführungskosten ergebenden Vorteile in Anspruch. Das Finanzgericht gab dem Finanzamt Recht. Die Überführungskosten seien kein Entgelt für eine eigenständige Dienstleistung, sondern Bestandteil des (fremden Letztverbrauchern berechneten) Gesamtkaufpreises i. S. von § 8 Abs. 3 Satz 1 EStG.

965 **Entscheidung:**

Die Richter des BFH gaben der Arbeitgeberin Recht und sahen die nicht erbrachten Überführungsleistungen nicht als geldwerten Vorteil an.

Der lohnsteuerrechtlich erhebliche geldwerte Vorteil bestimmt sich nach § 8 Abs. 3 Satz 1 EStG nicht nach dem Marktpreis, sondern nach dem Endpreis, zu dem der Arbeitgeber die Waren fremden Letztverbrauchern im allgemeinen Geschäftsverkehr anbietet. Das ist nach Auffassung der Richter der „Angebotspreis". Dieser ist nach der bisherigen Rechtsprechung der Preis, der am Ende von Verkaufsverhandlungen und unter Berücksichtigung üblicher Rabatte als letztes Angebot des Händlers steht.

966 Nach Ansicht der Richter stellt der Endpreis auf den Preis für die konkret zu bewertende Leistung ab. Werden mehrere Leistungen zugewandt, ist für jede Leistung gesondert eine Verbilligung zu ermitteln. Fracht-, Liefer- und Versandkosten zählen nach der bisherigen Rechtsprechung nicht zum Endpreis, weil es sich insoweit nicht um die Gegenleistung des Letztverbrauchers für die Ware handelt.

967 Liefert der Arbeitgeber die Ware z. B. in die Wohnung des Arbeitnehmers, liegt eine zusätzliche Leistung des Arbeitgebers an den Arbeitnehmer vor, deren Kosten nicht den Warenwert des zugewendeten Wirtschaftsguts erhöhen, sondern einen gesonderten Sachbezug begründen, so das letzte Urteil des BFH vom 6.6.2018 zum Aktenzeichen VI R 32/16.

Nach dieser Rechtsprechung sind nach Ansicht der Richter die Überführungskosen nicht in den Endpreis einzuberechnen. Die Mitarbeiter haben durch die Auslieferung der Fahrzeuge an den Werksstandorten oder am Versandzentrum Z keinen zusätzlichen geldwerten Vorteil i. S. einer „Überführung" erlangt. Zum einen sind Überführungskosten tatsächlich nicht angefallen. Zum anderen stellt die Überführung eines Fahrzeugs von einem Versandzentrum zu einer Niederlassung, vergleichbar wie die Lieferung einer Ware in die Wohnung des Arbeitnehmers, eine zusätzliche Leistung dar, deren Kosten den Warenwert des zugewendeten Fahrzeugs nicht erhöht und damit auch nicht zum Endpreis i. S. des § 8 Abs. 3 Satz 1 EStG zählt.

Auch Überführungskosten wären vielmehr ein gesonderter Sachbezug. Ein sol- 968
cher Fall liegt aber im entschiedenen Fall nicht vor. Die Mitarbeiter haben keine
Überführungskosten in Rechnung gestellt bekommen und es gab auch keine
Überführungsleistungen.

Die Richter des BFH heben hervor, dass Kosten, die im Rahmen der Produktion
durch die Auslieferung von den einzelnen Produktionsstätten zu einem Versandzentrum und auch von einem Werk zu einem anderen anfallen, zu den
Herstellungskosten des Fahrzeugs rechnen. Damit sind sie im empfohlenen
Listenpreis enthalten. Überführungskosten i. S. von Transportkosten fallen
erst für die Lieferung von einem Versandzentrum zu einer Niederlassung oder
zu einem Händler an. Diese sind somit nicht Teil des Listenpreises für das Fahrzeug, sondern werden dem Endkunden separat in Rechnung gestellt.

PRAXISHINWEIS: 969

Endpreis i. S. von § 8 Abs. 3 Satz 1 EStG ist der konkret berechnete Preis. Versandkosten
erhöhen den Endpreis nicht, sondern sind eine zusätzliche Leistung. Endpreis ist daher
nicht das von Fremdkunden gezahlte Entgelt, welches sich aus Fahrzeugpreis plus Überführungskosten zusammensetzt, sondern nur der Fahrzeugpreis. Entscheidend war hier
noch, dass die Überführungen tatsächlich nicht stattgefunden haben. Anders ist es bei
Überführung eines Fahrzeugs von einem Versandzentrum zu einer Niederlassung. Darin
liegt eine zusätzliche Leistung, die bei verbilligter Berechnung einen gesonderten Sachbezug begründet.

(Einstweilen frei) 970–1014

G. Fahrzeuge in der Gewinnermittlung

Wie bereits unter Rz. 66 erörtert, muss die private Nutzung eines betrieblichen 971
PKW durch den Unternehmer bewertet werden und den Einnahmen nach § 4
Abs. 1 Satz 1 EStG zugerechnet werden.

I. Außerbetriebliche Nutzung

Als Entnahme wird nach § 6 Abs. 1 Nr. 4 EStG die private Nutzung von betrieb- 972
lichen Wirtschaftsgütern bezeichnet (siehe Rz. 66).

II. Bewertung der Privatentnahme

Die Entnahme durch eine private Nutzung von Fahrzeugen ist nach § 6 Abs. 1 973
Nr. 4 Satz 1 bis Satz 3 EStG zu bewerten (Rz. 67 ff.).

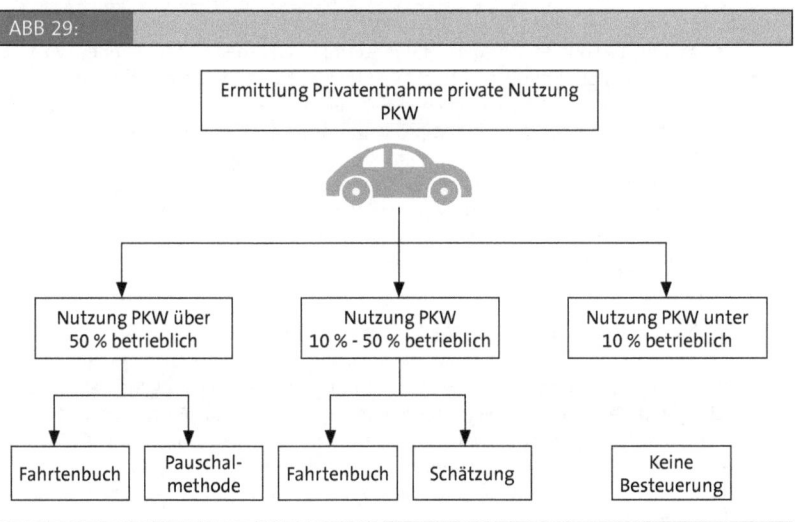

ABB 29:

III. Mehrere Fahrzeuge im Unternehmen

Sind in dem Unternehmen mehrere Fahrzeuge zur betrieblichen Nutzung vor- 974
handen, ist für jedes Fahrzeug einzeln die Nutzungsentnahme zu bewerten.
(siehe hierzu Rz. 66).

BEISPIEL: ➤ Unternehmer U hat in seinem Unternehmen mehrere Fahrzeuge, die er alle auch privat nutzt bzw. seine Familienangehörige nutzen. Jedes Fahrzeug ist einzeln zu bewerten. Für jedes Fahrzeug ist die Nutzungsentnahme zu prüfen und steuerlich zu behandeln.

IV. Probleme in der Praxis bei „Nutzungsänderungen" des Fahrzeugs

975 In der Praxis kommt es häufig vor, dass erst eine lange Zeit nach Ablauf des Wirtschaftsjahres festgestellt wird, dass aufgrund der überwiegend betrieblichen Nutzung des PKWs, welcher als Privatvermögen behandelt wurde, zwingend notwendiges Betriebsvermögen gegeben ist. Die steuerliche Behandlung muss also vom Privatvermögen zum notwendigen Betriebsvermögen geändert werden.

BEISPIEL: ➤ Ehemann ist Unternehmer und beschäftigt fünf Arbeitnehmer. Der Steuerpflichtige fährt seit vier Jahren einen PKW (Bruttolistenneupreis im Zeitpunkt der Erstzulassung 100.000 €) um seine Kundentermine wahrnehmen zu können. Er nutzt den Wagen auch privat und um Wochenende privat. Er führt kein Fahrtenbuch. Vielmehr zeichnet er nur die betrieblichen Fahrten auf (ergeben sich aus den Abrechnungen mit den Kunden) und bucht pro gefahrenen Kilometer eine Nutzungseinlage von 0,30 € als Aufwand. Der Wagen wird als Privatvermögen behandelt. Die betriebliche Fahrleistung Gesamtfahrleistung beträgt im Jahr 1 56 %. Im Jahr 2 hat der Unternehmer Belege (Tankquittungen, Parktickets, Rechnungen für Ersatzteile, etc.), die im Zusammenhang mit dem Kfz stehen, nicht aufbewahrt. Die betriebliche Fahrleistung betrug 10.500 km. Der Teilwert des Pkw betrug zum 1.1.2 unstrittig 25.000 €.

LÖSUNG: ➤ Durch die 56%ige betriebliche Nutzung des PKW liegt notwendiges Betriebsvermögen vor. Zunächst muss das Fahrzeug in den Betrieb eingelegt werden. Die herrschende Auffassung hierzu ist, dass aufgrund der überwiegend betrieblichen Nutzung und der objektiven Eignung des Wirtschaftsguts zur Förderung des Betriebes, eine Zuordnung zum Betriebsvermögen durch Einlage erfolgen muss. Andererseits wird die Meinung vertreten, dass eine Einlage auch einen „Einlagewillen" voraussetzt, der zumeist nicht gegeben ist. Des Weiteren wird zur Darstellung dieses Willens eine eindeutige und endgültige Handlung (Buchung, Nutzungsänderung, schlüssiges Verhalten) vorausgesetzt, die auch vom Dritten erkennbar ist/wird. Kommt man zu dem Ergebnis, dass es sich um eine Einlage handelt, bemisst sich diese Einlage nach dem Teilwert (§ 6 Abs. 5 Satz 1 EStG). Je nach verbleibender Restnutzungsdauer kann eine AfA geltend gemacht werden. Die Rechtsfolgen der Einlage können nur für die Zukunft eintreten. Somit wäre eine rückwirkende Aktivierung nur ab dem Folgejahr 2 möglich. Aufgrund der für Jahr 2 fehlenden Belege können weder Betriebsausgaben noch Vorsteuern in Ansatz gebracht werden. Die private Nutzungsentnahme des PKW ist mangels eines nicht vorhandenen Fahrtenbuches nach der 1 %-Methode zu berechnen. Das wären dann 12.000 € im Jahr als Nutzungswert. Es kann auch kein Fahrtenbuch für Jahr 2 geführt werden, da ein Wechsel der Methodenwahl für ein Fahrzeug innerhalb eines Wirtschaftsjahres nicht möglich ist. Bei einem hohen Bruttolistenpreis kann somit schnell ein Fall der Kostendeckelung eintreten. Die 10.500 km multipliziert mit 0,30 € (= 3.150 €) müssen unberücksichtigt bleiben.

Vorkommen kann aber auch, dass eine betriebliche Nutzung unter die 10 %-Grenze sinkt und so kein betriebliches Vermögen, sondern Privatvermögen vorliegt.

976

BEISPIEL: ▶ Eine Unternehmerin ist in geringem Zeitumfang selbständig tätig und ermittelt den Gewinn nach § 4 Abs. 3 EStG (Einnahme-Überschussrechnung). Im Kalenderjahr 1 (entspricht dem Wirtschaftsjahr) hat die Unternehmerin sich einen gebrauchten PKW (zwei Jahre alt) zu einem Preis von 15.000 € angeschafft. Da der Wagen von einer Privatperson erworben worden ist, wurde keine Umsatzsteuer in Rechnung gestellt. Hauptsächlich wird der Wagen für Einkäufe und um ihre Kinder von A nach B zu fahren genutzt. Die Steuerpflichtige ordnet das Fahrzeug dem gewillkürten Betriebsvermögen zu, da bei der Anschaffung bereits absehbar und geplant war, dass eine mehr als 50%ige betriebliche Nutzung nicht erreicht werden würde. Eine Aufnahme des PKW in der laufenden Buchhaltung erfolgte direkt nach der Anschaffung. In den Jahren 1 und 2 sind Aufwendungen von circa 3.500 € pro Jahr angefallen. Aus den Aufzeichnungen, die die Unternehmerin jährlich für drei Monate führt, ergab sich eine 15%ige betriebliche Nutzung. Im Jahr 3 sank der betriebliche Anteil auf 8 %.

LÖSUNG: ▶ Die bei der Anschaffung erfolgte Zuordnung zum gewillkürten Betriebsvermögen ist nicht zu beanstanden. Der PKW ist objektiv geeignet, dem Betrieb zu dienen und wurde durch die Erfassung in der Buchhaltung auch subjektiv dem Betriebsvermögen gewidmet. Die private Nutzungsentnahme ist in den Jahren 1 und 2 hier anhand der Schätzungsmethode zu ermitteln, da ein Fahrtenbuch nicht geführt worden ist. Auch im Kalenderjahr 3 ist weiterhin gewillkürtes Betriebsvermögen gegeben, da eine (aktive) Entnahme des PKW in das Privatvermögen nicht stattgefunden hat. Die Unternehmerin hatte auch nicht den Willen dazu, den PKW ins Privatvermögen zu überführen. In den Vorjahren war das Fahrzeug zweifelsfrei Betriebsvermögen. Das einmalige Absinken unter die 10 %-Grenze bewirkt nicht automatisch eine Entnahme ins Privatvermögen. Diese Entnahme setzt eine eindeutige ausdrückliche oder schlüssige Entnahmehandlung voraus. Diese ist hier aber nicht gegeben. Das heißt es findet keine Änderung der Bewertung des Fahrzeuges für die private Nutzung statt.

HINWEIS:

Kann der Steuerpflichtige bereits bei der Anschaffung des Fahrzeugs erkennen/abschätzen, dass das Fahrzeug über 50 % betrieblich genutzt wird, steht dem Steuerpflichtigem kein Wahlrecht zu, ob er den Pkw dem Betriebsvermögen zuordnen will oder nicht.

977 Ist der Steuerpflichtige der Ansicht, dass er den Wagen zwischen 10 % und vermutlich nicht mehr als 50 % betrieblich nutzt, können folgende Punkte die Entscheidung zur Zuordnung zum gewillkürten Betriebsvermögen oder zum Privatvermögen beeinflussen:

▶ Besteht für den Steuerpflichtigen eine Vorsteuerabzugsberechtigung beim Kauf? Eine spätere „zwanghafte" Einlage des Fahrzeugs in das Betriebsvermögen und Unternehmensvermögen bewirkt keinen Tatbestand der Berichtigung des Vorsteuerabzugs nach § 15a UStG und somit keinen nachträglichen, anteiligen Vorsteuerabzug.

▶ Der Steuerpflichtige sollte eine grobe Schätzung der voraussichtlich anfallenden Kosten (AfA, Steuern, Versicherung, Tankkosten) vornehmen und einen Vergleich zwischen 0,30 € – Methode (wenn der PKW als Privatvermögen behandelt wird) und geschätztem betrieblichen Nutzungsanteil durchführen. Aus dieser Einschätzung der Kosten kann der Steuerpflichtige sich die Frage stellen, wie hoch der betriebliche Nutzungsanteil sein müsste, damit es sich lohnt, den PKW als gewillkürtes Betriebsvermögen zu behandeln.

▶ Ein weiterer Abwägungspunkt ist das Fahrzeugmodell (Marke, Modell, Ausstattung etc.). Denn insbesondere bei wertstabilen/wertsteigenden Fahrzeugen wie Oldtimern besteht eine hohe Wahrscheinlichkeit dafür, dass ein hoher Entnahme- bzw. Veräußerungsgewinn entstehen kann.

978–984 *(Einstweilen frei)*

V. Fahrzeuge in Autohäusern für Mitarbeiter

985 Mitarbeiter von Autohäusern bekommen oft Fahrzeuge überlassen. Es bestehen auch in diesen Fällen die gleichen Grundsitze, wie bei anderen Fahrzeugüberlassungen durch andere Arbeitgeber an deren Arbeitnehmer. Ein überwiegend betriebliches Interesse des Arbeitgebers an der Nutzung der Fahrzeuge, um damit Werbung zu machen, ist nicht gegeben. Der Ansatz eines geldwerten Vorteils beim Arbeitnehmer darf folglich nicht unterbleiben (siehe Besteuerung von Poolfahrzeugen unter Rz. 561 ff.).

986 Bei Arbeitnehmern im Autohaus sollte (wie auch in anderen Fällen) arbeitsvertraglich der Umfang der Pkw-Überlassung durch den Arbeitgeber geregelt werden. Es sollte festgelegt werden, ob dem Arbeitnehmer immer ausschließlich ein Fahrzeug direkt zugeordnet wird oder es sich um einen Fahrzeugpool handelt.

Sollte es sich um einen Fahrzeugpool handeln, sollte festgelegt werden, ob für die entsprechenden Fahrzeuge Fahrtenbücher geführt werden sollen oder nicht. Die Gefahr besteht jedoch darin, dass durch Vernachlässigungen beim Führen des Fahrtenbuches durch einen Arbeitnehmer eventuell alle anderen Arbeitnehmer „mithaften". Sollten für den gesamten Fahrzeugpool Fahrtenbücher geführt werden, führt dieses zu einem sehr hohen Verwaltungsaufwand. **987**

Bei einem Fahrzeugpool sollte weiter festgelegt werden, ob jeder Arbeitnehmer den durchschnittlichen Bruttolistenpreis des Pools versteuert oder ob Listen geführt werden, in denen der Arbeitnehmer das täglich genutzte Fahrzeug einträgt. Letztere Alternative bedeutet dabei aber auch einen verhältnismäßig hohen Verwaltungsaufwand. Sämtliche Aufzeichnungen sind zu den Lohnkonten der Arbeitnehmer zu nehmen. **988**

(Einstweilen frei) **989–993**

VI. Teilwertabschreibung bei Fahrzeugen/ Autohäusern

Autohäuser und Gebrauchtwagenhändler haben meist einen erheblichen Bestand von Fahrzeugen und Ersatzteilen. Zum Bilanzstichtag stellt sich daher regelmäßig die Frage der Bilanzierung und dabei insbesondere der Bewertung. Nicht selten wird in der Praxis auf das Umlaufvermögen eine Teilwertabschreibung vorgenommen. Dadurch vermindert sich das Betriebsergebnis in nicht unerheblichem Maße. **994**

Die nicht als Geschäfts- und Vorführwagen dienenden und zum Verkauf bereitgestellten Fahrzeuge stellen Umlaufvermögen nach § 6 Abs. 1 Nr. 2 EStG dar. Diese sind mit den Anschaffungs- zzgl. der Nebenkosten in der Bilanz zu aktivieren. Gewährte Skonti und Rabatte mindern die tatsächlichen Anschaffungskosten und sind somit auch beim Bilanzansatz zu berücksichtigen. Die Transport- und Versicherungsaufwendungen stehen im Zusammenhang mit dem Erwerb der Fahrzeuge und stellen Nebenkosten der Anschaffung dar und sind somit beim Bilanzansatz zu berücksichtigen. Es sind keine sofort abzugsfähigen Betriebsausgaben. Anschaffungsnebenkosten können sein: Transportkosten, Versicherung, Zölle, Aufwendungen für Geschäftsreisen für den Kauf oder eigenen Transport von Fahrzeugen, Provisionen für einen Fahrzeugvermittler. **995**

1. Bedeutung des Teilwerts

996 Ist der Teilwert eines Wirtschaftsgutes im Umlaufvermögen aufgrund einer voraussichtlich dauernden Wertminderung niedriger, kann dieser angesetzt werden (§ 6 Abs. 1 Nr. 2 Satz 2 EStG). Eine dauernde Wertminderung liegt vor, wenn die Minderung bis zum Zeitpunkt der Aufstellung der Bilanz oder dem vorangegangenen Verkaufszeitpunkt anhält. Werden die in § 6 Abs. 1 Nr. 1 und 2 EStG bezeichneten Wirtschaftsgüter abweichend von den dort grds. anzusetzenden Werten mit einem dauerhaft niedrigeren Teilwert bewertet, sind die Voraussetzungen dafür vom Steuerpflichtigen nachzuweisen, da es sich um eine steuermindernde Tatsache handelt. Nicht selten sind die Fragen, ob und in welcher Höhe eine Abschreibung auf den Teilwert in Betracht kommt, Punkte in einer steuerlichen Betriebsprüfung.

997 Die Wirtschaftsgüter des Umlaufvermögens sind nicht dazu bestimmt, dem Betrieb auf Dauer zu dienen. Sie werden stattdessen regelmäßig für den Verkauf oder den Verbrauch gehalten. Demgemäß kommt dem Zeitpunkt der Veräußerung oder Verwendung für die Bestimmung einer voraussichtlich dauernden Wertminderung eine besondere Bedeutung zu. Hält die Minderung bis zum Zeitpunkt der Aufstellung der Bilanz oder dem vorangegangenen Verkaufs- oder Verbrauchszeitpunkt an, so ist die Wertminderung voraussichtlich von Dauer. Zusätzliche werterhellende Erkenntnisse bis zu diesen Zeitpunkten sind in die Beurteilung einer voraussichtlich dauernden Wertminderung der Wirtschaftsgüter zum Bilanzstichtag einzubeziehen.[1]

2. Gründe und Ursachen für Teilwertabschreibungen

998 Teilwertabschreibungen aufgrund dauerhaft gesunkener Verkaufspreise treten vor allem im Bereich des Umlaufvermögens auf. Das Sinken der Verkaufspreise kann sowohl inner- als auch außerbetriebliche Ursachen haben. Außerbetriebliche Gründe können z. B. sein, wenn eine Markteinführung eines neuen Modells nicht geglückt ist und die Fahrzeuge nicht so verkauft werden können, wie preislich vorgesehen. Der maximal erzielbare Verkaufspreis zum Bilanzstichtag stellt den niedrigeren Teilwert dar. Die Differenz zum bisherigen Wert (in der Regel der Anschaffungswert plus Nebenkosten) ist gewinnmindernd anzusetzen. Dies gilt auch, wenn aufgrund des Wettbewerbs die Preise dauerhaft sinken. Die Vergleichsmethode mit der Konkurrenz ist ein üblicher Weg des Nachweises eines niedrigeren Teilwerts.

---

1 BMF, Schreiben v. 2.9.2016, BStBl 2016 I S. 995, Rz. 16.

Folgende Tatsachen können eine Teilwertabschreibung rechtfertigen. Den 999
Nachweis muss aber der Steuerpflichtige erbringen.[1]

	Teilwert-abschreibung möglich?	
	Ja	Nein
Einführung von ähnlichen (Preis und Ausstattung) Modellen der gleichen Marke	X	
Einführung von ähnlichen Fahrzeugen anderer Automarken	X	
Scheitern der Einführung von Fahrzeugmodellen (kalkulierter Verkaufspreis ist nicht erzielbar)	X	
Ansiedelung anderer Autohäuser in der Nähe	X	
vor allem im Gebrauchtwagenbereich das größere Angebot gleichartiger Pkw	X	
Einführung von sog. Facelifts	X	
negativ ausfallende Testberichte, die in den Medien bekannt werden	X	
Rückrufaktionen von Automobilherstellern	X	
Kurzzeitige Rabattaktionen		X
Verlustprodukte		X
Lagerkosten bei Ersatzteilen		X

Sollten die Verkaufspreise der Fahrzeuge im Jahr nach der Teilwertabschrei- 1000
bung doch über dem Teilwert und den ursprünglichen Anschaffungskosten
liegen, ist zunächst eine Wertaufholung (bis zu den ehemaligen Anschaffungskosten) vorzunehmen (Wertaufholungsgebot). Unterlässt der Steuerpflichtige
diesen Nachweis eines dauerhaft niedrigeren Teilwerts, ist zwingend eine ge-
winnerhöhende Wertaufholung vorzunehmen.[2]

(Einstweilen frei)   1001–1004

---

1 *Behrens*, Teilwertabschreibung im Autohaus, NWB 34/2014 S. 2575, NWB LAAAE-71112.
2 BMF, Schreiben v. 2.9.2016, BStBl 2016 I S. 995, Rz. 27.

3. Vorführwagen

1005 Nach der Rechtsprechung gehören aber die Vorführwagen zum Anlagevermögen.[1] An sich gehören aber Vorführwagen im Autohaus, genau wie Neu- und Gebrauchtwagen, zum Umlaufvermögen, also zu den „Waren", die zum Weiterverkauf bestimmt sind. Das bedeutet, dass diese Fahrzeuge, wie alle anderen Fahrzeuggruppen auch, beim Einkauf auf ein Warenbestandskonto eingebucht werden. Während des laufenden Geschäftsjahres können sie in der Buchhaltung auf dem Neuwagenbestandskonto bleiben, auf dem sie nach Rechnungseingang erfasst wurden.

1006 Zum Bilanzstichtag müssen alle momentan zugelassenen Vorführwagen vom Vorführwagenbestandskonto auf das Anlagekonto „Vorführwagen" umgebucht werden, um sie so dem Anlagevermögen zuzuweisen.

1007 Vorführwagen werden mit einer Nutzungsdauer von sechs Jahren abgeschrieben. Ob diese AfA-Höhe dem tatsächlichen Wertverlust entspricht hängt sehr davon ab, ob und wie stark der Vorführwagen genutzt wird. Um den tatsächlichen Wert des Fahrzeugs am Jahresende festzustellen, sollte dieses Fahrzeug mit dem aktuellen km-Stand, möglichst im Monat Dezember, bewertet werden. Weicht der Wert ab, muss eine Wertberichtigung oder Sonder-AfA vorgenommen werden.

1008–1014 (Einstweilen frei)

---

1 BFH, Urteil v. 17.11.1981 – VIII R 86/78, BStBl 1982 II S. 344.

H. Umsatzsteuerliche Behandlung

Bei einem PKW im Betriebsvermögen stellt sich auch immer die Frage, ob ein **1015** Vorsteuerabzug vorgenommen werden kann und ob bestimmte private Fahrten mit dem PKW wiederum der Umsatzsteuer unterliegen, also der Unternehmer oder das Unternehmen noch zusätzlich Umsatzsteuer abführen muss.

I. Zusätzliche Umsatzsteuer für die private Nutzung eines betrieblichen PKW

Für die umsatzsteuerliche Behandlung eines PKWs ist Voraussetzung, dass der **1016** PKW dem umsatzsteuerlichen Unternehmensvermögen zugeordnet wird. Wird der PKW zu 100 % (also voll) ausschließlich für das Unternehmen genutzt und bezogen, unterliegt er auch voll dem umsatzsteuerlichen Unternehmensvermögen (Abschn. 15.2c UStAE). Ein Wahlrecht für das Unternehmen, das Fahrzeug dem Privatvermögen zuzuordnen, besteht bei ausschließlich zu unternehmerischen Zwecken genutzten Fahrzeugen nicht. Ebenso besteht kein Wahlrecht, wenn das Fahrzeug ausschließlich privat genutzt wird. In einem solchen Fall ist eine Zuordnung zum Unternehmensvermögen nicht möglich. Beträgt der Umfang der unternehmerischen Verwendung des Fahrzeugs weniger als 10 % (unternehmerische Mindestnutzung) so ist eine Zuordnung zum Unternehmen nach § 15 Abs. 1 Satz 2 UStG nicht möglich (Zuordnungsverbot). Besteht für das Unternehmen ein Zuordnungswahlrecht, muss die umsatzsteuerliche Zuordnung nicht zwingend dazu führen, dass das Fahrzeug ertragsteuerlich auch dem Betriebsvermögen zugeordnet wird.

In manchen Fällen kann es steuerlich sogar besser sein, ein Fahrzeug ertragsteuerlich dem Privatvermögen und umsatzsteuerlich dem Unternehmensvermögen (oder umgekehrt) zuzuordnen. Dies stellt aber erhöhte Anforderungen an die Buchführung, weil auf eine strikte Trennung von Unternehmens- und Privatvermögen zu achten ist. Je höher die betriebliche bzw. unternehmerische Nutzung, desto attraktiver ist wegen des damit verbundenen Vorsteuerabzugs in voller Höhe die Zuordnung zum umsatzsteuerlichen Unternehmensvermögen.

Wird ein PKW teilweise unternehmerisch und teilweise nichtunternehmerisch **1018** genutzt, darf der Unternehmer den PKW selbst zuordnen. Dies gilt nur, wenn die unternehmerische Nutzung bei mindestens 10 % liegt (Abschn. 15.2c Abs. 5 UStAE).

1019 In diesen Fällen hat der Unternehmer die Wahl, das Fahrzeug

▶ insgesamt dem Unternehmen

▶ insgesamt dem nichtunternehmerischen Bereich

▶ entsprechend dem unternehmerischen Nutzungsanteil teils dem Unternehmen und teils dem nichtunternehmerischen Bereich

zuzuordnen. (Abschn. 15.2c Abs. 2 Nr. 2b UStAE).

1020 Aufwendungen im Zusammenhang mit dem Gebrauch oder der Nutzung eines nur teilweise unternehmerisch genutzten PKWs, sind nur in Höhe der unternehmerischen Verwendung für das Unternehmen bezogen (sog. Aufteilungsgebot).

ABB 30:

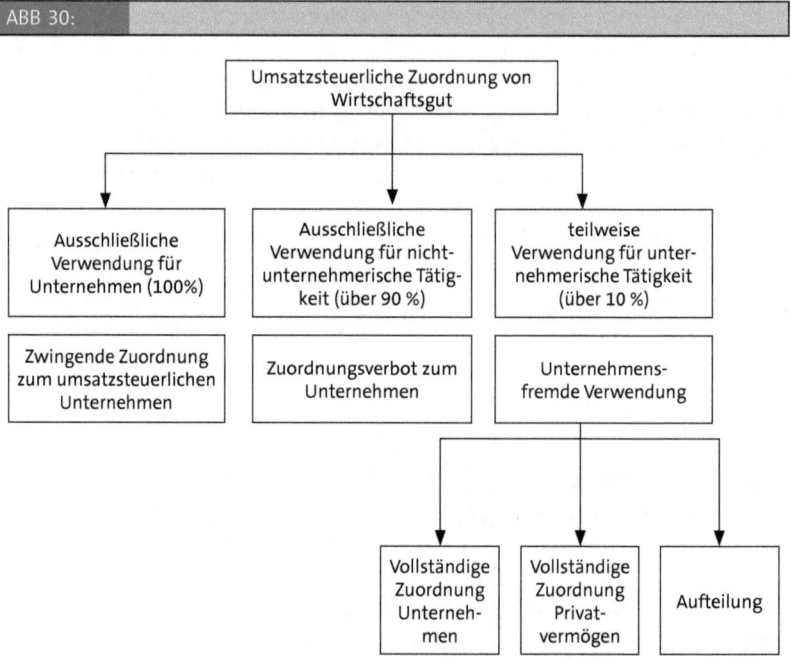

PRAXISHINWEIS:

Die private Nutzung eines dem Arbeitnehmer zur Verfügung gestellten Dienstwagens ist eine unternehmerische Nutzung. Die Privatnutzung durch den Arbeitnehmer stellt umsatzsteuerlich eine entgeltliche sonstige Leistung nach § 1 Abs. 1 Nr. 1 Satz 1 UStG dar (siehe Rz. 1156 ff.) und unterliegt ertragsteuerlich der Lohnsteuer, wenn die private Nutzung erlaubt ist (siehe Rz. 231). Dienstwagen werden deshalb zu 100 % unternehmerisch genutzt. Sie sind dann zwingend Unternehmensvermögen.

Die Zuordnungsentscheidung ist dem Finanzamt zeitnah mitzuteilen. Dies er- **1021** folgt in der Regel mit der Umsatzsteuer-Voranmeldung für den Voranmeldungszeitraum des Kaufs des PKWs durch Geltendmachung des Vorsteuerabzugs.[1] Mit der Zuordnung zum Unternehmensvermögen erhält das Unternehmen den vollen Vorsteuerabzug für alle Kosten des PKW, auch wenn es teilweise privat genutzt wird. Insbesondere kann das Unternehmen die für die Anschaffung des Fahrzeugs in Rechnung gestellte Umsatzsteuer im Veranlagungszeitraum der Anschaffung als Vorsteuer geltend machen. Im Gegenzug ist der Wert der Privatnutzung umsatzsteuerpflichtig (siehe Rz. 1080).

Zu beachten ist, dass bei einer späteren Entnahme wegen der Vorsteuer- **1022** abzugsberechtigung bei Anschaffung des Fahrzeugs auf die Entnahme § 3 Abs. 1b Nr. 1 UStG Umsatzsteuer zu zahlen ist.

Die Höhe des geltend gemachten Vorsteuerabzugs ist regelmäßig ein gewich- **1023** tiges Indiz für die Zuordnung zum umsatzsteuerlichen Unternehmen. Es kommt nicht auf die ertragsteuerrechtliche Behandlung als Betriebs- oder Privatvermögen an (siehe Rz. 3 ff.). Vielmehr ist von Bedeutung, welche Verwendung des Fahrzeugs der Unternehmer im Zeitpunkt der Anschaffung des Fahrzeugs beabsichtigte. Dabei ist auf das voraussichtliche Verhältnis der Jahreskilometer für die unterschiedlichen Nutzungen abzustellen. Seine Verwendungsabsicht muss der Unternehmer objektiv belegen und in gutem Glauben erklären.[2]

BEISPIEL: Unternehmer nutzt ein Fahrzeug zu 60 % für unternehmerische und zu 40 % für private Fahrten. Das Fahrzeug hat er ertragsteuerlich als notwendiges Betriebsvermögen eingestuft. Für die Umsatzsteuer kann er das Fahrzeug dem Privatvermögen zuordnen. Ein Vorsteuerabzug ist in diesem Fall nicht möglich. Ebenso müssen Privatfahrten nicht zusätzlich der Umsatzsteuer unterworfen werden.

Der Unternehmer muss dem Finanzamt die mindestens 10%ige unternehmeri- **1024** sche Nutzung glaubhaft machen. Dies kann durch Aufzeichnungen der gefahrenen Jahreskilometer des betreffenden Fahrzeugs und der Fahrten aus der unternehmerischen Tätigkeit mit Fahrtziel und gefahrenen Kilometern erfolgen. Fahrten zwischen Wohnung und Betriebsstätte und Familienheimfahrten wegen einer betrieblich begründeten doppelten Haushaltsführung zählen umsatzsteuerlich zu den unternehmerischen Fahrten. Es sind keine Privatfahrten.[3]

---

1 Abschn. 15.2c Abs. 14 bis 17 UStAE.
2 Abschn. 15.23 Abs. 1 UStAE.
3 Abschn. 15.23 Abs. 2 UStAE; BFH, Urteil v. 5.6.2014 – XI R 36/12, BStBl 2015 II S. 43.

Zuordnungsverbot bei unternehmerischer Nutzung von weniger als 10 %

1025 Wird das Fahrzeug zu weniger als 10 % unternehmerisch genutzt, ist dafür der Vorsteuerabzug nach § 15 Abs. 1 Satz 2 UStG ausgeschlossen. Daraus wird geschlossen, dass eine Zuordnung zum Unternehmensvermögen bei einer geringen unternehmerischen Nutzung nicht möglich ist. Die Finanzverwaltung spricht von einem Zuordnungsverbot wegen Unterschreitens der unternehmerischen Mindestnutzung von 10 %.

1026 Die Finanzverwaltung geht bei Zweit- oder Drittfahrzeugen von Einzelunternehmern oder sog. Alleinfahrzeugen bei einer nebenberuflichen Unternehmertätigkeit von einer unternehmerischen Nutzung unter 10 % aus. Das Gleiche gilt für Personengesellschaften, wenn ein Gesellschafter mehr als ein Fahrzeug privat nutzt.[1]

1027 Wird ein PKW zu weniger als 10 % unternehmerisch verwendet, kann er nicht dem Unternehmen umsatzsteuerlich zugeordnet werden. Er gehört umsatzsteuerlich zum Privatvermögen. Die 10 %-Grenze wird nach § 15 Abs. 1 Satz 2 UStG aus dem Verhältnis der Kilometer unternehmerischer Fahrten zu den Jahreskilometern des Fahrzeugs ermittelt.

PRAXISHINWEIS:

Das Unternehmen kann das Fahrzeug auch voll dem Privatmögen zuordnen, selbst wenn es unternehmerisch genutzt wird. Nachteilig daran ist, dass der Vorsteuerabzug aus den Anschaffungskosten dann nicht möglich ist. Die Privatnutzung des Fahrzeugs muss nicht der Umsatzsteuer unterworfen werden (Rz. 1080). Der Vorsteuerabzug geht auch bei einer Zuordnung zum Privatvermögen nicht vollständig verloren. Nach Abschn. 15.2c Abs. 3 UStAE kann im Zusammenhang mit dem Betrieb des Fahrzeugs anfallende Vorsteuer, etwa aus der Wartung des nicht dem Unternehmen zugeordneten Fahrzeugs, im Verhältnis der unternehmerischen Nutzung zur privaten und unternehmensfremden Nutzung abgezogen werden. Bei Umsatzsteuer, die unmittelbar und ausschließlich durch eine unternehmerische Verwendung anfällt, kann die Vorsteuer sogar in voller Höhe geltend gemacht werden. Die Finanzverwaltung nennt hier ausdrücklich als Beispiel Kraftfahrtstoffkosten anlässlich einer betrieblichen Fahrt oder Vorsteuerbeträge aus Reparaturkosten in Folge eines Unfalls auf einer unternehmerisch veranlassten Fahrt.

---

1 Abschn. 15.23 Abs. 2 UStAE.

Zusammenfassend gilt: 1028

Bei einer privaten Nutzung eines Fahrzeuges bestehen folgende Möglichkeiten:

► Das Fahrzeug verbleibt zwingend im Privatvermögen, wenn es entweder ausschließlich oder zu mehr als 90 % privat genutzt wird. Für die Anschaffung des Fahrzeugs gezahlte Umsatzsteuer kann nicht als Vorsteuer geltend gemacht werden.

► Das Fahrzeug wird zwingend Unternehmensvermögen, wenn es zu 100 % unternehmerisch genutzt wird. Die für die Anschaffung in Rechnung gestellte Vorsteuer kann geltend gemacht werden.

► Dem Unternehmen wird ein Wahlrecht eingeräumt, das Fahrzeug dem Privat- oder Unternehmensvermögen zuzuordnen (unternehmerische Nutzung zwischen 10 % und fast 100 %).

– Entscheidet sich das Unternehmen dafür, das Fahrzeug dem Privatvermögen zuzuordnen, kann die für die Anschaffung geleistete Umsatzsteuer nicht als Vorsteuer geltend gemacht werden. Im Gegenzug braucht die Privatnutzung auch nicht der Umsatzsteuer unterworfen zu werden.

– Bei Zuordnung zum Unternehmensvermögen kann die Vorsteuer aus der Anschaffung in vollem Umfang abgezogen werden, die Privatnutzung ist während der Nutzungsdauer der Umsatzsteuer zu unterwerfen.

– Das Fahrzeug wird nur teilweise dem Unternehmensvermögen zugeordnet. Für den dem Unternehmensvermögen zugeordneten Anteil besteht Anspruch auf vollen Vorsteuerabzug, hinsichtlich des dem Privatvermögen zugeordneten Teils besteht kein Vorsteuerabzug.

(Einstweilen frei) 1029–1034

1. Vorsteuerabzug bei Anschaffung

Gehört das Fahrzeug umsatzsteuerlich zum Unternehmensvermögen, kann 1035 aus den Kosten der Anschaffung die Vorsteuer geltend gemacht werden. Der Unternehmer ist nach § 15 Abs. 1 UStG zum Vorsteuerabzug berechtigt, soweit er Leistungen für seine unternehmerischen Tätigkeiten zur Erbringung entgeltlicher Leistungen zu verwenden beabsichtigt (Zuordnung zum Unternehmen). Beabsichtigt der Unternehmer bereits bei Leistungsbezug, die bezogene Leistung ausschließlich für die Erbringung nicht entgeltlicher Leistungen (nicht-unternehmerische Tätigkeiten) zu verwenden, ist der Vorsteuerabzug grundsätzlich zu versagen.

1036 Bei einer Zuordnung des PKWs mit 100 % zum umsatzsteuerlichen Unternehmensvermögen, kann die Vorsteuer aus dem Kauf des PKW zu 100 % geltend gemacht werden. Voraussetzung ist, dass die Umsatzsteuer auf einer Rechnung eines anderen Unternehmens separat nach § 15 UStG ausgewiesen ist. Das gilt auch bei einer teilunternehmerischen Nutzung und der vollen Zuordnung zum Unternehmen.

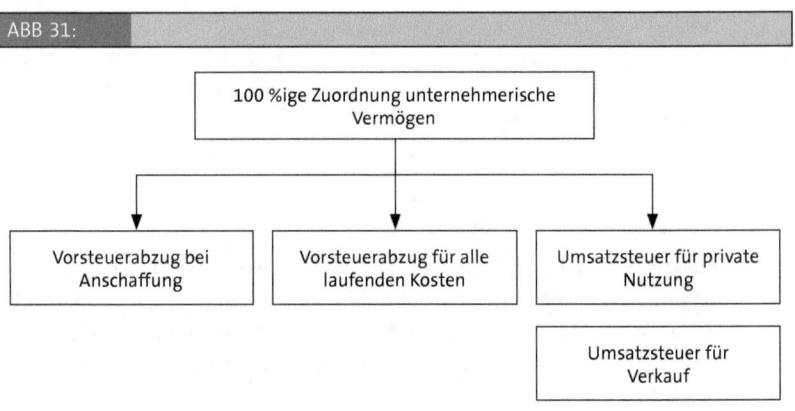

ABB 31:

1037 Daran ändert sich auch nichts, wenn der Unternehmer das Fahrzeug dann doch teilweise privat nutzt. Es liegt dann eine unentgeltliche Wertabgabe vor, die nach § 3 Abs. 9a Nr. 1 UStG versteuert wird (siehe Rz. 1080). Wird das Fahrzeug auch zur privaten Nutzung einem Arbeitnehmer überlassen, liegt eine entgeltliche Überlassung vor, weil das Fahrzeug als Teilvergütung für die Arbeitsleistung angesehen wird. Auch hier ist die private Nutzung umsatzsteuerlich zu versteuern (siehe Rz. 1156 ff.)

1038 Ist der Unternehmer mit seinen Umsätzen nicht umsatzsteuerpflichtig und damit auch nicht vorsteuerabzugsberechtigt, z. B. als Arzt oder Versicherungsvertreter, ist kein Vorsteuerabzug für den Kauf eines Fahrzeuges möglich.

> **BEISPIEL:** Ein Arzt erbringt zu 100 % umsatzsteuerfreie Leistungen und erwirbt einen PKW für seine Tätigkeit. Er nutzt den PKW auch privat.
>
> Der Arzt erzielt keine Umsätze, die nach § 15 UStG zum Vorsteuerabzug berechtigen. Die private Nutzung ist nicht umsatzsteuerlich zu beachten. Der Arzt kann keine Vorsteuern geltend machen. Ein späterer Verkauf ist umsatzsteuerfrei.

1039 Es gibt Berufsgruppen, die teilweise umsatzsteuerfreie und teilweise umsatzsteuerpflichtige Leistungen erbringen (z. B. auch der Arzt). In diesen Fällen liegt eine teilweise Vorsteuerabzugsberechtigung vor. Die insgesamt anfallenden Vorsteuern für den PKW sind aufzuteilen. Sie sind nur abzugsfähig, soweit sie auf die steuerpflichtigen Umsätze entfallen. Der Kauf eines Fahrzeuges dient in der Regel sowohl dem umsatzsteuerfreien als auch dem umsatzsteuerpflichtigen Anteil. Die Aufteilung kann nach dem Verhältnis der Umsätze erfolgen.

Beabsichtigt der Unternehmer bereits bei Kauf des PKWs, den PKW ausschließlich für die Erbringung nichtunternehmerische Tätigkeiten zu verwenden, ist der Vorsteuerabzug ebenfalls grundsätzlich nicht möglich. 1040

Beabsichtigt der Unternehmer bei Bezug der Leistung diese teilweise für Zwecke seiner wirtschaftlichen Tätigkeit und teilweise für Zwecke einer nichtwirtschaftlichen Tätigkeit zu verwenden, ist er nur im Umfang der beabsichtigten Verwendung für seine wirtschaftliche Tätigkeit zum Vorsteuerabzug berechtigt. Eine weiter gehende Berechtigung zum Vorsteuerabzug besteht bei einer „gemischten" Verwendung nur, wenn es sich bei der nichtwirtschaftlichen Tätigkeit um die Verwendung für Privatentnahmen i. S. des § 3 Abs. 1b oder 9a UStG handelt 1041

Nichtunternehmerische Tätigkeiten sind in nichtwirtschaftliche Tätigkeiten im engeren Sinne (nichtwirtschaftliche Tätigkeiten i. e. S.) und unternehmensfremde Tätigkeiten zu unterteilen. Nichtwirtschaftliche Tätigkeiten i. e. S. sind alle nichtunternerischen Tätigkeiten, die nicht unternehmensfremd (nicht privat) sind, wie z. B.: 1042

▶ unentgeltliche Tätigkeiten eines Vereins, die aus ideellen Vereinszwecken verfolgt werden,

▶ hoheitliche Tätigkeiten juristischer Personen des öffentlichen Rechts,

▶ das Veräußern von gesellschaftsrechtlichen Beteiligungen, wenn die Beteiligung nicht im Unternehmensvermögen gehalten wird.

Bezieht der Unternehmer den PKW zugleich für seine unternehmerische und für seine nichtwirtschaftliche Tätigkeit i. e. S. (siehe Abschn. 2.3 Abs. 1a UStAE), ist der Vorsteuerabzug nur insoweit zulässig, als die Aufwendungen seiner unternehmerischen Tätigkeit zuzuordnen sind (§ 15 Abs. 1 UStG), und beim PKW die 10 %-Grenze nach § 15 Abs. 1 Satz 2 UStG erreicht ist. Besteht die nichtunternehmerische Tätigkeit in einer nichtwirtschaftlichen Tätigkeit i. e. S. (vgl. Abschn. 2.3 Abs. 1a Satz 4 UStAE), hat der Unternehmer kein Wahlrecht zur vollständigen Zuordnung. Es besteht grundsätzlich ein Aufteilungsgebot. Aus Billigkeitsgründen kann der Unternehmer das Fahrzeug im vollen Umfang in seinem nichtunternehmerischen Bereich belassen.[1] 1043

---

1 BMF, Schreiben v. 5.6.2014, BStBl 2014 I S. 896, Tz. 1a.

BEISPIEL: ▶ Ein Verein erwirbt ein Fahrzeug, das sowohl für den wirtschaftlichen Geschäftsbetrieb (unternehmerische Tätigkeit) als auch für seinen ideellen Bereich (nichtwirtschaftliche Tätigkeit i. e. S.) verwendet werden soll. Der Vorsteuerabzug aus der Anschaffung des Fahrzeugs ist anteilig nur insoweit zulässig, als der Verein das Fahrzeug für den wirtschaftlichen Geschäftsbetrieb zu verwenden beabsichtigt (vgl. Abschn. 2.3 Abs. 1a UStAE). Der für ideelle Vereinszwecke genutzte Fahrzeugteil stellt einen separaten Gegenstand dar, der nicht zum Unternehmen gehört.

1044   Fehlt die Zuordnung zum umsatzsteuerlichen Unternehmensvermögen, weil das Fahrzeug weniger als 10 % unternehmerisch genutzt wird, kann ebenfalls keine Vorsteuer aus dem Kauf eines PKWs geltend gemacht werden.

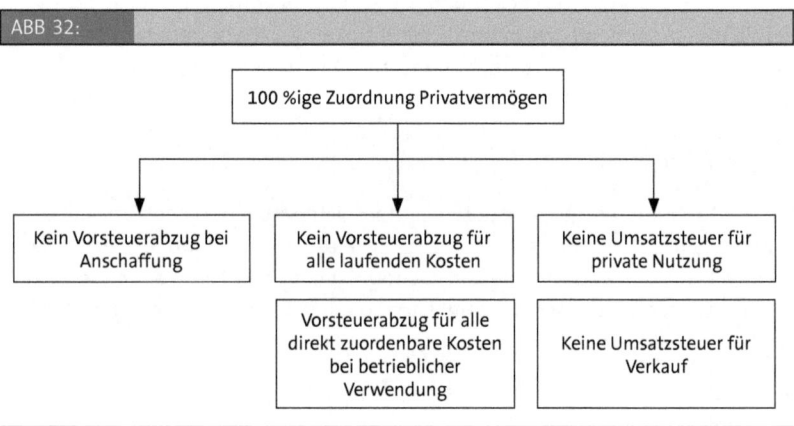

ABB 32:

100 %ige Zuordnung Privatvermögen

Kein Vorsteuerabzug bei Anschaffung	Kein Vorsteuerabzug für alle laufenden Kosten	Keine Umsatzsteuer für private Nutzung
	Vorsteuerabzug für alle direkt zuordenbare Kosten bei betrieblicher Verwendung	Keine Umsatzsteuer für Verkauf

1045   Ordnet der Unternehmer bei einer betrieblichen Nutzung von mehr als 10 % den PKW voll dem Unternehmen zu, erhält er aus der Anschaffung den vollen Vorsteuerabzug, wenn eine ordnungsgemäße Rechnung nach § 14 UStG mit Umsatzsteuerausweis vorliegt.

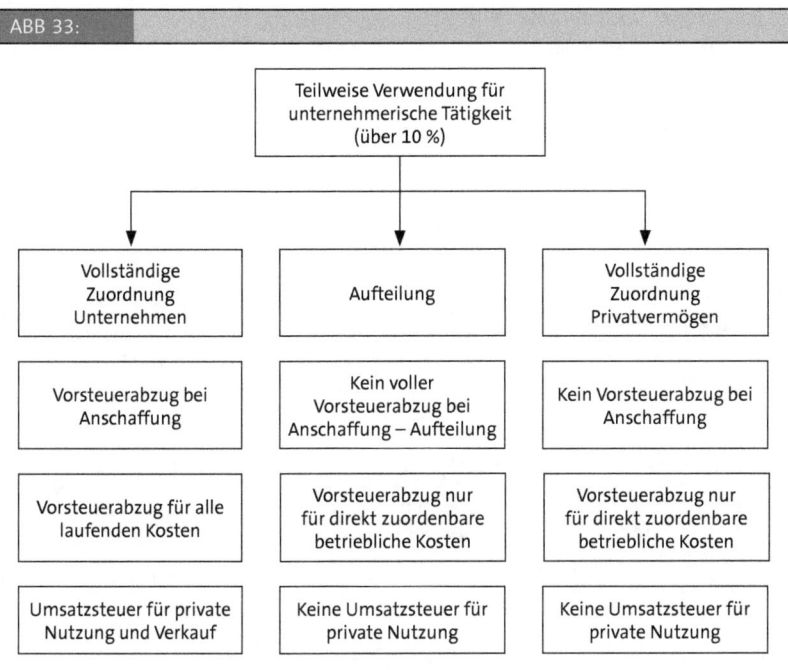

ABB 33:

Ordnet der Unternehmer nur den unternehmerisch genutzten Fahrzeugteil seinem Unternehmen zu (unter Beachtung der unternehmerischen Mindestnutzung), darf er nur die auf diesen Teil entfallende Vorsteuer aus den Anschaffungskosten nach § 15 Abs. 1 Satz 1 UStG abziehen, wobei die erforderliche Vorsteueraufteilung nach den Grundsätzen des § 15 Abs. 4 UStG zu erfolgen hat. Die auf den anderen Fahrzeugteil entfallende unternehmensfremde Nutzung unterliegt dann nicht der Wertabgabenbesteuerung nach § 3 Abs. 9a Nr. 1 UStG.

1046

1047   Im Folgenden noch einmal eine Zusammenfassung der Zuordnung und der umsatzsteuerlichen Folgen:

Zuordnung von Fahrzeugen zum Unternehmensvermögen		
Art der Nutzung	**Zuordnung**	**Vorsteuerabzug**
Ausschließlich unternehmerische Nutzung des Fahrzeugs	Zwingend Unternehmensvermögen	Voller Vorsteuerabzug
Ausschließlich private Nutzung des Fahrzeugs	Zwingend Privatvermögen	Kein Vorsteuerabzug
Unternehmerische Nutzung des Fahrzeugs zu weniger als 10 %	Zwingend Privatvermögen, da Zuordnungsverbot wegen zu geringer unternehmerischer Nutzung	- grds. kein Vorsteuerabzug - für Aufwendungen im Zusammenhang mit unternehmerischen Fahrten Vorsteuerabzug möglich
Unternehmerischer Nutzungsanteil mindestens 10 % weniger als 100 %	Zuordnungswahlrecht (siehe Folgetabelle)	

Zuordnungswahlrechte (unternehmerischer Nutzung mindestens 10 %, weniger als 100 %)		
Fahrzeug wird insgesamt dem Privatvermögen zugeordnet	Fahrzeug kein Unternehmensvermögen	- kein Vorsteuerabzug - keine Versteuerung der Privatnutzung - für unternehmerische Fahrten Vorsteuerabzug zulässig
Fahrzeug wird insgesamt Unternehmensvermögen zugeordnet	Fahrzeug ist Unternehmensvermögen	- Voller Vorsteuerabzug - Versteuerung der Privatnutzung
Zuordnung des unternehmerisch genutzten Teils des Fahrzeugs zum Unternehmensvermögen, Zuordnung des privat genutzten	Fahrzeug ist teilweise Unternehmensvermögen, teilweise Privatvermögen	- für unternehmerisch genutzten Teil des Fahrzeugs voller Vorsteuerabzug, keine Versteuerung der Privatnutzung - für privat genutzten Teil des Fahrzeugs kein Vorsteuerabzug.

1048–1050   (*Einstweilen frei*)

2. Vorsteuerabzug der laufenden Kosten

Bei einer Zuordnung von 100 % zum umsatzsteuerlichen Unternehmensvermögen, kann die Vorsteuer aus allen laufenden Kosten zu 100 % geltend gemacht werden.

1051

Bei einer Nutzung des Fahrzeuges zu unternehmerischen Zwecken von mehr als 10 % und der vollen Zuordnung zum Unternehmen, kann der Unternehmer die Vorsteuer aus den Kosten der laufenden Betriebskosten ebenfalls voll geltend machen. Im Gegenzug muss er zum Ausgleich jährlich die auf die nicht-unternehmerische Nutzung entfallende Wertabgabe der Umsatzsteuer unterwerfen (siehe dazu Rz. 1080).

1052

Nutzt ein Unternehmer sein als umsatzsteuerliches „Privatfahrzeug" eingestuftes Fahrzeug gelegentlich für unternehmerische Zwecke, sind die Vorsteuern aus Betrieb und Wartung anteilig im Verhältnis der unternehmerischen zur nichtunternehmerischen Nutzung abziehbar.

1053

BEISPIEL AUS DEM USTAE (ABSCHN. 15.23 ABS. 4) ▶ Erwirbt der Unternehmer für ein Fahrzeug, das zu weniger als 10 % für sein Unternehmen genutzt wird und deshalb nicht dem Unternehmen zugeordnet ist, z. B. einen Satz Winterreifen, können diese wie das Fahrzeug selbst nicht zugeordnet werden; ein Recht auf Vorsteuerabzug besteht insoweit nicht, es sei denn, der Unternehmer weist eine höhere unternehmerische Nutzung der Winterreifen nach.

Wird das Fahrzeug dagegen beispielsweise zu 40 % unternehmerisch und zu 60 % unternehmensfremd (privat) genutzt, kann der Unternehmer die Winterreifen im vollen Umfang seinem Unternehmen zuordnen (vgl. Abschn. 15.2c Abs. 2 Satz 1 Nr. 2 Buchst. b UStAE) und unter den Voraussetzungen des § 15 UStG den Vorsteuerabzug in voller Höhe geltend machen.

Der Bemessungsgrundlage der unentgeltlichen Wertabgabe kann ein Privatanteil von 60 % zugrunde gelegt werden, ohne dass die konkreten Nutzungsverhältnisse der Winterreifen ermittelt werden müssen.

Die unmittelbar und ausschließlich auf die unternehmerische Verwendung des Geschäftswagens entfallenden Vorsteuern sind hingegen hier voll abziehbar. Dies sind z. B. die Vorsteuern aus Kosten für Kraftstoff während einer unternehmerischen Fahrt oder aus Reparaturaufwendungen anlässlich eines Unfalls während einer unternehmerisch veranlassten Fahrt. Der jeweilige unternehmerische Anlass muss hier aber nachgewiesen werden. Der Unternehmer muss also durch gesonderte Aufzeichnung des Anlasses sowie Tag, Uhrzeit und gefahrene km eine Dokumentation führen. Die Vorsteuer kann nur aus einer ordnungsgemäßen Rechnung mit gesondert ausgewiesener Umsatzsteuer nach § 14 UStG geltend gemacht werden.

1054

BEISPIEL: ▶ Ein Unternehmer nutzt einen PKW, den er zu 5 % für unternehmerische Fahrten nutzt. Insgesamt hat er auf diesen Fahrten für 400 € zzgl. 76 € getankt. Dafür liegen die Rechnungen mit separatem Umsatzsteuerausweis vor. Für das Fahrzeug sind im Jahr zusätzlich noch 3.000 € zzgl. 570 € an Reparatur- und Wartungskosten entstanden. Auch dafür liegen Rechnungen mit Umsatzsteuerausweis vor.

LÖSUNG: ▶ Ein Vorsteuerabzug aus der Anschaffung ist nicht möglich, weil das Fahrzeug unter 10 % unternehmerisch genutzt wird. Aus den Kosten für das Betanken auf den unternehmerischen Fahrten kann er 76 € Vorsteuerabzug geltend machen. Aus den Reparatur- und Wartungskosten erhält er einen anteiligen Vorsteuerabzug von 5 %, also 45,60 € als Vorsteuer.

1055 Da Fahrten zwischen Wohnung und Betriebsstätte und Familienheimfahrten wegen einer betrieblich begründeten doppelten Haushaltsführung umsatzsteuerlich zu den unternehmerischen Fahrten und nicht zu den Privatfahrten zählen, erfolgt keine Vorsteuerkürzung nach § 15 Abs. 1a UStG.

1056–1060 *(Einstweilen frei)*

3. Vorsteuerabzug für Miete und Leasing

1061 Mietet oder least der Unternehmer sein Fahrzeug sind in der Miete, Mietsonderzahlung, den Leasingraten, Leasingsonderzahlungen und Unterhaltskosten stets Umsatzsteuer enthalten. Wird das Fahrzeug gemischt genutzt, sind die entfallenden Vorsteuern grundsätzlich nach dem Verhältnis von unternehmerischer und nichtunternehmerischer Nutzung in einen abziehbaren und einen nichtabziehbaren Anteil aufzuteilen. Wird der Vorsteuerabzug so ermittelt, braucht keine Besteuerung der nichtunternehmerischen (privaten) Nutzung mehr erfolgen.

1062 Aus Vereinfachungsgründen hat die Finanzverwaltung zugelassen, dass der Unternehmer in diesen Fällen auch den Vorsteuerabzug aus der Miete bzw. den Leasingraten und den Unterhaltskosten in voller Höhe vornehmen und die nichtunternehmerische private Nutzung besteuern kann.[1]

1063–1065 *(Einstweilen frei)*

4. Vorsteuerabzug aus Kauf von Zubehör für Fahrzeug

1066 Kauft der Unternehmer für das Fahrzeug, welches unternehmerisch genutzt wird, nach der Zulassung noch Gebrauchsgegenstände oder Zubehör kann er aus Vereinfachungsgründen beim Vorsteuerabzug auf das Verhältnis der unternehmerischen zur nichtunternehmerischen (privaten) Nutzung des Fahr-

---

1 Abschn. 15.23 Abs. 7 UStAE.

zeugs abstellen. Wird das Fahrzeug zu weniger als 10 % unternehmerisch genutzt, entfällt ein Vorsteuerabzug. Wird das Fahrzeug z. B. zu 40 % privat genutzt, kann der Unternehmer das Fahrzeug voll dem Unternehmen zuordnen und so auch den vollen Vorsteuerabzug geltend machen. [1] Bei der Versteuerung der unentgeltlichen Wertabgabe ist in diesem Fall ein Privatanteil von 40 % zugrundzulegen (siehe Rz. 1053 ff.).

(Einstweilen frei) 1067–1068

5. Kleinunternehmer

Kleinunternehmer i. S. des § 19 UStG (mit weniger als 22.000 € Umsatz im Vorjahr) oder Unternehmer, die ausschließlich steuerfreie Umsätze gemäß § 4 Nr. 8 bis 28 UStG erbringen, die den Vorsteuerabzug ausschließen, können keine Vorsteuer geltend machen. Sie zahlen für die private Nutzung ihres Firmenwagens aber auch keine Umsatzsteuer. 1069

(Einstweilen frei) 1070–1072

6. Nicht vorsteuerabzugsberechtigte Personen

Unternehmen, die nicht zum Vorsteuerabzug berechtigt sind, brauchen keine umsatzsteuerlichen Vorgaben beachten und können auch keine Vorsteuer geltend machen. Dies gilt auch für die Nutzung eines PKW. 1073

Nicht zum Vorsteuerabzug berechtigt sind 1074

▶ private Personen,

▶ Unternehmen, die mit ihren Umsätzen voll befreit sind (z. B. Ärzte, Versicherungsvertreter mit Ausnahme, wenn sie neben der steuerbefreiten noch eine umsatzsteuerpflichtige Tätigkeit ausüben),

▶ nebenberufliche Unternehmen, die das Fahrzeug in so geringem Umfang unternehmerisch nutzen, dass sie es nicht dem Unternehmen zuordnen können,

▶ eigentlich zum Vorsteuerabzug berechtigte Unternehmen, die das auch privat genutzte Fahrzeug, nicht dem Unternehmen zugeordnet haben (siehe Rz. 1016).

(Einstweilen frei) 1075–1079

---

1 Abschn. 15.23 Abs. 4 UStAE.

II. Umsatzbesteuerung bei privater Nutzung eines betrieblichen PKW

1080 Da wie oben dargestellt, auch für private Fahrten Vorsteuern geltend gemacht werden können, wenn das Fahrzeug voll dem Unternehmen zugeordnet wird, unterliegt die private Nutzung jährlich zum Ausgleich der Umsatzsteuer nach § 3 Abs. 9a Nr. 1 UStG. Es handelt sich hierbei um eine unentgeltliche Wertabgabe. Nach § 3f UStG gilt als Besteuerungsort für die Wertabgabe der Unternehmenssitz. Dies gilt auch für private Fahrten im Ausland.

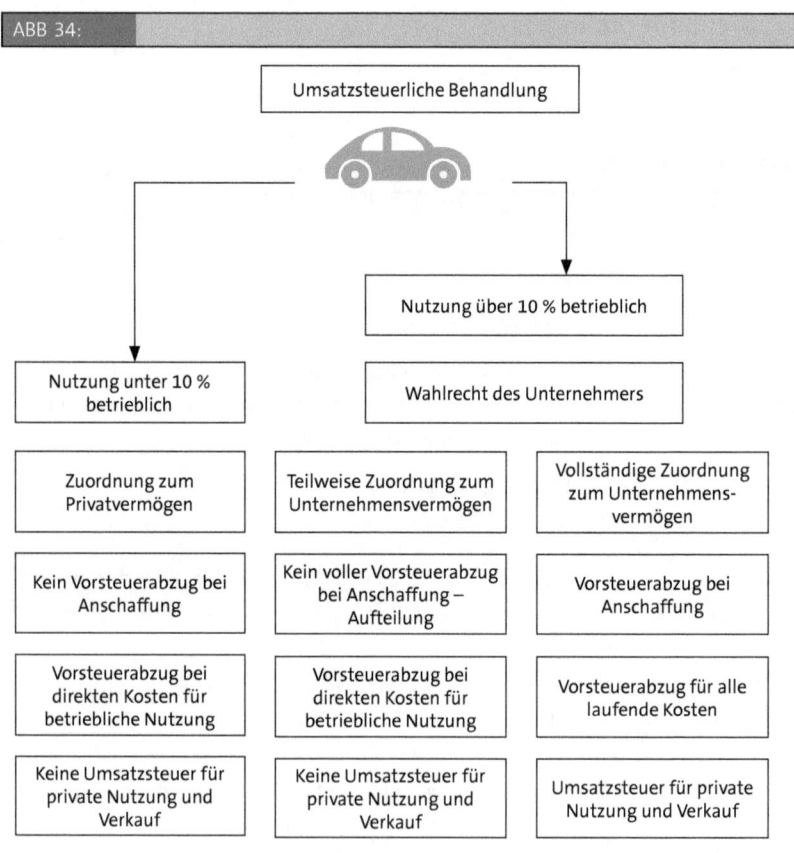

ABB 34:

	Umsatzsteuerliche Behandlung	
Nutzung unter 10 % betrieblich		Nutzung über 10 % betrieblich
		Wahlrecht des Unternehmers
Zuordnung zum Privatvermögen	Teilweise Zuordnung zum Unternehmensvermögen	Vollständige Zuordnung zum Unternehmensvermögen
Kein Vorsteuerabzug bei Anschaffung	Kein voller Vorsteuerabzug bei Anschaffung – Aufteilung	Vorsteuerabzug bei Anschaffung
Vorsteuerabzug bei direkten Kosten für betriebliche Nutzung	Vorsteuerabzug bei direkten Kosten für betriebliche Nutzung	Vorsteuerabzug für alle laufende Kosten
Keine Umsatzsteuer für private Nutzung und Verkauf	Keine Umsatzsteuer für private Nutzung und Verkauf	Umsatzsteuer für private Nutzung und Verkauf

Zur Ermittlung der Bemessungsgrundlage für die Umsatzsteuer der Privatnut- 1081
zung kommt es darauf an, wieviel das Fahrzeug vom Unternehmer privat genutzt wird. Unterschieden wird hier zwischen einer betrieblichen Nutzung von
über 50 % und unter 50 %.

ABB 35:

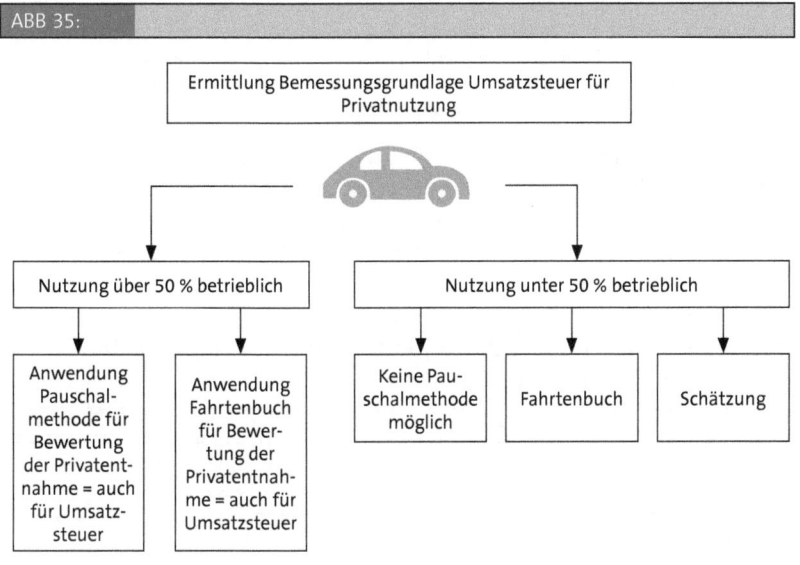

1. Betriebliche Nutzung über 50 %

Bei einer Nutzung des Fahrzeuges zu mehr als 50 % betrieblich kann der Un- 1082
ternehmer für die umsatzsteuerliche Bemessungsgrundlage aus den ertragsteuerlichen Bewertungsregelungen wählen. Dies bedeutet, dass der Unternehmer zwischen der 1 %-Regelung und Fahrtenbuchregelung nach § 6 Abs. 1
Nr. 4 Satz 2 ff. EStG wählen kann. Die Wahl der Methode gilt wie bei der
Ertragsteuer für das ganze Jahr. Ein Wechsel ist nur am Jahresanfang oder bei
Wechsel des Fahrzeuges nötig. Die umsatzsteuerliche Bemessungsgrundlage
ist grundsätzlich immer ein Monatswert.

a) Ermittlung nach der %-Methode

Wendet der Unternehmer ertragsteuerlich bei Hinzurechnung der Einnahmen 1083
die 1 %-Regelung des § 6 Abs. 1 Nr. 4 Satz 2 EStG für die Bewertung der Entnahme an (siehe Rz. 80 ff.), kann er diese Berechnung auch für die Umsatzsteuer verwenden. Zwingend ist dies aber nicht. Es handelt sich immer um

einen monatlichen Wert. Bei einer nicht vollen Monatsnutzung kann keine tagegenaue Abrechnung erfolgen.

BEISPIEL: Der Unternehmer hat einen PKW im Wert von 60.000 € und nutzt diesen sowohl privat als auch betrieblich. Er hat das Fahrzeug dem Betriebsvermögen zugeordnet und wendet für die Korrektur der Einnahmen die 1 %-Regelung an. Der Wert beträgt somit 600 € je Monat. Das Fahrzeug ordnet er umsatzsteuerlich dem Unternehmen voll zu. Die Vorsteuern werden zu 100 % voll geltend gemacht. Für die Ermittlung der Bemessungsgrundlage zur Umsatzversteuerung der privaten Nutzung wird ebenfalls die 1 %-Regelung angewandt.

1084   Da nicht alle Kosten für das Fahrzeug mit Umsatzsteuer/Vorsteuer belastet sind (z. B. Versicherungen und Kfz-Steuern), kann der Unternehmer von der ermittelten Bemessungsgrundlage einen pauschalen Abschlag von 20 % vornehmen (Abschn. 15.23 Abs. 5 Nr. 1a Satz 3 UStAE). Es ist nicht erlaubt, die nicht vorsteuerbelasteten Kosten ins Verhältnis zu den Gesamtkosten zu setzen und einen höheren Abschlag vorzunehmen. Nach Berücksichtigung des 20%tigen-Abschlags ergibt sich die Bemessungsgrundlage als Nettowert. Die Umsatzsteuer ist hinzuzurechnen.

ABB 36:

Ermittlung Bemessungsgrundlage Umsatzsteuer für Privatnutzung

Nutzung über 50 % betrieblich

Anwendung Pauschalmethode

1 % vom Bruttolistenpreis für Privatfahrten

Abschlag von 20 % für nicht Vorsteuerbelastete Aufwendungen

Nettowert = 19 % Umsatzsteuer

FORMEL FÜR JÄHRLICHE BERECHNUNG:

1 % des Bruttolistenneupreises des Fahrzeugs X angefangene Nutzungsmonate

-     20 % Pauschalabschlag

=   Nettowert × 19 % = Umsatzsteuer[1]

BEISPIEL: Der Unternehmer hat einen PKW im Wert von 60.000 € und nutzt diesen sowohl privat als auch betrieblich. Er hat das Fahrzeug dem Betriebsvermögen zugeordnet und wendet für die Korrektur der Einnahmen die 1 %-Regelung an. Der Wert beträgt somit 600 € je Monat. Das Fahrzeug ordnet er umsatzsteuerlich dem Unternehmen voll zu. Die Vorsteuern werden zu 100 % voll geltend gemacht. Für die Ermittlung der Bemessungsgrundlage zur Umsatzversteuerung der privaten Nutzung wird ebenfalls die 1 %-Regelung angewandt.

LÖSUNG: Die Bemessungsgrundlage berechnet sich wie folgt:

1 % von 60.000 € x 12 Monate =	7.200 €
20 % von 7.200 € =	1.440 €
Bemessungsgrundlage:	5.760 €

19 % = 1.094,40 € als Umsatzsteuer abzuführen[2].

HINWEIS:

Ob es sich um ein Elektro- oder Hybridfahrzeug handelt, spielt bei der Umsatzsteuer keine Rolle. Für umsatzsteuerliche Zwecke erfolgt bei Elektro- und Hybridelektrofahrzeugen keine pauschale Kürzung des inländischen Bruttolistenpreises, wie bei der Ertragsteuer (siehe Rz. 703 ff., 731 ff. und 754 ff.). Auch hier ist immer für die Umsatzsteuer der Bruttolistenneupreis bei Anwendung der 1 %-Regelung anzuwenden (Abschn. 15.23 Abs. 5 Nr. 1a UStAE).

(Einstweilen frei)   1085–1088

---

1 Wegen der befristeten Absenkung der Umsatzsteuer vom 1.7.2020 bis 31.12.2020 sind in diesem Zeitraum 16 % statt 19 % anzuwenden.

2 16 % = 921,60 €.

b) Keine Kostendeckelung bei der Umsatzsteuer

1089 Bei der Umsatzsteuer findet keine Kostendeckelung statt, wie bei der Bewertung der Privatentnahme (siehe Rz. 103). Dies ist deshalb ausgeschlossen, weil in der Umsatzsteuer immer die Möglichkeit besteht, die Bemessungsgrundlage sachgerecht zu schätzen. Das heißt, der Unternehmer kann den Prozentsatz schätzen, der auf die private Nutzung entfällt. Bei einem Fahrzeug, das überwiegend betrieblich genutzt wird, beträgt die private Nutzung zwangsläufig weniger als 50 %.

1090 Hat der Unternehmer Aufzeichnungen über einen repräsentativen Zeitraum gemacht oder auch ein Fahrtenbuch geführt, das bei der Bewertung der Privatfahrten im Rahmen der Einkommensteuer aus formalen Gründen nicht anerkannt worden ist, kann er diese Aufzeichnungen als Grundlage für eine sachgerechte Schätzung bei der Umsatzsteuer verwenden.

BEISPIEL: Der Unternehmer nutzt einen Pkw im Unternehmen auch für private Fahrten. Er führt kein Fahrtenbuch und ermittelt die private Nutzung nach der 1 %-Regelung. Der Bruttolistenpreis seines Firmenwagens hat im Zeitpunkt der Erstzulassung 38.000 € betragen. Der Firmenwagen ist vollständig abgeschrieben. Die Kfz-Kosten setzen sich wie folgt zusammen: vorsteuerfreie Aufwendungen 800 €, vorsteuerbelastete Aufwendungen 2.500 € zzgl. 475 € Umsatzsteuer.

Die Bewertung der Privatentnahme sieht wie folgt aus:

1 % von 38.000 € mal 12 Monate = 4.560 €

Gesamtkosten des PKW: 3.300 € (netto). Der Wert wird wegen der Kostendeckelung im Rahmen der Einnahmen angesetzt.

Die Umsatzsteuer für die Privatentnahme ermittelt der Unternehmer nach einer sachgerechten Schätzung. Er nimmt 60 % unternehmerische Nutzung an, wofür er die Vorsteuer in Anspruch nehmen kann.

Umsatzsteuerlich muss von 40 % privater Nutzung ausgegangen werden. Aus den vorsteuerbelasteten Kosten von 2.500 €, ergibt sich so eine Bemessungsgrundlage von 1.000 €. Auf diesen Betrag ist die Umsatzsteuer abzuführen, also 190 €.[1]

Wäre auch in der Umsatzsteuer die 1 % als Bemessungsgrundlage angesetzt worden, sähe die Rechnung wie folgt aus: 1 % von 38.000 = 380 x 12 = 4.560 € abzgl. 20 % (912 €) = 3.648 €. Davon 19 % = 693,12.[2]

1091–1093 (*Einstweilen frei*)

---

1 Bei 16 % USt = 160 €.
2 Bei 19 % USt = 583, 68 €.

c) Fahrtenbuchermittlung

Verwendet der Unternehmer für die Ermittlung des ertragsteuerlichen Privatnut-   1094
zungsanteil ein ordnungsgemäßes Fahrtenbuch ist der Unternehmer auch gezwungen diesen so ermittelten Wert auch umsatzsteuerlich als Bemessungsgrundlage anzusetzen. In die Gesamtkosten zur Ermittlung des privaten Anteils
sind die Ausgaben nicht einzubeziehen, für die der Unternehmer keinen Vorsteuerabzug geltend machen darf. Zu den umsatzsteuerlich relevanten Gesamtkosten
zählen somit nicht z. B. die Kfz-Versicherung, Steuer usw.). Die laufenden vorsteuerbelasteten Betriebskosten (wie Kraftstoff, Öl, Wartung etc.), Reparaturkosten,
Unfallkosten, usw. zählen zu den umsatzsteuerlich relevanten Gesamtkosten.

BEISPIEL: ▶ Ein dem Unternehmen zugeordnetes Fahrzeug wird 3.000 km pro Monat
gefahren, davon 500 km von dem Personenunternehmer privat. Die Gesamtaufwendungen für das Fahrzeug (inkl. AfA, inkl. Umsatzsteuer) betragen pro Monat 1.000 €.
Aus den Gesamtaufwendungen sind zunächst die tatsächlich nicht mit Vorsteuer
belasteten Kosten (z. B. Kfz-Versicherung) herauszurechnen. Diese sollen im Monat
75 € betragen.

LÖSUNG: ▶ Die monatlichen Gesamtaufwendungen betragen 925 €. Die 75 € nicht mit
Vorsteuer belastete Kosten werden herausgerechnet. Daraus ergeben sich Gesamtkosten pro Kilometer von 0,31 € (925 € / 3.000 km). Für die 500 km Privatnutzung
des Personenunternehmers ergeben sich 0,31 € x 500 km = 155 €. Dieser Betrag ist
die Bemessungsgrundlage für die Umsatzbesteuerung: 19 % auf 155 € = 29,45 €.[1]
Das Unternehmen hat 29,45 € Umsatzsteuer für die unentgeltliche Wertabgabe abzuführen.

Bei der Ermittlung des Verhältnisses der privaten Fahrten zu den Gesamtkos-   1095
ten zählen die Fahrten des Unternehmers zwischen Wohnung und Betriebstätte umsatzsteuerlich zu den unternehmerischen Fahrten. Ertragsteuerlich
sind dies Privatfahrten (siehe Rz. 101). Bei Elektro- und Hybridelektrofahrzeugen ist keine pauschale Kürzung oder Halbierung des inländischen Bruttolistenpreises, wie bei der Ertragsteuer vorzunehmen.

d) Aufteilung bei gemischten Umsätzen

Sind die Umsätze teilweise umsatzsteuerfrei und teilweise umsatzsteuerpflich-   1096
tig, hat ebenfalls eine Aufteilung stattzufinden. Solange eine Person bzw. ein
Unternehmen für das Fahrzeug bzw. die Fahrzeugnutzung keine Vorsteuer in
Anspruch nehmen kann, müssen keine Regelungen zur Umsatzbesteuerung für
die private Nutzung beachtet werden. Das gilt auch für Unternehmen, die zwar
aufgrund ihres Unternehmensgegenstandes zum Vorsteuerabzug berechtigt
sind, aber das Fahrzeug, das auch privat genutzt wird, nicht dem umsatzsteu-

---

1 Bei 16 % USt = 24,80 €.

erlichen Unternehmensvermögen zugeordnet haben (siehe Rz. 1016 ff.). Allerdings kann hier ggf. für laufende Kosten aus der unternehmerischen Nutzung doch ein Vorsteuerabzug für bestimmte Beträge beansprucht werden.

1097 Übt der Unternehmer teils steuerpflichtige und teils umsatzsteuerfreie Umsätze aus (z. B. Arzt ergeben sich Auswirkungen auf den Vorsteuerabzug (hier Aufteilung) aber nicht bei der Besteuerung der privaten Nutzung des PKW.

BEISPIEL: Ein Arzt führt zu 80 % steuerfreie nicht zum Vorsteuerabzug berechtigende und zu 20 % steuerpflichtige Umsätze aus. Der Arzt erwirbt ein Fahrzeug für 60.000 € zzgl. 11.400 € Umsatzsteuer. Die laufenden Kosten – etwa für Benzin, Wartung etc. – betragen im Jahr 4.000 € zzgl. 760 € Umsatzsteuer. Mit seinem Betriebs-PKW fährt er zu 60 % im Jahr für unternehmerische Zwecke und zu 40 % privat. Den Umfang der Nutzung ermittelt der Arzt durch eine sachgerechte Schätzung.

LÖSUNG: Vorsteuerabzug

Da das Fahrzeug sowohl für unternehmerische als auch für private Aktivitäten verwendet wird, ist der Vorsteuerabzug grundsätzlich nur im Umfang der Nutzung für Betrieb, Kanzlei oder Praxis möglich. Hinzu kommt darüber hinaus auch die Verwendung für nichtunternehmerische (private) Zwecke. Insoweit ist der Arzt zum aber Vorsteuerabzug berechtigt, da dies eine Nutzungsentnahme für private Zwecke (die umsatzsteuerlich versteuert wird) darstellt. Der Arzt nutzt das Fahrzeug zu mehr als 10 % für unternehmerische Zwecke und kann es in vollem Umfang seinem Unternehmen zuordnen. Es besteht ein Vorsteuerabzug. Das gilt sowohl für die Anschaffungskosten und auch für die laufenden Kosten. Der Vorsteuerabzug ist aber wegen der steuerfreien Umsätze wie folgt aufzuteilen:

► 80 % steuerfreie Umsätze von 60 % für Fahrten zu unternehmerischen Zwecken: Diese gefahrenen Kilometer (48 %) führen zu steuerfreien Umsätzen und zu keinem Vorsteuerabzug.

► 20 % von 60 % der gefahrenen Kilometer zählen zu den steuerpflichtigen Umsätzen und zu einem Vorsteuerabzug von 12 %.

► 100 % von 40 % der gefahrenen (privaten) Kilometer führen zu steuerpflichtigen Umsätzen und zu einem Vorsteuerabzug von 40 %.

Der gesamte Vorsteuerabzug beträgt danach 52 % und damit 8.008 € (52 % von 11.400 € aus Anschaffungskosten + 52 % aus 4.000 € aus den laufenden Kosten).

Umsatzsteuer auf Privatnutzung

Die private Verwendung des Fahrzeugs zu 40 % unterliegt als unentgeltliche Wertabgabe der Umsatzbesteuerung. Bemessungsgrundlage sind die Kosten, die zum Vorsteuerabzug berechtigt haben. Die zum Vorsteuerabzug berechtigenden Fahrzeugkosten für 20 % der umsatzsteuerpflichtigen Umsätze betragen im Jahr 14.000 € (20 % von 60.000 € Anschaffungskosten + 4.000 € laufende Kosten). Da der Unternehmer den Privatanteil auf 40 % geschätzt hat, beträgt die Bemessungsgrundlage 5.600 € und die Umsatzsteuer 1.064 €.[1]

---

1 Bei 16 % USt = 896 €.

Da der Arzt zu mehr als 50 % das Fahrzeug unternehmerisch nutzt und kein ordnungs-gemäßes Fahrtenbuch führt, hat er für die Berechnung der umsatzsteuerlichen Bemes-sungsgrundlage die Wahl zwischen der 1 %-Methode und einer Schätzung. Bei der 1 %-Regelung würde die Bemessungsgrundlage für die Umsatzsteuer im Jahr 6.854 € betra-gen (1 % von 71.400 € Anschaffungskosten = 714 € × 12 Monate = 8.568 € minus 20 % pauschal = 1.714 € für nicht mit Vorsteuer belastete Kosten). Die Umsatzsteuer beträgt 1.302,26 €[1].

Die Einschränkung des Vorsteuerabzugs führt nicht zu einer Herabsetzung der Bemessungsgrundlage der Privatentnahme als unentgeltliche Wertabgabe, weder bei der 1 %-Regelung noch bei der Schätzung. Denn in Bezug auf die private Nutzung des Fahrzeugs hatte der Unternehmer zuvor beim Kauf den Vorsteuerabzug in vollem Umfang erhalten.   **1098**

(Einstweilen frei)   **1099–1104**

2. Betriebliche Nutzung unter 50 %

Nutzt der Unternehmer das Fahrzeug unter 50 % betrieblich, darf der Unter-nehmer für die Ermittlung der Bemessungsgrundlage Privatentnahme nicht die 1 %-Regelung nach § 6 Abs. 1 Nr. 4 Satz 2 EStG anwenden.   **1105**

Stattdessen muss der Teilwert nach § 6 Abs. 1 Nr. 4 Satz 1 EStG umsatzsteuer-lich zugrunde gelegt werden, wenn kein Fahrtenbuch geführt wird.[2] Der so geschätzte private Nutzungsanteil wird auf die Kosten angewendet, die auch vorsteuerlich geltend gemacht werden können. Die Kosten für Elektro- oder Hybridfahrzeuge sind nicht herauszurechnen.   **1106**

Nutzt der Unternehmer den unternehmerischen PKW zwischen 50 % und 90 % privat, kann eine unterschiedliche Zuordnung erfolgen. Ertragsteuerlich kann der PKW zum Privatvermögen zugeordnet werden. Umsatzsteuerlich kann er aber voll dem Unternehmen zugeordnet werden. Daher kann der volle Vorsteu-erabzug beansprucht werden. Der Unternehmer kann im Ergebnis denselben Betrag als Vorsteuer geltend machen, unabhängig davon, ob er das Fahrzeug dem ertragsteuerlich Betriebs- oder Privatvermögen zugeordnet hat.   **1107**

Verkauft der Unternehmer seinen Privat-Pkw (nicht dem Betriebsvermögen zu-geordnet), zahlt er dafür keine Einkommensteuer, während bei einer Zuord-   **1108**

---

1 Bei 16 % USt = 1.096,64 €.
2 Abschn. 15.23 Abs. 5 Nr. 2 UStAE sowie BMF, Schreiben v. 5.6.2014, BStBl 2014 I S. 896 bzw. BMF, Schreiben v. 18.11.2009, BStBl 2009 I S. 1326, Rz. 35.

nung zum Betriebsvermögen die stillen Reserven (Differenz zwischen Buchwert und erhaltenen Teilwert) versteuert werden muss.

1109 Für die Kosten, die auf die private Nutzung entfallen, muss der Unternehmer Umsatzsteuer zahlen, wenn das Fahrzeug umsatzsteuerlich dem Unternehmen zugeordnet wurde. Der Verkauf des Privat-PKW unterliegt der Umsatzsteuer.

> **BEISPIEL:** Ein Unternehmer hat einen neuen PKW für 39.000 € einschließlich 19 % Umsatzsteuer gekauft, den er nicht mehr als 50 % betrieblich nutzen möchte. Der PKW wird einkommensteuerlich als Privatvermögen behandelt und der Unternehmer macht für seine betrieblichen Fahrten die Kilometerpauschale von 0,30 € als Betriebsausgabe geltend. Er ordnet den PKW jedoch seinem umsatzsteuerlichen Unternehmen zu und macht in seiner Umsatzsteuer-Voranmeldung 6.227 € als Vorsteuer aus dem Kauf geltend.

> **HINWEIS:**
> Ein Pkw, der zu nicht mehr als 10 % betrieblich genutzt wird, gehört zwingend zum ertragsteuerlichen Privatvermögen. Eine Zuordnung zum umsatzsteuerlichen Unternehmen ist ebenfalls ausgeschlossen. In diesem Fall darf aber die Vorsteuer aus Kosten geltend gemacht werden, die einer unternehmerischen Fahrt unmittelbar zugeordnet werden können, z. B. aus Reparaturkosten aufgrund eines Unfalls bei einer betrieblichen Fahrt.[1]

1110–1113 (*Einstweilen frei*)

a) Schätzung des privaten Nutzungsanteils

1114 Wendet der Unternehmer die 1 %-Regelung nicht an bzw. darf diese nicht anwenden und liegt kein ordnungsgemäßes Fahrtenbuch vor, ist der private Nutzungsanteil für die Ermittlung der Bemessungsgrundlage in der Umsatzsteuer anhand geeigneter Unterlagen zu schätzen.

1115 Dies ist dann möglich, wenn der Unternehmer die 1 %-Regelung für die Umsatzsteuer nicht anwendet oder durch die sog. Kostendeckelung der Nutzungsanteil auf die nachgewiesenen tatsächlichen Ausgaben begrenzt werden und die Voraussetzungen zur Ermittlung nach der Fahrtenbuchregelung nicht vorliegen, weil kein ordnungsgemäßes Fahrtenbuch geführt wird.[2]

1116 Der Nachweis kann durch Aufzeichnungen für einen repräsentativen Zeitraum (z. B. drei Monate), aus denen sich die unternehmerischen Fahrten mit Fahrtziel und gefahrenen Kilometern und die Gesamtkilometer ergeben, geführt werden.[3] Sind diese Unterlagen nicht vorhanden, kann der Anteil der privaten

---

1 Abschn. 15.2 Abs. 21 Nr. 2a UStAE.
2 BMF, Schreiben v. 18.11.2009, BStBl 2009 I S. 1326, Rz. 18; Abschn. 15.12 Abs. 5 Nr. 3 UStAE.
3 Abschn. 15.23 Abs. 5 Nr. 3 UStAE.

Nutzung mit mindestens 50 % angenommen werden. Die Gesamtkosten sind um die nicht mit Vorsteuern belasteten Ausgaben zu mindern.

Eine Schätzung der Privatnutzung mit 50 % der vorsteuerbelasteten Kosten ist in der Praxis anzufinden, z. B. wenn das Fahrzeug bereits abgeschrieben ist, da die Abschreibung dann in den Kosten fehlt oder wenn beim Kauf keine Vorsteuer geltend gemacht werden konnte.   1117

BEISPIEL: Der Unternehmer hat im Januar einen neuen Firmenwagen erworben, der zu 70 % unternehmerisch genutzt wird. Der Unternehmer ist voll umsatzsteuerpflichtig. Der Bruttolistenpreis im Zeitpunkt der Erstzulassung hat 38.000 € betragen. Tatsächlich bezahlt hat er nur 27.965 € (23.500 € zzgl. 4.465 € (19 %) Umsatzsteuer). Der Unternehmer hat kein Fahrtenbuch geführt und muss bei der Einkommensteuer die 1 %-Regelung anwenden. Anhand anderer Aufzeichnungen kann der Unternehmer darlegen, dass der Umfang seiner Privatfahrten bei 30 % liegt. Kosten ohne Vorsteuer entstehen i. H. von 1.400 € und vorsteuerbelastete Kosten i. H. von 7.500 €. Die Vorsteuer aus dem Kauf zieht der Unternehmer voll.

LÖSUNG: Bei der Einkommensteuer und Umsatzsteuer ist unterschiedlich vorzugehen:

Einkommensteuer: Es sind 1 % vom gerundeten Bruttolistenpreis im Zeitpunkt der Erstzulassung als Bewertung für die Privatfahrten anzusetzen, also für das Jahr: 4.560 €.

Umsatzsteuer: Als Bemessungsgrundlage können 30 % der Kosten angesetzt werden, für die einen Vorsteuerabzug beansprucht worden ist (7.500 € x 30 % = 2.250 €). Darauf ist die Umsatzsteuer zu berechnen: 427,50 €.[1]

HINWEIS:

Die sachgerechte Schätzung kann immer dann angewendet werden, wenn sie zu einem besseren Ergebnis führt als die 1 %-Regelung abzüglich 20 %. Bei einer privaten Nutzung knapp unter 50 % kann die sachgerechte Schätzung ungünstiger ausfallen. Die sachgerechte Schätzung ist jedoch in der Regel vorteilhafter, wenn die Kfz-Kosten, z. B. nach Wegfall der Abschreibung, niedrig ausfallen.

---

1 Bei 16 % USt = 360 €.

ABB 37: Gesamtübersicht

1118

Umsätze	Betriebliche Nutzung (Zuordnung zum Vermögen)	Einkommensteuer	Umsatzsteuer
ausschließlich umsatzsteuerfreie Umsätze, ohne Vorsteuerabzugsberechtigung	betriebliche PKW-Nutzung mehr als 50 % (notwendiges Betriebsvermögen)	Ermittlung der Privatfahrten: - nach Fahrtenbuch oder - 1 %-Methode Wahlrecht	keine zusätzliche Umsatzsteuer, weil ausschließlich umsatzsteuerfreie Umsätze erzielt werden, kein Vorsteuerabzug
	betriebliche Nutzung nicht mehr als 50 % (gewillkürtes Betriebsvermögen)	Ermittlung der Privatfahrten nach den tatsächlichen Kosten: -repräsentative Aufzeichnungen (z. B. Fahrtenbuch) - Schätzung	keine zusätzliche Umsatzsteuer, weil ausschließlich umsatzsteuerfreie Umsätze erzielt werden, kein Vorsteuerabzug
	Betriebliche Nutzung unter 10 % (Privatvermögen)	Keine separate Ermittlung der Privatfahrten, Betriebliche Fahrten = Betriebsausgaben (0,30 € je gefahrenen km, tatsächliche direkt zuordnungsfähige Kosten)	Keine zusätzliche Umsatzsteuer, kein Vorsteuerabzug
Umsatzsteuerpflichtige Umsätze mit Vorsteuerabzug	betriebliche Pkw-Nutzung mehr als 50 % (notwendiges Betriebsvermögen), Fahrtenbuch wird nicht geführt	Ermittlung der Privatfahrten nur pauschal nach der 1 %-Methode	Zusätzliche Umsatzsteuer für Privatnutzung: 1 %-Methode (Bemessungsgrundlage sind 80 % des pauschalen Wertes) oder sachgerechte Schätzung (nur Aufwendungen, bei denen ein Vorsteuerabzug möglich war berücksichtigen)

Umsätze	Betriebliche Nutzung (Zuordnung zum Vermögen)	Einkommensteuer	Umsatzsteuer
	betriebliche Pkw-Nutzung 10 % bis 100 %, Fahrtenbuch wird geführt	Ermittlung der Privatfahrten: – nach Fahrtenbuch – bei mehr als 50 % (notwendiges Betriebsvermögen) privater Nutzung, auch 1 %-Methode anwendbar Wahlrecht	Zusätzliche Umsatzsteuer für Privatnutzung: bei einem Fahrtenbuch werden bei der Bemessungsgrundlage nur Aufwendungen einbezogen, bei denen ein Vorsteuerabzug möglich war bei 1 %-Methode (Bemessungsgrundlage sind 80 % des pauschalen Wertes) oder sachgerechte Schätzung (nur Aufwendungen berücksichtigen, bei denen ein Vorsteuerabzug möglich war)
	betriebliche Nutzung nicht mehr als 50 % (gewillkürtes Betriebsvermögen)	Ermittlung der Privatfahrten nur nach den tatsächlichen Kosten Grundlage: - repräsentative Aufzeichnungen - Schätzung	Zusätzliche Umsatzsteuer für Privatfahrten nach den tatsächlichen Kosten (z. B. Fahrtenbuch), einbezogen werden nur Aufwendungen, bei denen ein Vorsteuerabzug möglich war
	Betriebliche Nutzung unter 10 % (Privatvermögen)	Keine separate Ermittlung der Privatfahrten, Betriebliche Fahrten = Betriebsausgaben (0,30 € je gefahrenen km, tatsächliche direkt zuordnungsfähige Kosten)	Keine zusätzliche Umsatzsteuer, Vorsteuerabzug nur auf die direkt zuordnungsfähigen betrieblichen Kosten

b) Verkauf des Fahrzeuges

1119 Verkauft der Unternehmer oder das Unternehmen einen PKW, der zu 100 % umsatzsteuerlich dem Unternehmen zugeordnet ist oder wird dieser privat entnommen, entsteht ein umsatzsteuerlicher Vorgang. Es liegt entweder eine entgeltliche Lieferung bzw. die Wertabgabe nach § 3 Abs. 1b Nr. 1 UStG vor. Hier gilt als Mindest-Bemessungsgrundlage der gemeine Wert. Die Veräußerung oder die Entnahme ist voll umsatzsteuerpflichtig.

1120–1124 *(Einstweilen frei)*

c) Korrektur der Vorsteuer bzw. Umsatzsteuer

1125 Plant ein Unternehmer einen umsatzsteuerpflichtigen Umsatz, kann er die Vorsteuer aus dem Kauf und den Kosten des PKW abziehen. Ändern sich die Verhältnisse gegenüber der Verwendungsabsicht, ist der Unternehmer zur Berichtigung des Vorsteuerabzugs verpflichtet. Hat der Unternehmer oder das Unternehmen bei der Anschaffung des Fahrzeuges nicht zu 100 % den Vorsteuerabzug geltend machen dürfen, ist es möglich eine Vorsteuerberichtigung nach § 15a UStG durchzuführen, wenn sich die Verhältnisse ändern. Dies ist möglich, wenn der Verkauf binnen fünf Jahren nach der erstmaligen Nutzung des Fahrzeugs z. B. bei Unternehmern mit steuerfreien und steuerpflichtigen Ausgangsumsätzen erfolgt.

1126 Ein Vorsteuerabzug und damit auch die Berichtigung ist nur möglich, wenn die bezogene Leistung, also der PKW, dem Unternehmen zugeordnet ist. Eine Korrektur nach § 15a UStG ist damit nicht möglich, wenn ein Nichtunternehmer einen PKW kauft und diesen später unternehmerisch verwendet. Das gilt ebenfalls, wenn ein Unternehmer ein gekauftes Wirtschaftsgut dem Privatbereich zuordnet und später für unternehmerische Zwecke verwendet. Der maßgebliche Zeitraum ist gemäß § 15 Abs. 1 UStG auf volle fünf Jahre festgeschrieben und beginnt mit der erstmaligen tatsächlichen Verwendung. Liegt die betriebsgewöhnliche Nutzungsdauer unter den festgelegten fünf Jahren ist der Berichtigungszeitraum ebenfalls kürzer anzusetzen.

BEISPIEL: ▶ Der Unternehmer kauft zum 1.5.2016 einen PKW für 30.000 € zzgl. 19 % USt = 5.700 € Umsatzsteuer. Er will den PKW betrieblich nutzen, die eventuelle Privatnutzung ermittelt er über die 1 %-Methode. Nach einem Jahr entscheidet er, dass sein Sohn den Wagen bekommen soll und entnimmt ihn zum Teilwert von 15.000 €. Die Entnahme muss der Unternehmer der Umsatzsteuer unterwerfen und zahlt auf die Entnahme einen Betrag von 2.850 € (15.000 x 19 %). Da der Pkw nicht mehr betrieblich genutzt wird, ist in der Folge die Vorsteuer gem. § 15a UStG zu korrigieren. Nach § 15a Abs. 8 Satz 1 und § 3 Abs. 1b UStG scheidet aber eine Korrektur aus. Wird ein Wirtschaftsgut – in unserem Beispiel das Fahrzeug – entnommen und für

Zwecke außerhalb des Unternehmens genutzt und führt diese Entnahme auch zu einem umsatzsteuerlichen Vorgang, liegt keine umsatzsteuerfremde Verwendung vor. Das Fahrzeug wurde ursprünglich angeschafft, um damit ausschließlich Umsätze zu erzielen, die steuerpflichtig sind. Daher durfte auch der Vorsteuerabzug geltend gemacht werden. Die Entnahme des Fahrzeugs erfolgte Umsatzsteuerpflichtig. Damit erfüllt sie diesen „ursprünglichen" Zweck – steuerpflichtige Umsätze zu erzielen. Auf welche Weise das geschehen soll, spielt dabei keine Rolle. Daher erfolgt hier keine Korrektur der Vorsteuer.

Würde der PKW jedoch steuerfrei verkauft oder steuerfrei entnommen werden, dann sähe die Sache anders aus und eine Berichtigung müsste erfolgen. Denn dieser Umsatz wäre „anders zu beurteilen" als der ursprüngliche. Dies trifft beispielsweise auch dann zu, wenn der Unternehmer sein Fahrzeug weiterhin nutzen würde, jedoch nur noch für Umsätze, die nicht steuerpflichtig sind. In diesen Fällen ist eine Berichtigung vorzunehmen. Da die Nutzung für die auf das Jahr der Veräußerung folgenden Jahre fiktiv gleich bleibt, kann die Vorsteuererberichtigung insofern vereinfacht berechnet werden. Es ist demzufolge für die Berichtigung wie folgt vorzugehen: **1127**

▶ Ermittlung des Berichtigungsbetrags für das Jahr der Veräußerung bzw. Entnahme nach der Formel: Vorsteuer/Monate des Berichtigungszeitraums (= 120 Monate) × Restmonate des Kalenderjahrs (Monate von der Veräußerung/Entnahme bis zum Ende des Kalenderjahrs) × Nutzungsänderung (Prozentsatz am Anfang abzüglich Prozentsatz für Veräußerung/Entnahme)

▶ Ermittlung der Berichtigungsbeträge insgesamt für die der Veräußerung bzw. Entnahme folgenden Jahre nach folgender Formel: Vorsteuer (§ 15 Abs. 1 UStG)/Monate des Berichtigungszeitraums (= 120 Monate) × Restmonate der folgenden Jahre bis Ende Berichtigungszeitraum × Nutzungsänderung (Prozentsatz am Anfang abzüglich Prozentsatz für Veräußerung/Entnahme)

In Fällen, in denen ein Berichtigungszeitraum besteht, ist die Berichtigung für das einzelne Folgejahr im Grundsatz erst bei der Jahresveranlagung des betreffenden Folgejahrs und nicht schon bei den einzelnen Voranmeldungen vorzunehmen. Nach § 44 Abs. 3 UStDV wird allerdings sofort eine Berichtigung im laufenden Voranmeldungsverfahren ausnahmsweise gefordert, wenn der Berichtigungsbetrag 6.000 € im Jahr übersteigt. **1128**

1129 Abweichend hiervon gibt es folgende Ausnahmen:

▶ Die Vorsteuer nach § 15 Abs. 1 UStG für das Wirtschaftsgut bzw. die nachträglichen Anschaffungs- oder Herstellungskosten beträgt nicht mehr als 2.500 €.

▶ Das Wirtschaftsgut wird während des maßgeblichen Berichtigungszeitraums veräußert oder entnommen.

▶ Der Vorsteuerabzug nach § 15 UStG war aus der Sicht des § 15 Abs. 2 und 3 UStG sachlich unrichtig und eine Korrektur der betreffenden Veranlagung ist nach den Korrekturvorschriften der AO nicht mehr zulässig.

1130 War beim Kauf des PKW kein Vorsteuerabzug möglich, weil z. B. die Umsatzsteuer nicht auf einer Rechnung ausgewiesen war, ist der spätere Verkauf durch das Unternehmen dennoch voll der Umsatzsteuer zu unterwerfen. Vermieden kann dies nur werden, wenn der Unternehmer den ohne Vorsteuerabzug erworbenen PKW umsatzsteuerfrei entnimmt und anschließend an einen privaten Käufer verkauft.

1131 Hat der Unternehmer den PKW im Jahr der Anschaffung nicht dem Unternehmen zugeordnet, ist der spätere Verkauf nicht umsatzsteuerpflichtig.

1132 Hat der Unternehmer den PKW teilweise dem Unternehmen zugeordnet, ist der spätere Verkauf nur anteilig entsprechend der unternehmerischen Nutzung im Anschaffungsjahr umsatzsteuerpflichtig.

BEISPIEL: ▶ Unternehmer erwirbt einen Pkw für 20.000 € zzgl. 3.800 € (19 %) Umsatzsteuer. Da er das Fahrzeug voraussichtlich zu 60 % für sein Unternehmen nutzen wird, ordnet er das Fahrzeug auch nur zu 60 % seinem umsatzsteuerlichen Unternehmen zu.

LÖSUNG: ▶ Die Höhe des Vorsteuerabzugs ermittelt sich wie folgt:

Vorsteuer insgesamt 3.800 €, davon 60 % : 2.800 €.

Bei der Einkommensteuer gehört das Fahrzeug zum notwendigen Betriebsvermögen. Hier ist eine anteilige Zuordnung nicht möglich.

Im Anlageverzeichnis steht der PKW daher mit 20.000 € zzgl. 1.520 € (40 % nicht abziehbare Vorsteuer) = 21.520 € Die jährliche Abschreibung beträgt 21.520 / 6 = 3.587 €.

FORTFÜHRUNG BEISPIEL: ▶ Der Unternehmer verkauft den PKW nach drei Jahren für 15.000 € inkl. Umsatzsteuer. 60 % der Umsatzsteuer muss der Unternehmer aus dem Verkauf abführen.

1133–1136 (*Einstweilen frei*)

d) Entnahme des PKWs aus dem Unternehmen

Wird dem Unternehmensvermögen ein PKW entnommen, das bei seiner An- 1137
schaffung oder Herstellung nicht zum Vorsteuerabzug berechtigt hatte, für das
aber nachträglich Aufwendungen i. S. des § 15a Abs. 3 UStG getätigt wurden,
die zum Vorsteuerabzug berechtigten, kann für diese Aufwendungen eine Vorsteuerberichtigung vorzunehmen sein.

BEISPIEL AUS DEM USTAE (ABSCHN. 15A.6 ABS. 14) U erwirbt in 01 einen PKW von einer
Privatperson für 50.000 €. Am 1.4.02 lässt er von einer Werkstatt für 2.000 € eine
Windschutzscheibe einbauen. Die Vorsteuer i H. von 380 € macht er geltend. Als er
den PKW am 31.12.04 entnimmt, hat der Wert der Windschutzscheibe den aktuellen
Wert des PKW nach der sog. Schwacke-Liste im Zeitpunkt der Entnahme nicht er-
höht.

Die Windschutzscheibe, für die U der Vorsteuerabzug nach § 15 Abs. 1 Satz 1 Nr. 1
UStG zustand, ist in den Pkw eingegangen und hat dabei ihre körperliche und wirt-
schaftliche Eigenart endgültig verloren. Nur die Entnahme der Windschutzscheibe
könnte steuerbar nach § 3 Abs. 1b Satz 1 Nr. 1 UStG sein, da U für einen in das
Wirtschaftsgut eingegangenen Gegenstand den Vorsteuerabzug in Anspruch genom-
men hat. Da jedoch im Zeitpunkt der Entnahme keine Werterhöhung durch den
Gegenstand mehr vorhanden ist, ist die Entnahme nicht steuerbar (vgl. Abschn. 3.3
Abs. 2 Satz 3). U hat grundsätzlich eine Berichtigung des Vorsteuerabzugs nach § 15a
Abs. 3 Satz 3 UStG vorzunehmen. Nach § 44 Abs. 1 in Verbindung mit Abs. 4 UStDV
unterbleibt jedoch eine Berichtigung, da der auf die Windschutzscheibe entfallende
Vorsteuerbetrag 1.000 € nicht. übersteigt.

Zusammenfassend gilt: 1138

▶ Hat ein Unternehmer ein erworbenes Fahrzeug, das sowohl für unternehmerische als auch für nichtunternehmerische Zwecke genutzt wird, insgesamt seinem Unternehmen zugeordnet, kann er die auf die Anschaffungskosten des Fahrzeugs entfallenden Vorsteuerbeträge abziehen.

▶ Die nichtunternehmerische Nutzung unterliegt als unentgeltliche Wertabgabe der Besteuerung.

▶ Wenn ein Unternehmer ein gemischt genutztes Fahrzeug nur teilweise
dem Unternehmen zuordnet, mindert sich der Vorsteuerabzug entsprechend.

▶ Ein Unternehmer, der auch Umsätze ausführt, die zum Ausschluss vom Vorsteuerabzug führen, muss eine Aufteilung der Vorsteuerbeträge vornehmen.

▶ Die Veräußerung eines dem Unternehmen zugeordneten Fahrzeugs unterliegt insgesamt der Umsatzsteuer.

▶ Die Entnahme eines dem Unternehmen zugeordneten Fahrzeugs unterliegt der Besteuerung.

1139–1144   *(Einstweilen frei)*

3. Umsatzsteuerliche Behandlung eines Elektro- oder Hybridfahrzeuges

1145   Für die private Nutzung eines betrieblichen Elektro- oder Hybridfahrzeuges muss umsatzsteuerlich eine Einnahme (Privatentnahme) versteuert werden.

1146   Für Kraftfahrzeuge, die zu mehr als 50 % betrieblich genutzt und nach der Pauschalmethode versteuert werden, können auch in der Umsatzsteuer für die Ermittlung der Bemessungsgrundlage die Pauschalmethode angewendet werden. Aus Vereinfachungsgründen kann bei der Bemessungsgrundlage für die Umsatzbesteuerung der unternehmensfremden Nutzung von dem so ermittelten Wert ausgegangen werden.

1147   Für umsatzsteuerliche Zwecke erfolgt jedoch keine pauschale Kürzung des inländischen Listenpreises für Fahrzeuge mit Antrieb ausschließlich durch Elektromotoren, die ganz oder überwiegend aus mechanischen oder elektrochemischen Energiespeichern oder aus emissionsfrei betriebenen Energiewandlern gespeist werden (Elektrofahrzeuge), oder für extern aufladbare Hybridelektrofahrzeuge.

1148   Das heißt weder bei den Fahrzeugen, die bis zum 31.12.2018, noch für die Fahrzeuge, die ab dem 1.1.2019 angeschafft oder geleast wurden, darf die Bemessungsgrundlage gemindert werden. Das bedeutet für die Umsatzsteuer muss immer der volle Bruttolistenpreis zugrunde gelegt werden.

BEISPIEL: ▶ Der Unternehmer schafft am 1.3.2019 einen Hybridwagen an. Der Bruttolistenneupreis beträgt 65.000 €. Das Fahrzeug wird privat genutzt. Die betriebliche Nutzung liegt aber über 50 %. Die Privatnutzung wird mit der Pauschalmethode bewertet.

LÖSUNG: ▶ Für die Bewertung der ertragsteuerlichen Einnahme für die Privatnutzung ist der halbierte Bruttolistenneupreis anzusetzen: 65.000/2 = 32.500 €

1 % = 325 € monatliche Einnahme

Für die Umsatzsteuer ist die Bemessungsgrundlage nicht zu mindern. Es gilt also 65.000 €.

1 % = 650 €, abzüglich 20 % nicht vorsteuerbelasteter Kosten = 520 € Nettowert

Die Umsatzsteuer beträgt 98,80 €[1].

Wird das Fahrzeug weniger als 50 % genutzt, ist die Pauschalmethode nicht anwendbar.

Setzt der Unternehmer für Ertragsteuerzwecke die private Nutzung mit den auf die Privatfahrten entfallenden Aufwendungen an, indem er die für das Fahrzeug insgesamt entstehenden Aufwendungen durch Belege und das Verhältnis der privaten zu den übrigen Fahrten durch ein ordnungsgemäßes Fahrtenbuch nachweist (§ 6 Abs. 1 Nr. 4 Satz 3 EStG), ist von diesem Wert auch bei der Ermittlung der Bemessungsgrundlage für die Umsatzbesteuerung der unternehmensfremden Nutzung auszugehen.   1149

Für umsatzsteuerliche Zwecke erfolgt jedoch keine Kürzung der insgesamt entstandenen Aufwendungen um Aufwendungen, die auf das Batteriesystem bei Elektro- und Hybridelektrofahrzeugen entfallen. Das heißt auch hier ist für die Umsatzsteuer keine Minderung bzw. Halbierung der Afa-Beträge bzw. Leasingraten (siehe Rz. 716) vorzunehmen.   1150

BEISPIEL: ▶ Der Unternehmer schafft am 1.3.2019 einen Hybridwagen über einen Leasingvertrag an. Der Bruttolistenneupreis beträgt 65.000 €. Die Leasingrate beträgt 599 €. Das Fahrzeug wird privat genutzt. Die betriebliche Nutzung liegt aber über 50 %. Die Privatnutzung wird mit der Fahrtenbuchmethode bewertet.

LÖSUNG: ▶ Bei der Bewertung der Privatfahrten im ertragsteuerlichen Sinne wird bei den Gesamtkosten nur die Hälfte der Leasingraten also 299,50 € anzusetzen.

Für die umsatzsteuerliche Bewertung sind die Gesamtkosten nicht zu mindern und damit voll anzusetzen, also 599 €.

(Einstweilen frei)   1151–1155

---

1 Bei 16 % USt = 83,20 €.

III. Umsatzbesteuerung bei Nutzung eines betrieblichen PKW durch Arbeitnehmer

1156   Überlässt der Unternehmer als Arbeitgeber seinem Arbeitnehmer ein Fahrzeug auch zu Privatzwecken für Privatfahrten, Fahrten zwischen Wohnung und erster Tätigkeitsstätte sowie Familienheimfahrten aus Anlass einer doppelten Haushaltsführung, ist dies regelmäßig eine entgeltliche sonstige Leistung i. S. des § 1 Abs. 1 Nr. 1 Satz 1 UStG. Die umsatzsteuerliche Behandlung der Dienstwagenüberlassung an einen Arbeitnehmer bestimmt sich danach, ob es sich um eine entgeltliche oder eine unentgeltliche Leistung handelt.

1157   Wird die private Nutzung arbeitsvertraglich festgelegt, ist umsatzsteuerlich von einer entgeltlichen Dienstwagenüberlassung auszugehen. Es handelt sich um einen tauschähnlichen Umsatz nach § 3 Abs. 12 Satz 2 UStG. Die private Nutzung stellt eine umsatzsteuerpflichtige sonstige Leistung dar. Die Gegenleistung des Arbeitnehmers liegt in der anteiligen Arbeitsleistung begründet.

1158   Die Bemessungsgrundlage für die Umsatzsteuer ist nach § 10 Abs. 2 Satz 2 i. V. mit § 10 Abs. 1 Satz 1 UStG der Wert der nicht durch den Barlohn abgegoltenen Arbeitsleistung. Deren Wert entspricht dem Betrag, den der Arbeitgeber zu diesem Zweck aufzuwenden bereit ist. Es bestehen keine Bedenken, den Wert anhand der Gesamtkosten des Arbeitgebers für die Überlassung des Fahrzeugs zu schätzen. Aus den Gesamtkosten dürfen daher jedoch keine Kosten ausgeschieden werden, bei denen ein Vorsteuerabzug nicht möglich ist. Der so ermittelte Wert ist die Bemessungsgrundlage für die geschuldete Umsatzsteuer aus der Fahrzeugüberlassung, also der Nettowert, dem die Umsatzsteuer hinzurechnen ist.

1159–1160   (*Einstweilen frei*)

1. Umsatzbesteuerung entgeltliche Leistung

1161   Für die Ermittlung der Bemessungsgrundlage der entgeltlichen Leistung gilt aber eine Vereinfachungsregelung. Es wird nicht beanstandet, wenn auch für die Umsatzsteuer die lohnsteuerlichen Berechnungsmethoden wie Prozent-Methode und Fahrtenbuchmethode (siehe Rz. 258, 459) zugrunde gelegt werden.

1162   Bemessungsgrundlage für die Umsatzsteuer ist der für Zwecke der Lohnsteuer ermittelte geldwerte Vorteil – abzüglich der enthaltenen Umsatzsteuer, da diese in den lohnsteuerlichen Bruttowerten bereits enthalten ist.[1]

---

1 Abschn. 1.8. Abs. 8 Satz 3 UStAE.

> **BEISPIEL:** Der Arbeitnehmer erhält einen PKW zur privaten Nutzung mit einem Bruttolistenpreis von 30.000 €.
>
> 30.000 € x 1 % = 300 € pro Monat x 12 = 3.600 €
>
> Nettobetrag: 3.600 €/1,19 = 3.025,21 €
>
> Umsatzsteuer 574,79 €[1]

Wird der private Nutzungswert mit Hilfe eines ordnungsgemäßen Fahrtenbuchs nachgewiesen, sind die auf die Privatfahrten entfallenden Gesamtkosten auch bei der Umsatzsteuer zu Grunde zu legen. Dabei sind Fahrten zwischen Wohnung und Arbeitsstätte sowie die Familienheimfahrten aus Anlass einer doppelten Haushaltsführung umsatzsteuerlich den Privatfahrten des Arbeitnehmers zuzurechnen. Aus dem ermittelten Wert des geldwerten Vorteils ist die Umsatzsteuer mit dem Regelsteuersatz von 19 % herauszurechnen. Eine pauschale Herausrechnung der nicht mit Vorsteuer belasteten Kosten ist nicht zulässig. Ebenso sind die Kosten für Elektro- oder Hybridfahrzeuge nicht zu mindern.
1163

> **BEISPIEL:** Ein Firmenwagen mit einer Jahresfahrleistung von 20.000 km wird von einem Arbeitnehmer bei ordnungsgemäß geführtem Fahrtenbuch an 200 Tagen jährlich für Fahrten zu 10 km für die Strecke zwischen Wohnung und Arbeitsstätte benutzt. Die gesamten Kraftfahrzeugkosten betragen 9.300,50 €.

> **LÖSUNG:** Von den Privatfahrten des Arbeitnehmers entfallen 4.000 km auf Fahrten zwischen Wohnung und Arbeitsstätte (200 Tage x 20 km) und 3.400 km auf sonstige private Fahrten. Dies entspricht einer Privatnutzung von insgesamt 37 % (7.400 km von 20.000 km). Für die umsatzsteuerlich zu berücksichtigende Bemessungsgrundlage ist von einem Anteil von 37 % der Gesamtkosten von 9.300,50 € = 3.441,19 € auszugehen. Hierbei handelt es ebenfalls um einen Bruttowert. Die Umsatzsteuer ist herauszurechnen. Die Umsatzsteuer, die vom Arbeitgeber geschuldet wird, beträgt somit 19 % = 549,43 €[2].

Anders als bei der Lohnsteuer darf eine Kürzung der umsatzsteuerlichen Bemessungsgrundlage um etwaige Zuzahlungen (Nutzungsentgelte oder Zuschüsse zum Kaufpreis) des Arbeitnehmers nicht vorgenommen werden. Auch die Kürzung oder Halbierung der Bemessungsgrundlage für Elektro- oder Hybridfahrzeuge ist nicht zu berücksichtigen. Es gilt immer der volle Bruttolistenneupreis.
1164

> **BEISPIEL:** Der Mitarbeiter erhält im Jahr 2019 ein Hybridfahrzeug mit einem Bruttolistenneupreis i. H. von 60.000 €. Der Arbeitgeber wendet für die lohnsteuerliche Ermittlung des geldwerten Vorteils die 1 %-Regelung an.

---

1 Bei 16 % USt: 3.600 €/1,16 = 3.103,45 € USt = 496,55 €.
2 Bei 16 % USt = 474,65 €.

LÖSUNG: ▶ Der lohnsteuerliche geldwerte Vorteil nach der 1 %-Regelung beträgt 300 € (60.000 / 2x 1 %). Für die umsatzsteuerliche Bemessungsgrundlage ist der volle Bruttolistenneupreis i. H. von 60.000 € zugrundzulegen. 1 % von 60.000 € = 600 €. Dies ist der Bruttowert. Die darin enthaltene Umsatzsteuer beträgt 95,80 €[1]. Diese ist abzuführen.

1165   Ein pauschaler Abschlag von 20 % für nicht mit Vorsteuern belastete Kosten ist in diesen Fällen ebenfalls unzulässig, weil es sich bei der Bereitstellung des Fahrzeugs zur privaten Nutzung durch den Arbeitnehmer um eine Gegenleistung für dessen Arbeitsleistung handelt.

1166   Die Umsatzsteuerpflicht besteht auch für Fahrten zwischen Wohnung und erster Tätigkeitsstätte.

1167   Unabhängig von der lohnsteuerlichen Betrachtungsweise sind die Familienheimfahrten selbst dann umsatzsteuerpflichtig, wenn nur eine wöchentliche Familienheimfahrt vorgenommen wird, die nicht lohnsteuerlich zusätzlich bewertet wird. Aus Vereinfachungsgründen ist für jede Fahrt mit 0,002 % des Listenpreises für jeden Kilometer der Entfernung zwischen dem Ort des eigenen Hausstandes und dem Beschäftigungsort angesetzt werden. Eine Kürzung oder Halbierung des Bruttolistenpreises bei Elektro- oder Hybridfahrzeugen ist nicht vorzunehmen.

BEISPIEL: ▶ Ein Arbeitnehmer mit doppelter Haushaltsführung nutzt einen Firmenwagen mit einem Bruttolistenpreis einschließlich Umsatzsteuer von 40.000 € im gesamten Kalenderjahr zu Privatfahrten für die Strecke von 15 km zwischen Wohnung am Beschäftigungsort und 1. Tätigkeitsstätte sowie zu 20 Familienheimfahrten pro Jahr zum 350 km entfernten Wohnsitz der Familie. Die private Nutzung wird vom Arbeitgeber mit der Pauschalmethode ermittelt.

LÖSUNG: ▶ geldwerter Vorteil für die pauschal ermittelte Privatnutzung

1 % von 40.000 € x 12 Monate = 4.800 €

für Fahrten zwischen Wohnung und 1. Tätigkeitsstätte: 0,03 % von 40.000 € x 15 km x 12 Monate = 2.160 €

für Familienheimfahrten im Rahmen der Lohnsteuer keine zusätzliche Bewertung.

Ergibt einen lohnsteuerlichen geldwerten Vorteil: 6.960 €.

---

1 Bei 16 % USt = 82,76 €.

Berechnung der Umsatzsteuer:

1 % von 40.000 € x 12 Monate = 4.800 €

für Fahrten zwischen Wohnung und 1. Tätigkeitsstätte: 0,03 % von 40.000 € x 15 km x 12 Monate = 2.160 €

für Familienheimfahrten: 0,002 % von 40.000 € x 350 km x 20 Fahrten = 5.600 €

Gesamt: 12.560 €

In dem Bruttowert 12.560 € sind 19 % Umsatzsteuer enthalten, die das Unternehmen bei der Umsatzsteuererklärung angeben muss: 2.005,38 €[1]

(Einstweilen frei)   1168–1170

2. Umsatzbesteuerung bei unentgeltlicher Leistung

Ausnahmsweise kann eine unentgeltliche Fahrzeugüberlassung im umsatz-   1171
steuerlichen Sinne angenommen werden, wenn die vereinbarte private Nutzung so gering ist, dass sie für die Gehaltsbemessung keine wirtschaftliche Rolle spielt und nach den objektiven Gegebenheiten eine private Nutzungsmöglichkeit weitestgehend ausscheidet (Abschn. 15.23 Abs. 12 UStAE). Voraussetzung ist, dass dem Arbeitnehmer das Fahrzeug lediglich aus besonderem Anlass oder zu einem besonderen Zweck an nicht mehr als fünf Tagen im Monat für private Zwecke überlassen wird. Dies ist z. B. bei einem Poolfahrzeug der Fall, welches der Arbeitnehmer ausnahmsweise für private Fahrten erhalten hat.

Bemessungsgrundlage für den privaten Nutzungswert der unentgeltlichen   1172
Fahrzeugüberlassung sind nur die Kosten, die zum vollen oder teilweisen Vorsteuerabzug berechtigen.

Aus Vereinfachungsgründen ist es möglich für die umsatzsteuerliche Bemes-   1173
sungsgrundlage von den nach der pauschalen Ermittlung berechneten lohnsteuerlichen Werten auszugehen.

Nutzt der Arbeitnehmer den PKW an nicht mehr als fünf Tagen im Monat, ist   1174
die Nutzung des PKW zu Privatfahrten und zu Fahrten zwischen Wohnung und Arbeitsstätte je Fahrtkilometer mit lediglich 0,001 % des inländischen Listenpreises des Kraftfahrzeugs zu bewerten. Von dem so ermittelten Betrag des geldwerten Nutzungsvorteils ist ein Abschlag von 20 % für die nicht mit Vorsteuer belasteten Kosten vorzunehmen. Dieser Wert (geldwerter Vorteil abzüglich 20 % nicht mit Vorsteuer belasteter Kosten) bildet sodann die Bemessungsgrundlage für die geschuldete Umsatzsteuer.

---

1 Bei 16 % USt = 1.732,41 €.

> **BEISPIEL:** Ein Arbeitnehmer nutzt ein dem Unternehmen zugeordnetes Fahrzeug mit einem Bruttolistenpreis von 30.000 € an monatlich fünf Arbeitstagen zu privaten Zwecken. Die im Rahmen der privaten Nutzung gefahrenen Kilometer des Arbeitnehmers betragen im Kalenderjahr 1.000 km.

> **LÖSUNG:** Der Nutzungswert der privaten Nutzung beträgt: Bruttolistenpreis 30.000 € x 0,001 % x 1.000 km =) 300 €. Von den 300 € sind als Pauschalabschlag 20 % also 60 € abzuziehen. Als umsatzsteuerliche Bemessungsgrundlage verbleiben somit 240 €. Da dies ein Bruttowert ist, ist die Umsatzsteuer hier herauszurechnen. Die vom Arbeitgeber geschuldete UStG beträgt 38,32 €.[1]

1175–1180   (*Einstweilen frei*)

IV. Private Nutzung des betrieblichen PKWs durch den Gesellschafter-Geschäftsführer

1181   Überlässt eine GmbH ihrem Gesellschafter-Geschäftsführer einen Pkw, den dieser sowohl für Zwecke der Gesellschaft als auch für seine eigenen privaten Zwecke nutzt, hängt die umsatzsteuerliche Beurteilung davon ab, ob der Gesellschafter-Geschäftsführer einen Arbeitsvertrag hat und somit auch Arbeitnehmer ist.

1. Gesellschafter-Geschäftsführer als Arbeitnehmer

1182   Zu klären ist zunächst, ob der Gesellschafter-Geschäftsführer Arbeitnehmer der GmbH ist. Ist dies der Fall, ist die Umsatzsteuer wie beim Arbeitnehmer zu ermitteln (siehe Rz. 1156).

1183   Wurde dem Gesellschafter-Geschäftsführer die private Nutzung des Dienstwagens ausdrücklich gestattet, ist die Überlassung des Fahrzeugs ein lohnsteuerpflichtiger geldwerter Vorteil. Dieser ist nach den lohnsteuerlichen Regelungen zu berechnen (siehe Rz. 249 ff.). Umsatzsteuerrechtlich ist dies eine entgeltliche Leistung der GmbH an den Gesellschafter-Geschäftsführer.

1184   Nach Ansicht der Finanzverwaltung ist nur die Nutzung eines betrieblichen PKWs durch einen Gesellschafter-Geschäftsführer betrieblich veranlasst, die durch eine Überlassungs- oder Nutzungsvereinbarung abgedeckt wird. Sie kann auch durch eine mündliche Vereinbarung erfolgen, wenn dementsprechend auch tatsächlich verfahren wird. Liegt eine solche Vereinbarung nicht vor, ist die Nutzung hingegen durch das Gesellschaftsverhältnis mit veranlasst und führt zu einer verdeckten Gewinnausschüttung.

---

1 Bei 16 % USt = 33,10 €.

Liegen keine Vereinbarungen hinsichtlich der privaten Nutzung der Geschäfts-   1185
wagen vor oder der Gesellschafter-Geschäftsführer nutzt das Fahrzeug der Gesellschaft vertragswidrig zu privaten Zwecken liegt umsatzsteuerlich eine unentgeltliche Wertabgabe nach § 3 Abs. 9a Satz 2 UStG vor.

(Einstweilen frei)   1186–1188

2. Gesellschafter-Geschäftsführer kein Arbeitnehmer

Liegt kein Arbeitsverhältnis für den Gesellschafter-Geschäftsführer vor, ist die   1189
Geschäftsführung des Gesellschafter-Geschäftsführers eine selbständige, sonstige Leistung gegen Entgelt an die GmbH. Umsatzsteuerlich handelt er dann
als Unternehmer.

Eine umsatzsteuerliche Vermietung liegt dann vor, wenn der Gesellschafter-   1190
Geschäftsführer für die private Nutzung des PKW ein Entgelt an die GmbH
zahlt. Die Mindest-Bemessungsgrundlage beträgt die tatsächlich angefallenen
Aufwendungen des Unternehmens für den privaten Nutzungsanteil durch den
Gesellschafter-Geschäftsführer. Ist das gezahlte Entgelt niedriger, so ist die
Mindes-Bemessungsgrundlage nach § 10 Abs. 5 Nr. 1 i. V. mit Abs. 4 Nr. 2
UStG anzusetzen. Die GmbH kann die Vorsteuer aus der Anschaffung des
PKW jedoch regelmäßig geltend machen.

(Einstweilen frei)   1191–1195

V. Überlassung von Geschäftswagen an freie Mitarbeiter

Handelsvertreter sind freie Mitarbeiter und bekommen in der Praxis von ihren   1196
Auftraggebern ein Fahrzeug kostenfrei zur Nutzung überlassen. Der Auftraggeber muss so keine Kostenerstattung auf Kilometerbasis zahlen. Das Fahrzeug wird vom Auftraggeber angeschafft. Für ihn ist das Fahrzeug ein betriebliches Fahrzeug und zählt zum Betriebsvermögen. Insoweit erhält der Auftraggeber aus der Anschaffung und aus den laufenden Betriebskosten den vollen
Vorsteuerabzug, soweit er selbst zum Vorsteuerabzug berechtigende Aus-
gangsumsätze tätigt.

Die unentgeltliche Gebrauchsüberlassung eines Fahrzeugs an den freien Mit-   1197
arbeiter für Fahrten im betrieblichen Interesse des Auftraggebers stellt keine
steuerbare Leistung des Auftraggebers und somit kein (zusätzliches) Entgelt
für die Tätigkeit des freien Mitarbeiters dar.

1198   Darf der freie Mitarbeiter das Fahrzeug auch für private Fahrten nutzen, erbringt der Auftraggeber im Umfang der tatsächlichen privaten Nutzung eine der Umsatzsteuer zu unterwerfende sonstige Leistung i. S. von § 3 Abs. 9 UStG an den freien Mitarbeiter.

1199   Die Bemessungsgrundlage für Umsatzsteuer für die Überlassung zu Privatfahrten ist, wenn ein besonderes Entgelt vereinbart ist, das tatsächlich vereinbarte Entgelt.

1200   Ist kein besonders berechnetes Entgelt vereinbart, handelt es sich um einen tauschähnlichen Umsatz. Bemessungsgrundlage sind die dem Auftraggeber anteilig für die Privatnutzung entstandenen Pkw-Kosten (einschließlich nicht vorsteuerbelastete Kosten).

1201–1204   (Einstweilen frei)

VI. Überlassung von Geschäftswagen von Personengesellschaft an Gesellschafter

1205   Personengesellschaften erwerben oftmals PKWs, die an einen Gesellschafter überlassen werden. Der Gesellschafter nutzt den PKW sowohl für Zwecke der Gesellschaft als auch für private Zwecke.

1206   Die Personengesellschaft kann aus der Anschaffung und aus den laufenden Betriebskosten den vollen Vorsteuerabzug geltend machen, wenn der PKW insgesamt zum Unternehmen gehört.

> **BEISPIEL:** ▶ Die ABC-OHG hat im Januar einen neuen Firmen-PKW gekauft, der im Zeitpunkt der Erstzulassung einen Bruttolistenpreis von 40.000 € hatte. Gezahlt hat die OHG einen Betrag von 35.700 € (einschließlich 19 % = 5.700 € Umsatzsteuer). Da die OHG ausschließlich umsatzsteuerpflichtige Umsätze ausführt, ist sie zum vollen Vorsteuerabzug berechtigt.

1207   Wegen der Besteuerung der Überlassung des PKWs zu privaten Zwecken an einen Gesellschafter ist zu unterscheiden, ob eine entgeltliche oder eine unentgeltliche Überlassung an den Gesellschafter erfolgt.

1208–1210   (Einstweilen frei)

1. Entgeltliche Überlassung

Wird der Gesellschafter-Geschäftsführer als Arbeitnehmer der Gesellschaft be- **1211** handelt, überlässt die Gesellschaft ihm den PKW auch in seiner Eigenschaft als Arbeitsvertrag. In der Regel ist die PKW-Überlassung zur privaten Nutzung im Arbeitsvertrag vereinbart. Dies muss nicht zwingend schriftlich erfolgen, sondern kann auch mündlich oder konkludent geschehen. Behält die Gesellschaft für die PKW-Überlassung Lohnsteuer ein, ist davon auszugehen, dass die private Nutzung des PKWs als Arbeitslohn behandelt wird. Die Überlassung erfolgt in diesen Fällen entgeltlich. Die Gegenleistung ist die anteilige Arbeitsleistung des Gesellschafter-Geschäftsführers für die Gesellschaft.

Bei einer entgeltlichen Überlassung an den Gesellschafter wird das Fahrzeug **1212** aus Sicht der Personengesellschaft in vollem Umfang für unternehmerische Zwecke genutzt und ist daher insgesamt Unternehmensvermögen. Zahlt der Gesellschafter eine Miete für den PKW sind diese Betriebseinnahmen in Form von Mieteinnahmen.

Der Gesellschafter wird Nutzungsberechtigter des Fahrzeuges. Wirtschaftlicher **1213** Eigentümer bleibt die Gesellschaft.

Erhält der Gesellschafter das Fahrzeug als Vergütung für die Geschäftsführer- **1214** tätigkeit, liegt Lohn vor. Es liegt eine Sondervergütung nach § 15 Abs. 1 Nr. 2 EStG vor. Die Kosten des PKWs sind bei der Gesellschaft Betriebsausgaben. Die Entnahme zu privaten Zwecken muss nach den Grundsätzen der Überlassung eines PKWs an einen Arbeitnehmer zu erfolgen. Es gibt hier keine Sonderregelungen.

Entrichtet der Gesellschafter-Geschäftsführer in diesen Fällen für die private **1215** Nutzung des PKW ein Entgelt, liegt hinsichtlich der Privatfahrten eine Vermietung des PKW durch die Gesellschaft an ihn vor. Die Mietaufwendungen und Ausgaben für den PKW für betriebliche Fahrten stellen beim Gesellschafter Sonderbetriebsausgaben dar. Nutzt der Gesellschafter das Fahrzeug teilweise auch privat, muss der Anteil der privaten Nutzung als Sonderbetriebseinnahme erfasst werden. Hierfür kann bei einer Nutzung von mehr als 50 % betrieblich die 1 %- oder Fahrtenbuchmethode angewandt werden.

Der Gesellschaft steht aus der Anschaffung der volle Vorsteuerabzug zu. **1216**

(Einstweilen frei) **1217–1220**

2. Unentgeltliche Überlassung

1221 Empfängt der Gesellschafter die PKW-Überlassung in seiner Eigenschaft als Gesellschafter, ohne dass ein entgeltlicher Überlassungsvertrag oder Arbeitsvertrag vorliegt und es erfolgt auch keine Belastung des Privatkontos des Gesellschafters, ist die Überlassung unentgeltlich nach § 3 Abs. 9a Nr. 1 UStG.

1222 Es liegt kein Leistungsaustausch vor.

1223 In diesen Fällen liegt Unternehmensvermögen bezüglich des PKW nur vor, wenn der PKW neben der Überlassung an den Gesellschafter noch mindestens 10 % betrieblich genutzt wird. Die Vorsteuer ist dann abziehbar.

1224 Liegt eine unentgeltliche Überlassung vor, hat die Gesellschaft eine Wertabgabe nach § 3 Abs. 9a Nr. 1 UStG zu besteuern (siehe Rz. 927 ff.). Die Bemessungsgrundlage sind entweder die vorsteuerbelasteten Kosten nach § 10 Abs. 4 Nr. 2 UStG. Die Ermittlung des Privatanteils kann durch Fahrtenbuch-, Schätz- oder 1 %-Methode erfolgen.[1]

1225–1230 *(Einstweilen frei)*

VII. Überlassung von Geschäftswagen von Gesellschaftern an Personengesellschaft

1231 Im Falle der Zahlung eines Entgeltes der Gesellschaft an den Gesellschafter, wenn dieser den Pkw an seine Personengesellschaft überlässt, wird dieser zum Unternehmer. Der PKW ist beim Gesellschafter Sonderbetriebsvermögen und das Entgelt eine Sondervergütung nach § 15 Abs. 1 Nr. 2 EStG. Gesellschaft und Gesellschafter sind somit zwei verschiedene Unternehmen. Somit hat der Gesellschafter die Möglichkeit, einen PKW mit Vorsteuerabzug anzuschaffen, um ihn umsatzsteuerpflichtig an die Personengesellschaft zu vermieten.

1232 Ein Fahrzeug wird durch einen Gesellschafter an seine Personengesellschaft entgeltlich überlassen, wenn für die Überlassung ein Sonderentgelt entrichtet wird. Ein Leistungsaustausch zwischen Gesellschafter und Gesellschaft findet jedoch nur insoweit statt, als der PKW für Zwecke der Gesellschaft überlassen wird.

---

1 Abschn. 15.23 Abs. 5 UStAE.

Die Nutzung für private Fahrten ist beim Gesellschafter eine unentgeltliche Wertabgabe nach § 3 Abs. 9a Nr. 1 UStG.   1233

BEISPIEL: ▶ Gesellschafter ist zu 60 % an einer Personengesellschaft beteiligt und vermietet an diese seinen PKW zu einem Mietzins von monatlich 2.500 € (30.000 € Jahresnettobetrag) zzgl. USt von monatlich 475 €. Sämtliche Aufwendungen (Betriebs-, Wartungs- und Reparaturkosten) für den PKW i. H. von 4.700 € im Jahr werden vom Gesellschafter getragen.

Der PKW hat einen Bruttolistenpreis von 100.000 €, für den kein Fahrtenbuch geführt wird. Der Gesellschafter nutzt das Fahrzeug jeweils 220 Tagen für Fahrten zwischen Wohnung und der 5 km entfernten Betriebsstätte und darüber hinaus für seine sonstigen Privatfahrten.   1234

LÖSUNG: ▶ Die Miete von 30.000 € stellen bei der Gesellschaft eine Betriebsausgabe und bei dem Gesellschafter eine Sonderbetriebseinnahme dar. Die Ausgaben i. H. von 4.700 € sind Sonderbetriebsausgaben beim Gesellschafter. Die Gesellschaft muss noch eine Einnahme für die Privatfahrten des Gesellschafters i. H. von 12.000 € nach der 1 %-Regelung (von 100.000 €) ansetzen. Für die Fahrten zur Betriebstätte ist die Regelung zur Entfernungspauschale nach § 4 Abs. 5 Nr. EStG zu beachten: 0,03 % von 100.000 € x 5 km x 12 Monate = 1.800 € abzüglich 220 x 5 x 0,03 € = 330 €. 1.500 € sind somit nicht als Betriebsausgabe abziehbar.

Die Kostendeckelung kommt nicht in Betracht, da die Miete hier die Kosten sind.

Die Gesellschaft kann aus der Miete die Vorsteuer geltend machen. Der Gesellschafter muss die in Rechnung gestellte Umsatzsteuer an das Finanzamt abführen.

Die Unentgeltliche Wertabgabe für die Umsatzsteuer berechnet sich wie folgt: 1 % von 100.000 € im Jahr = 12.000 €. Davon 80 % für umsatzsteuerbelastete Aufwendungen = 9.600 €, darauf 19 % Umsatzsteuer = 1.824 €.

Wenn die Voraussetzungen vorliegen, erhält der Gesellschafter aus der Anschaffung des Pkw den Vorsteuerabzug. I

Ist der Gesellschafter Kleinunternehmer, müsste er zur Erlangung des Vorsteuerabzugs zuerst zur Regelbesteuerung optieren (§ 19 Abs. 2 UStG).

STICHWORTVERZEICHNIS

Die Ziffern verweisen auf Randnummern.